KB216018

아버지, 이제야 만납니다

조정대 지음

치유와 영성

아바세바!

아버지가 바뀌면 세상이 바뀐다.

Contents

들어가는 말

아버지와의 관계회복은 남성이나 아버지들을 위한 치유가 아니고 아버지의 자녀, 남녀노소들을 위한 것이다. 모든 사람들은 아버지의 자녀로 태어난다.

사람에게는 태아 때부터 살아가면서 가장 중요한 대상은 아버지라고 할 수 있다. 아버지와의 관계는 일생을 통하여 영향을 준다. 살아가면서 자신에 대한 정체성, 성품, 하나님 아버지와의 관계, 권위자와의 관계, 부부관계, 자녀와의 관계, 대인관계, 일, 가치관, 태도, 사고방식, 심지어는 언어패턴에까지 중요한 요인으로 작용하기 때문이다.

삶의 열매를 살펴보면 전반적으로 중요한 영향을 준 존재가 아버지라는 것을 발견하게 된다.

필자의 아버지와의 관계를 생각해 보면 거의 대화가 없이 살았다. 아버지는 과묵하셨다. 두렵고 무서운 존재였다. 아버지가 집에 계시면 분위기가 무거웠다. 결혼하기 하루 전 날에 의미 있는 시간을 가져보려고 아버지에게 다가갔었다. 두렵고 떨리는 마음을 억제하면서 용기를 내고 입을 열었다.

"아버지, 내일 제가 장가가는 날인데 덕담 한마디 해 주세요!"

아버지는 상당히 멋쩍어 하셨다. 아들과 갑작스런 대화인지라 당황하는 모습이 역력히 보였다. 잠시 침묵이 흘렀다. 툭 한마디 쏟아내신 답변은 "잘 살아라!"였다. 그리고 대화는 끝이었다.

그때 당시에는 그 말의 의미를 잘 몰랐었다. 세월이 흐르고 아버지가 되고 아내와의 관계도 힘들었고 삶의 무게가 심히 무겁게 느꼈던 시간들이 흘렀다.

부부간의 갈등으로 미로에 갇혀 버렸다. 그러면서 자녀들에게는 아버지 노릇을 못하고 있는 참담함을 느꼈다. 힐링센타에서 집중적으로 아버지 치유를 받던 날 세상을 떠나신 아버지가 생각났다. 그냥 단순히 "잘 살아라!"하신 말씀의 의미가 마음으로 다가왔다. 첫째는 가난하게 살았던 아버지의 삶에서 아들에게는 경제적으로 넉넉하게 살라는 의미였다. 두 번째는 불화하였던 부모님의 인생에서 아버지가 바라셨던 것은 부부지간에 싸우지 말고 사이좋게 잘 살라는 의미였다. 세 번째는 내가 많이 아팠던 시절을 살피시면서 제발 아프지 말고 건강하게 살라는 의미였다.

당시 나는 아버지의 당부처럼 그렇게 살지 못하고 있었다. 그래서 그런지 아버지가 보고 싶었다. 마음 깊은 대화를 나누고 싶었다. 위로 받고 싶었고 격려 받고 싶었다. 어리고 젊었던 시절에 아버지를 보면서 나는 아버지같이 살지 말아야지 했던 나의 다짐이 있었건만 나의 삶은 아버지보다 더 못한 인생을 살고 있었다.

내가 청소년 시절에 아파서 병원을 다닐 때였다. 당시에 다리가 아파서 걸어다니지 못했다. 택시를 탈 형편이 안 되어서 아버지가 나를 업어서 버스를 타고 병원에 다녔다. 병든 나의 몸을 업고 한동안 병원을 다니면서 치료 받도록 애쓰신 아버지의 사랑이 느껴졌다. 아버지의 따뜻했던 등의 감촉이 느껴졌다. 고마운 아버지. 불평 한마디 하지 않으셨던 아버지. 아들이라고 묵묵히 어려움을 감내하신 아버지.

고생하시면서 사셨던 아버지에 비해서 더 좋은 조건에서 살았는데도 아버지보다 훨씬 망가진 모습을 보면서 아버지를 판단하고 무시했던 나의 모습이 떠올랐다. 눈물이 쏟아졌다. 두 세 시간을 울부짖으면서 엎드려 있었다. 주님 앞에서 나의 초라한 모습을 고백하면서 "아버지~~ 죄송합니다. 미안합니다! 아버지~~ 고맙습니다!"라고 외쳤다.

오십이 넘어서야 비로소 아버지를 만났다. 내 자신이 아버지가 되고서야 제대로 아버지를 만나게 되었다.

앞으로는 아버지 노릇 잘하면서 살아야겠다는 다짐을 했다. 50대가 되어 때 늦은 감이 있었지만 아버지 노릇 잘하는데 집중한 인생을 10년 넘게 살다보니 크게 후회 없이 살아왔음을 느꼈다. 물론 주님의 특별하신 은혜였다.

또 다시 살아도 아버지 노릇 잘 하면서 사는 것에 집중할 것이다. 아버지로서 내가 주인공이 아니라 자녀를 주인공으로 세우는 것이 가장 보람이 있는 삶이라고 생각했다. 살아보니 후회가 없다. 과거엔 일 중심으로 살았는데 아버지 치유가 되면서 자녀들과의 관계중심으로 살게 되었다. 아이들의 엄마를 행복하게 하는 것이 아버지가 줄 수 있는 최고의 책임인 것을 알게 되어 부부 행복에 신경을 많이 썼다.

신앙생활을 잘 하는 비결도 아버지 노릇, 어머니 노릇 잘하는데 있다고 말하고 싶다. 아버지 노릇 잘 하려면 자신이 십자가에 못 박혀 죽고 그리스도가 내 안에서 사는 삶이 자연스럽게 이루어짐을 본다.

아버지와의 관계를 회복하기 위해 내 자신을 먼저 살폈다. 아내의 변화를 요구하지 않고 자신의 변화에 집중했다. 그 후 많은 내담자들을 만나면서 느낀 것은 우리 사회에 아버지 상처가 깊이 뿌리를 내리고 있음을 마음 속 깊이 느꼈다.

아버지에 대한 상처는 가정이나 교회, 사회에 중대한 영향력을 미치는 것을 보게 되었다. 부부관계에서 배우자에 대해 무책임했다. 자녀들에 대해서도 무책임했다. 교회나 사회생활에서도 무책임했다. 우리

시대에 아버지의 위상은 돌이킬 수 없을 정도로 추락했다. 이탈리아에서 가장 주목받는 심리분석가인 마시모 레칼카티(Massimo Recalcati) 교수는 『버려진 아들의 심리학』에서 이 시대를 "아버지 증발의 시대"라고 했다. 그런 아버지를 보면서 우리의 자녀들은 방황하고 지칠대로 지쳐 있다. 아버지가 살아나야 자녀들도 살아날 수 있다. 아버지를 살려야 한다. 그래서 아버지 치유가 절실했다. 아버지 상처가 치유되면서 부부관계가 좋아지는 모습을 많이 보았다. 서로 배려하는 모습이 두드러지게 나타났다. 권위자에 대한 관계가 좋아지는 것을 보았다. 치유가 잘 되니 자신이 쉽게 십자가에 못 박히는 삶을 살아내는 모습을 보았다. 아버지 노릇을 잘하니 영적 아버지, 영적 어머니의 삶이 이루어 졌다.

아버지에 대한 관심을 가지고 성경을 살펴보았다. 영웅적인 신앙의 삶을 살았던 인물들도 아버지 노릇에 상당한 문제점이 있음을 발견하게 되었다. 아버지로서의 문제는 곧바로 자녀들에게 직접적으로 영향을 미쳤다. 교회 공동체에도 직접적인 영향을 미쳤다. 국가적으로도 영향을 주었다.

아버지들이 일평생 헌신하여 쌓은 업적들이 자녀 때에 하루아침에 무너지는 것을 보았다. 그래서 아버지들은 쌓고 이루는데 집중하는 인생이 아니라 자녀들과의 좋은 관계, 자녀들에게 아버지와의 긍정적인 경험을 하게 하는 것이 훨씬 미래지향적임을 확신하게 되었다. 또한 하나님의 나라를 튼튼히 하는 비결이 됨을 발견하였다.

아버지 상처가 많은 자녀들이 하는 말이다. "아버지가 믿는 하나님이라면 나는 믿지 않겠다."

아버지를 신뢰하지 못한다면 어떤 권위자나 지도자도 신뢰 못한다. 부부지간에도 신뢰가 떨어진다. 부모와 단절된 세상은 고아들로 북적

거리게 된다. 고아심리를 지닌 인간이 어떻게 선한 이웃으로 살 수 있을까?

인간은 뼈 속 깊이 관계적인 존재다. 관계가 무너지면 아무리 선진사회가 되고 경제적으로 풍요해도 삶의 질에는 의미가 없다. 하나님은 사랑이시다. 인간도 사랑으로 살아간다.

관계의 첫 단추는 아버지와의 관계이다. 이 부분이 잘 형성되면 웬만한 문제는 어렵지 않게 극복하게 된다.

필자는 성경에 등장하는 아버지들을 살펴보면서 우리 자신의 아버지와의 모든 부정적이며 왜곡된 관계를 살펴보려 한다. 아버지와의 관계가 건강하게 세워지면 온전한 사람으로 세워지게 되고 가정, 교회, 사회를 하나님의 나라로 든든히 세워 나가는 미래를 기대해 본다.

아버지 치유의 필요성

A. 아버지 부재의 시대

이 시대에 아버지는 살아있는가? 20세기 초에 니체가 "신은 죽었다"고 선언했을 때 그에게는 먼저 신(神)을 대변해 주었던 "아버지는 죽었다"는 경험이 선행되었다. 니체의 아버지는 아들 니체가 4살 때 36세의 젊은 나이에 병을 앓다가 죽었다. 니체의 기억 속에 남아 있는 아버지의 모습은 항상 병으로 고생하는 병약한 아버지였다. 당시 아버지로서의 역할을 제대로 하지 못한 니체의 아버지는 목회자였다. 병약한 아버지, 무능한 아버지, 그런 아버지를 고쳐주지 못한 하나님도 병약한 하나님, 무능한 하나님이었다. 아버지의 죽음은 곧 하나님의 죽음과 동일시되었던 것이었다. 신은 죽었다는 니체의 말에는 아버지는 죽었다는 진실이 담겨져 있었다.

이렇게 아버지의 위기는 신앙의 위기를 가져온다. 또한 아버지의 위기는 현대 사회에서 가정이 몰락하는 가장 심각한 원원이 되었다.

무신론과 반(反)기독교적 이론으로 엄청난 반향을 일으킨 「기독교의 본질」(Essence of Christianity)을 저술한 포이에르바흐(Ludwig Feuerbach1804~1872).

그의 아버지 안셀름(Anselm)은 뛰어난 법학자이자 범죄학자였다. 아버지로서의 안셀름은 "불같고 충동적인" 사람으로 가족 안에서는 "베수비오"(이탈리아 나폴리 만 동쪽의 활화산)라는 별명으로 통했다고 한다. 어린 루드비히의 인생에서 가장 극적인 사건은 아버지와 난네트 브루너(Nannette Brunner)라는 아버지 친구 부인과의 불륜사건이었다. 두 사람은 다른 도시에서 버젓이 함께 살았고 안셀름이라는 이름의 아이까지 낳았다. 이 불륜관계는 1813년 루드비히가 아홉 살 되던 해에 시작되어 1822년 난네트가 죽을 때까지 계속되었다. 후에 안셀름은 다시 루드비히의 생모인 본처 빌헬미네(Wilhelmine)에게로 돌아 왔다. 루드비히의 아버지는 공개적으로 자신의 가족을 거부했으며 다른 여인과 함께 살면서 아이까지 낳았다. 결국 아버지 "베수비오"는 법적인 가족에게로 다시 돌아왔지만 이는 다만 자신의 정부(情婦)가 죽었기 때문이었다. 당시로서는 굉장한 스캔들이었다. 루드비히가 엄격하고 불같은 성격의 아버지로부터 경험한 상처, 아버지의 불륜을 통해 수치와 거절, 배신을 경험한 상처는 하나님을 거부하고 대적하는 반(反)기독교적인 이론을 펼쳤다. 1)

블레즈 파스칼(Blaise Pascal, 1623~1662) 은 위대한 수학자이자 뛰어난 기독교 저술가로 유명하다. 당시 기독교에 대한 회의론이 판치는 시대에 살면서도 회의론을 공격하고 기독교를 변호하는 강렬하면서도 상상력을 자극하는 「팡세」를 썼다.

파스칼은 어린 시절에 아버지로부터 충분한 사랑과 돌봄을 경험한 것이 좋은 본이 되었고 아버지가 돌아가신 후 파스칼은 유신론적 입장을 강력하게 표명했다.

이와 같이 어린 시절 아버지와의 경험은 하나님과의 관계에 강력한 영향을 주고 있음을 보여주고 있다. 결함 있는 아버지(defective father)는 하나님에 대한 신앙도 결함있게 만든다. 아버지에 대한 실망과 분노가 무의식적으로 하나님에 대한 부정(否定)을 정당화한다.

　교회에는 영적 아비가 존재하는가? 가정에서 좋은 아버지 노릇을 못하면서 교회에서 좋은 영적 아비가 되는 것은 불가능하다(딤전 3:4~5). 교회 문제의 뿌리에도 영적 아비가 부족한데서 왔다. 일만 스승은 있으되 아비는 드물다. 영적 지도자가 아비의 마음으로 교회를 돌보고 섬기지 못하고 있는 것이 교회 성숙을 이루지 못하는 원인이 되었다. 그러다보니 성도들의 성품은 여전히 자기중심적인 영적 갓난아이, 자기만족만 추구하는 유아기에서 벗어나지 못하고 있는 실정이다.

　말라기 선지자가 예언하기를 장차 엘리야가 나타나 아비의 마음을 자녀에게로, 자녀의 마음을 아비에게로 돌이킬 것을 외쳤다(말라기 4:5~6). 아비와 자녀지간 마음의 단절이 이 시대의 근원적인 고통이요, 가뭄이다. 마음의 거리감이 멀어질수록 문제는 더욱더 심각해진다. 거리가 멀수록 외로움, 거절감, 배신감, 수치심, 죄책감, 열등감, 무력감, 죄, 실패 등이 틈을 차지하고 자녀를 지배하게 된다.
　아버지가 자녀와의 신체적, 정서적으로 거리가 먼 사실이 우리 시대에 가장 과소평가 되어 온 비극중의 하나이다. 곳곳에서 수많은 자녀들이 자신의 마음을 알아달라고 간절히 아비에게 부르짖는다. 그러나 아비 역시 그런 경험이 없었기에 자녀들의 호소를 이해하지 못한다. 자녀들과의 관계는 머리로 하는 것이 아니고 마음으로 하는 것이기 때문이다.

　가장 효과적으로 아버지노릇을 하고 있는 아버지들은 자신들이 아버지 노릇 할 수 있도록 힘을 주고 자질을 갖추게 해주며 마음속의 가장 큰 소원을 들어 주는 다른 아버지- 하늘에 계신 아버지-와 마음과 마음으로 교제하게 하는 사람들이다.

남자가 하늘에 계신 아버지가 어떤 분인지를 깨달으면 깨달을수록 또한 자신의 자녀에게 진정으로 어떤 아버지가 필요한지를 더욱 깨닫게 된다.

이 시대의 가장 큰 아픔은 아버지의 부재(不在)이다. 이 세대는 거의 고아의 영이 지배하고 있다고 해도 과언이 아니다. 자녀에게 가장 큰 저주는 아버지 없는 상태에 처해지는 것이다(시109:9,10).

왜 이 시대가 아버지 노릇을 못하게 할까? 그 원인을 살펴보면 첫째, 장래에 대한 비젼의 상실에 있다. 오랫동안 우리 사회는 잘 살아보자는 것에만 맞추어 왔으나 지금은 그렇지 않다. 많은 성인들에게 행복이 인생 모든 것을 다 걸고 추구해야 할 목표가 되어버렸다. 이런 현상이 우리 자녀들의 필요보다도 개인의 호사를 우선하게 만들어 놓은 것이다. 둘째, 우선순위의 상실이다. 남자들은 가족보다는 자신들의 일을 통해 자신의 정체성을 찾으려고 하는 경향이 강하다. 그들은 업적을 쌓고 많은 월급을 받으며 높은 지위를 얻는 것이 곧 훌륭한 사람이 되는 것인 양 생각하고 있다. 셋째, 헌신과 책임감의 상실이다. 희생은 더 이상 환호 받지 못하고 있으며 사람들은 이제 더 이상 그 일이 옳다는 이유만 가지고는 옳은 일을 하지 않는다. 넷째, 공동체 의식의 상실에 있다. 개인주의가 사회에 만연해 있다. 아버지 노릇을 한다는 건 그 사람 개인의 문제가 되어 버렸고 아버지들조차 다른 아버지들과 아버지 노릇에 대한 얘기를 하지 않는다.

B. 아버지 부재가 주는 파괴적인 흐름

  아버지의 부재는 이 시대의 가장 파괴적인 흐름이다. 아버지가 없음
으로 인해 끔찍한 사건들이 사회에서 계속 발생하고 있다. 사회 과학
자들은 마약 중독, 실업, 자살, 정신병, 아동학대 등과 아버지의 부재
와 매우 연관되어 있음을 발견했다. 좀더 구체적으로 언급하면 이렇
다.2)

  우선 아버지가 없는 아이들은 범죄율이나 마약 남용률이 훨씬 높다.
1994년 위스콘신 사회보건국은 한 보고서에서 주(州)보호관찰 비행 소
년들 가운데 부모가 다 있는 가정 출신들의 아이들은 12%에 불과했다
고 발표했다. 1980년 캘리포니아 청소년국이 발표한 영구 보고서에 따
르면 정상적인 가정의 아이들 중 비행을 저지른 남자아이들은 7%에
불과했다.

  두 번째, 평균적으로 보면 아버지가 없는 아이들이 성적 시험이 낮고
전체 평균 점수도 낮다. 가정 연구가인 바바라 데포우 화이트헤드
(Barbara Dafoe Whitehead)는 "인종이나 수입, 종교 등의 조건을 동
일하게 해도 정상적인 가정에서 자라난 아이들과 그렇지 못한 가정에
서 자라난 아이들 사이의 교육 성취도는 큰 차이가 있다는 것을 알게
된다."고 말했다.

  세 번째, 아버지가 없는 가정에서 자라난 아이들은 그렇지 못한 가정
의 아이들 보다 가난해 질 확률은 5배, 극빈자가 될 확률은 10배나 된
다.

  네 번째, 아버지가 없는 남자 청소년들은 성적으로 훨씬 더 적극적이
며 딸들은 미혼모가 되기 쉽다.

  켄 캔필드(Ken Canfield)는 "결손 가정은 십대 4명중 3명이 자살하
게 만들고 5명중 4명이 정신병원에 입원하게 만드는 가장 큰 요인이

다."라고 언급한다. 3)

아버지 없는 이 시대에 "아비의 마음을 자녀에게 돌리는 것"은 가장 긴급한 부르심이다. 건강한 아버지는 가정의 미래와 사명을 지켜내는 상상 할 수 없는 능력이 있다.

「나니아 연대기」, 「순전한 기독교」, 우화작가로 유명한 루이스(C. S. Lewis)는 "아버지 노릇은 우주의 핵"이라고 말했다.4) 이런 말을 강조한 데에는 이유가 있었다. 웨일즈 출신인 그의 아버지는 모든 가족들 앞에서 성미가 불같았다. 루이스는 열 살 때 학교를 가기위해 배를 타야 했었고 학교 기숙사에 머물게 되었다. 아일랜드 해협을 사이에 두고 그는 여러 해를 아버지와 떨어져 지냈다.

비록 이 세상에서 그를 정상적으로 키워 낼 책임을 지고 있던 그의 부모와 떨어져 지냈지만 루이스는 오그포드에서 문장가가 되고 당대에 직관적인 진리를 깨달은 몇 명 안 되는 사람들 중의 한사람으로 손꼽히게 되었다. 그의 균형감각과 깊은 통찰력은 어디서 온 것일까? 다행스러운 것은 그가 고아처럼 혼자 있었던 기간이 그리 길지 않았다는 것이다, 그는 성인이 되자 곧 아버지역할을 대신할 사람을 발견한 것이다. 가장 가까이 있었던 사람은 그의 형 와렌이었다.

그리고 그가 기독교로 개종했을 때 그는 가장 멋진 대리 아버지를 발견하게 되었으며 그래서 그는 하늘에 계신 아버지와 사랑의 관계를 체험하게 된 것이다.

루이스는 또한 동료 작가인 조지 맥도널드(George McDonald)와 아주 환상적이고도 독특한 관계를 유지하고 있었다. 맥도널드는 루이스보다 이전 세기의 사람이었지만 루이스는 그가 쓴 소설이나 그의 아들이 쓴 그의 자서전을 통해서 그를 깊이 알고 있었다. 그렇게 맥도널드는 루이스에게 너무나도 큰 선도자적인 역할을 했었다. 그래서 루이스는 "내가 그의 작품에서 인용을 하지 않고서는 단 한 작품도 쓸 수 없었을 것이다"라고 까지 주장하였다.

　어느 날 맥도널드에게 배운 것들을 돌아보다가 루이스는 아버지의 힘이라는 것에 눈을 돌리게 되었다. 그는 맥도널드에 대해 "그의 아버지와의 완벽한 관계야말로 이 세상 모든 지혜의 근원이었다. 그는 자기 아버지에게서 아버지가 된다는 것이 우주의 핵심이 되어야 한다는 것을 처음으로 배웠던 것이다"라고 썼다. 5)
　맥도널드는 분명히 자기 아버지와의 관계를 통해 아주 큰 유익을 얻었으며 따라서 그는 우리 존재의 가장 근본은 건강한 아버지노릇이라는 것을 자연스럽게 생각 하였을 것이다.
　루이스의 뛰어난 균형감각과 깊은 통찰력은 어디서 온 것일까? 그에게 아버지 역할을 해주었던 형과 책을 통해서 배웠던 조지 맥도널드의 관계에서 얻어졌던 것이었다.
　루이스의 삶을 통해 우리는 모든 삶의 에너지를 쏟아서 할 일은 아버지 노릇 잘하는 것이다. 아버지 노릇이 가장 효과가 오래 지속되고 개인적으로도 큰 행복을 가져다준다.

　루이스가 지적한대로 "아버지 노릇이 우주의 핵"이라면 아버지에 대한 불경(不敬)은 대단히 위험하고 야만적 행위를 저지르는 것이 된다. 아버지에 대한 불경은 가장 인생을 불행하게 만드는 근본이 된다. 아버지에 대한 저주는 결국 자신의 인간됨을 저주하는 것이 된다. 아버지에 대한 적대감을 갖지 않는 가장 안전한 장치는 그 자리를 누가 차지하고 있든 그 자리를 최고로 공경해 주는 것이다. 아버지 노릇으로의 부르심은 영광스러운 것이다. 우리는 우리들의 아버지를 공경해야 하며 아버지는 아버지라는 우리의 직책을 영광스럽게 여겨야 한다. 6)

위대해지고 싶은가? 당신의 마음을 자녀에게로 돌려보라. 왜냐하면 위대함이란 봉사로 정의되고 있기 때문이다. 뭔가 심오한 것을 하고 싶은가? 당신의 자녀에게로 마음을 돌려보라. 심오함은 흔히 간단한 것에서 발견되기 때문이다. 세상을 변화시키고 싶은가? 당신의 자녀에게로 마음을 돌려보라. 왜냐하면 요람을 흔드는 손이 세계를 지배한다는 말이 있듯이 아버지인 당신에게 지금 요람을 흔들 기회가 주어져 있기 때문이다. 하나님을 영화롭게 하고 싶은가? 당신의 마음을 자녀에게로 돌리라. 그리고 아버지 없는 아이들에게 마음을 쏟아주라. 이 세상에서 보다 더 좋은 아버지, 더 훌륭한 아버지 되는 일에 힘을 쓰라.

이 시대의 참된 영웅그룹은 소리 없이 자신들의 권력과 특권과 지위보다 자녀들의 행복과 영광을 바라는 아버지들이 부상하고 있다. 이 영웅들은 진짜 위대해지기 위해 치러야 할 시험은 봉사라는 것을 알고 있는 사람들이다. 그들은 가족을 부양하기위해 일찍 일어나고 부지런히 일한다. 자녀들의 숙제도 도와주고 격려의 편지도 써 준다. 그들은 여성들을 존중한다. 그들은 진정한 남자다움은 자녀에 대한 헌신과 다음세대를 위해 자신들을 전부 내어주는데 있다는 것을 알고 있다.

오늘날 영적 아버지의 부재는 그리스도의 몸인 교회를 허약하게 한다. 그런 의미에서 목회자들이 가장 먼저 건강한 아버지가 되어야 한다. 목회자가 먼저 아버지 치유가 되어야 한다.
현대인들에게 가장 확실한 희망의 메시지를 전할 수 있는 것은 하나님 아버지의 사랑을 대변해 주는 목회자들이다. 교회 직분자의 자격에서도 교회 직분이전에 가정의 가장노릇을 우선순위에 두고 있다(디모데 전서 3:4~5).

예수님의 가장 큰 열망은 자신을 따르는 자들에게 자신의 아버지이며, 그들의 아버지이신 하나님께로 이끄시는 것이었다. 예수님께서 우리에게 아낌없이 주는 아버지 하나님을 소개해 주셨지만 우리는 자신도 모르는 사이에 행위중심의 율법주의로 변질되어 가고 있다. 하나님의 사랑에 대한 확신이 부족하기에 일 중심, 성공과 성취 지향적이고 업적 중심주의로 살아가고 있다.

우리 삶의 동기가 하나님의 사랑에서 벗어난다면 우리 인생의 기반은 금이 가고 결국은 무너지게 된다. 인생은 힘들어지고 가족들은 고통을 당하며 하나님과의 관계에서 친밀함은 사라진다.

오늘날 세상이 알아야 할 가장 중요한 메시지는 하나님 아버지의 사랑에 대한 것이다. 그 사랑은 하나님과 한 인간이 맺는 관계의 핵심이다. 또한 한 인간이 다른 이와 관계를 가질 때도 핵심이 된다. 그 사랑은 세상에서 가장 큰 치유와 회복의 능력이 있다.

C. 아버지 부재(Absent Father)로 인한 반응들

성인이 된 아들에게 아버지로부터 받았던 일을 기억해 볼 때 심경이 어떤가를 보면 대개 네 종류의 반응이 나타난다.

첫 번째, 아버지와의 관계가 없다거나 없었던 것에 대해 원망스러워하는 감정을 억제하려는 모습이다. 내가 아들이었을 때 아버지에게서 싫었던 것이 무엇이었던가를 파악한다. 그렇게 해서 아버지로서 자신의 아들에게 똑같은 행동을 피하도록 하며 치유한다.

두 번째, 아버지를 생각하면 화가 나는 모습이다. 이렇게 성난 남자들은 현재 아버지와의 불편한 관계는 전적으로 아버지 때문이라고 생각한다. 그렇게 생각하기 때문에 아버지 얘기만하면 신경을 곤두세우고 화를 낸다. 이들은 어떤 문제로 인하여 부자관계가 불편해졌는지를 분명히 알고 있다. 지금 비록 어른이 되었지만 아버지에 대해 상한 감정을 갖고 있다. 그 감정이 언제 폭발할지 모른다.

예를 들어 심한 욕설을 들은 경우, 정신적인 모욕, 매를 심하게 맞은 경우, 억울한 책망을 들은 경우

세 번째, 아버지를 생각하면 실망과 공허에 빠진다고 한다. 이런 경우에는 아들이 기대하는 만큼 아버지가 기대를 채워주지 못하는데서 오는 현상이다. 이런 경우에는 인정해주지 못했던 아버지에 대해 실망했던 부분을 털어 놓고 얘기해본다.

네 번째, 아버지와 사이가 나빠진 것들이 아들인 자신 때문이라고 자책하는 사람들이다. 자신의 부족함이 아버지를 실망시켜드렸다며 자신에게 책임을 돌린다. 자신이 부족하다는 태도는 자신의 발전을 위해 더욱 노력하는 모습을 갖게 한다. 또한 경쟁의식이 강하고 성취위주의 삶을 살고 경쟁의식이 강하여 늘 긴장하는 사람이 되게 한다.

이렇게 상처를 받으면서 성장한 아들은 자신의 아들에게는 절대 이러한 상처를 주지 않겠다고 하지만 자신의 아버지와의 문제를 해결하지 못한 상태에 있는 한 자신의 아들과 좋은 관계를 유지하기란 어렵다.

자기 아버지를 병든 마음으로 볼 때 자기의 아들 역시 똑같이 병든 마음으로 보게 된다. 아버지와 아들 사이에 해결되지 않은 마음의 상처들이나 전에 받았던 육체적인 고통들, 혹은 죄책감들이 있을 것이다. 이러한 감정들을 서로 인정하지 않으려하거나 해결책을 찾지 않고 계속 미루고 남겨두게 되면 서로 가까워지는데 전혀 도움이 안 된다. 그런데 솔직한 표현이 서로를 원수로, 상황이 더 악화될 것이라는 염려로 문제를 피해가는 경우에는 문제가 그대로 남아있게 된다. 대화로

해결되지 않은 미해결된 감정은 언젠가는 반드시 문제를 일으키게 된다. 아버지와 자녀와의 관계는 부부의 불화, 이기적인 습관이나 통제되지 않은 감정, 또는 바쁜 생활 때문에 상처가 나 있을 수 있다. 이런 일들이 자녀에게 게임중독, 교육의 실패, 약물복용, 예기치 못한 임신, 등등의 일들 일어나 아버지를 곤혹스럽게 할 수 있다.

돌아온 탕자와는 반대로 아들을 떠난 아버지가 아들에게로 돌아왔을 때 아들이 받아주지 않는다면 그 결과는 아버지가 책임을 져야한다. 돌아온 탕자를 용서하고 받아주었던 아버지와 같은 마음을 품고 아버지를 받아줄 수 있다면 모든 관계는 긍정적으로 풀리게 된다.

제1부

아버지 다윗

아버지의 발걸음을
자녀들이 따라서 밟고 있다.
중년 이후에 아버지는
아들, 딸에 의해 자신의 삶을 평가 받는다.

아 버 지 다 윗

Ⅰ. 서 론

  최근에 어느 인기 방송 연예인이 불안 장애로 모든 방송활동을 당분 간 중단한다고 했다. 그의 소속사는 보도 자료를 통해 "그가 오래 전부 터 앓아 왔던 불안 장애가 최근 심각해지면서 방송을 진행하는데 큰 어려움을 겪어 왔다"며 제작진과 소속사 및 방송 동료들과 상의 끝에 휴식을 결정하게 됐다고 밝혔다.

  그는 자신의 병적인 긴장감을 얘기하며 "매주 이런 느낌이 있지 않 나. 협심증이 올 것 같다"고 했다. 그러면서 "사람들이 무섭다. 시청자 분들은 아버지 같은 느낌이다. 평소에는 인자하시지만 때로는 무섭고, 그래서 긴장을 한다."고 말했다.[1]

  방송활동에서 시청자를 아버지같이 느끼며 아버지 같이 무섭게 자신 을 바라보는 모습에 긴장을 느끼는 그 뿌리에는 아버지와의 관계에 있 음을 보여준다. 아무래도 그의 아버지는 아들을 사랑해 주고 품어 주 며 실수를 너그럽게 받아주는 아버지가 아니었음을 느끼게 해준다.

  이렇게 아버지는 아들의 생업인 방송 활동을 중단할 만큼 정서적으로 중대한 영향력을 주는 존재이다. 그래서 C.S 루이스(C.S Lewis)는 "아버지 노릇이 우주의 핵심"이라고 언급했다.2)

아버지와의 관계는 이 세상 모든 지혜의 근원이다. 존재의 가장 근본은 아버지 노릇을 잘 하는 것이다. 삶의 모든 에너지를 쏟아 놓는 일 중에 아버지 노릇이 가장 효과가 지속적인 개인적으로도 가장 큰 만족감을 준다. 아버지가 자녀에게 주는 힘은 대단한 영향력을 발휘한다.

본 글에서는 사무엘하 13장에서 18장에 걸쳐 등장하는 아버지 다윗 왕에 대해 살펴 볼 것이다.

"아브라함과 다윗의 자손 예수 그리스도의 세계라"(마태복음1장1절)

다윗 왕은 예수 그리스도의 조상으로 거론된 하나님의 종이다. 그런데 그의 아버지 된 모습은 오늘 우리의 아버지 모습처럼 미숙한 부분을 조금도 숨김없이 보여주고 있다. 다윗 왕은 예수 그리스도의 그림자요 예표이지만 다윗은 많은 약점을 지녔고 흠이 많고 문제가 많은 사람이다.

그런 모습을 통해 우리 인간은 오직 하나님의 은혜로서만 구원받을 수 있음을 보여준다. 약점이 많고 문제 많은 다윗의 모습은 우리의 모습을 보여주고 참된 왕들 중의 왕 되신 예수 그리스도를 통해 우리의 연약함이 완성됨을 보여준다.

미숙한 아버지 다윗은 온전한 아버지 되신 예수 그리스도를 통해 완성된다. 이 땅의 아버지들이 미숙함에서 온전함으로 변화되어지기를 기대해 본다.

II. 암논의 다말 강간 사건 (사무엘하 13장)

다윗의 딸 다말은 많은 남자들이 흠모할만한 아름다운 여자였다. 그녀에게는 배다른 오라버니인 암논이 있었다. 암논은 왕위 계승 서열 첫 번째인 다윗의 장자이다. 다윗의 장자인 암논은 언젠가는 다윗의 뒤를 이어 왕위에 오르게 되어 있었다. 다윗은 암논이 첫 아들이기에 무척 사랑하였다. 얼마나 사랑했는지 암논이 아픈 척 하면서 누워있을 때 아버지 다윗이 병문안을 왔다.

그때 암논이 "아버지여! 원하건대 내 누이 다말이 와서 내가 보는 데에서 과자 두어 개를 만들어 그의 손으로 내게 먹여 주게 하옵소서" 요청했더니 다윗은 즉시 사람을 다말에게 보내어 암논을 시중들게 했다 (사무엘하 13:6).

이에 다말도 즉시 아버지의 요청에 순종하여 배다른 오라버니 암논에게 와서 밀가루를 반죽하여 과자를 만들게 된다. 이렇게 아버지 다윗은 아들 암논의 요청을 즉시 실행하는데서 아들을 사랑하는 모습을 충분히 보여준다.

암논은 배다른 여동생 다말을 사랑하였다. 다말이 가족인고로 어찌할 수 없는 줄 알고 누이 다말 때문에 울화병이 생겼다. (사무엘하13:2)

전후 문맥을 보면 암논이 다말에게 갖고 있는 감정은 단순한 성적 욕망이었다. 욕망에 시달린 암논은 급기야 식욕을 잃고 여위고 창백해져 갔다.

암논의 창백한 낯빛과 줄어든 체중, 우울한 분위기는 곧 사촌이요 친구였던 요나답의 눈에 뛰었다. 요나답이 암논에게 가까이 가서 물어 보았다.

"왕자님, 나날이 안색이 수척해지는데 무슨 일이 있습니까?"

"나의 아우 압살롬의 누이 다말을 내가 사랑하고 있기 때문이오."

요나답은 아주 교활한 인물이었다. 그는 암논이 다말을 손에 넣을 수 있도록 사악한 계획을 제안한다. 요나납의 제안에 따라 암논은 병든 체하다가 아버지의 문병을 받는다. 누이 다말에게 과자를 만들게 하여 그 음식을 갖다 주어 먹게 해달라고 말한다. 아버지는 즉각 그렇게 하도록 다말에게 분부한다.

아버지 다윗의 명을 받은 다말은 암논이 병상에 누워 보는 앞에서 음식을 만들어 그릇에 담아 오빠에게 갖다 준다. 그때 암논은 주위 사람들을 나가라고 지시하고 다말에게 "내가 몸이 불편하니 가까이 와서 손수 나에게 먹여 다오!" 하고 청했다. 그녀가 침대 가까이 왔을 때 소리 내어 말했다.

"나의 누이야 와서 나와 동침하자(사무엘하 13:11)"

암논이 다말에게 성적인 요구를 하고 있다. 배다른 오라버니에게 성적인 쾌락에 몸을 맡기고 싶지 않았던 그녀는 암논의 마음을 돌리기 위해 열정적이고 설득력 있는 주장을 폈다. 필사적으로 간청했다. 그러나 조금도 효력을 미치지 못하고 암논은 그녀를 눕혀서 억지로 욕망을 충족시켰다. 욕망을 채운 암논은 심경이 변화되었다.

"암논이 다말을 심히 미워하니 이제 미워하는 마음이 전에 사랑하던 사랑보다 더하여졌다"(사무엘하 13:15)

그리하여 암논은 다말을 침대에서 그녀를 내쫓았다.

이때 다말은 자기의 머리에 재를 뒤집어쓰고 채색 옷을 찢고 손을 머리에 얹고 크게 울부짖으며 오라버니 압살롬의 집에 기거하게 된다.

다윗은 이 소식을 듣고 심히 노한다(사무엘하 13:21).

여기서 우리는 다윗이 암논의 행위에 대해 책망을 하거나 수치를 당한 다말을 불러 위로한다든지 하여 아버지로서의 책임을 다하는 모습을 볼 수 없다. 성경은 이렇게 묵인된 상태에서 2년을 보내었다고 언급한다(사무엘하 13:23).

암논이 다말을 강간하고 내버린 사건에 대해 아버지 다윗은 아무런 수습을 하지 않았다는 것은 무엇을 보여주는 것일까?

다윗의 자식들은 어릴 적에는 공공연한 악에 물들어 있지 않았다. 그들에게서 하나님의 제어하시는 손길이 떠나간 것은 그들의 아버지가 사악한 죄를 지은 후였다. 부모가 의의 길을 저버린다면 하나님이 그들의 자녀들로 하여금 그들과 같은 악을 행하게 하심으로써 그들을 징계하시리라는 것을 알아야 한다.3)

어린 자녀들은 자기 부모들의 악한 행실을 구실삼아 자기들의 악행을 변명할 수 있다.

여호와께서 밧세바를 간음한 다윗에게 나단을 통해 주셨던 무서운 경고를 행하시는 방식은 훈계하시는 아버지의 모습을 잘 보여 주었다. 그 경고는 다윗의 왕궁이 하늘에서 내려온 불로 전소되거나 큰 폭풍으로 철저히 파괴되는 식으로 이행되지 않았다. 또 그것은 그의 아들들 중 하나가 번개에 맞아 죽고 다른 아들은 지진에 의해 땅속으로 삼켜지는 식으로 실행되지도 않았다.

아버지의 역할에서 가르치고 훈계하는 역할은 중요한 책임이다. 하나님은 부모들에게 그들의 자녀들을 적절하게 훈육할 것을 요구하신다.

"아비들아 너희 자녀를 노엽게 하지 말고 오직 주의 교양과 훈계로 양육하라(에베소서6:4)"

다윗의 자녀에 대한 훈계를 간과한 모습은 마치 엘리 제사장의 실수한 모습과도 같다. 엘리는 자기 아들들이 저주를 자청하되 금하지 아니하였다(사무엘상3: 13).

"응석받이로 자란 자녀들이 그들의 경건한 부모에게 시련거리가 되는 것은 분명하다. 그 부모들은 어리석은 애정 때문에 하나님에 대한

자신들의 의무를 무시한다"⁴⁾

아버지는 가르치는 사람이다. 자신의 씨를 통해 나온 이들이 성장하
며 발전할 수 있도록 영양분과 자원을 제공해 주는 존재이다. 자녀를
가르치는 일은 남자의 중요한 책무 중 하나이다. 남자는 가르치는 일
에 적합하도록 창조되었다. 그래서 남성들은 본성적으로 가르치고 지
시하기를 좋아한다.⁵⁾ 가르치는 아버지의 본능을 타고 났기 때문이다.
남자는 누구나 가르치는 능력을 갖고 있으며 아버지라면 하나님의 말
씀으로 자녀를 가르쳐야 한다. 남자는 하나님의 말씀에서 지식과 명철
을 얻을 때 정직과 성실로 가정을 이끌 수 있다. 하나님 아버지의 가르
치는 모습은 성경에서도 보여 준다.

"대저 여호와는 지혜를 주시며 지식과 명철을 그 입에서 내심이며
(잠언 2:6)"

"지혜를 얻으며 명철을 얻으라. 내 입의 말을 잊지 말며 어기지 말라
(잠언 4:5)"

"내 아들아 나의 법을 잊어버리지 말고 네 마음으로 나의 명령을 지
키라. 그리하면 그것이 네가 장수하여 많은 해를 누리며 평강을 더하
게 하리라. .... 지혜를 얻은 자와 명철을 얻은 자는 복이 있나니(잠언
3:1~13)"

"아들들아 아비의 훈계를 들으며 명철을 얻기에 주의하라(잠언 4:1)"

"내 아들아 내 지혜에 주의하며 내 명철에 네 귀를 기울여서(잠언 5
장 1절)"

"지혜로운 아들은 아비의 훈계를 들으나 거만한 자는 꾸지람을 즐겨
듣지 아니하느니라(잠언 13장 1절)"

다윗이 책임 있는 아버지의 역할을 잘했다면 암논을 불러서 책망과

훈계 그리고 적절한 징계를 했을 것이다.

그리고 다말에게는 위로와 아버지로서 아들을 잘못 키운 것에 대해 책임을 지고 딸에게 사과를 하고 위로가 될 만한 특별한 보상을 해주었을 것이다.

그런데 왜 아버지 다윗은 그 사건을 조금도 다스리지 못하고 2년을 침묵으로 보냈을까? 침묵이라기보다 방임, 무책임으로 보냈다고 볼 수도 있다.

그렇다면 아버지 다윗의 숨겨져 있었던 마음은 무엇이었을까?

이미 다윗은 밧세바와의 간음 사건, 밧세바의 임신, 그 임신을 숨기기 위해 남편 우리야를 불러들이고 밧세바와 동침을 유도하나 실패한다. 요압장군에게 비밀서신을 보내 우리야를 최전방에서 죽게 하고 밧세바를 자신의 아내로 맞이한다.

은밀하게 진행된 일에 철퇴를 가한 사람은 나단 선지자였다. 나단의 지적과 책망을 듣고 다윗은 침상을 적시며 회개한다.

그리고 세월이 지나면서 그 사건은 잊혀졌다. 그런데 다윗은 암논이 다말을 강간하고 어떤 책임도 지지 않고 내버린 사실을 듣는다. 마치 자신의 범죄 현장을 보는 듯했다. 아무 할 말이 없었다. 어쩌면 그 아들이 그 아버지를 쏙 빼 닮았을까? 라고 생각했을 수도 있었을 것이다. 아버지 다윗은 너무나 충격을 받았다. 아들의 악행을 보며 자책감이 들었을 것이다. 충격적인 죄책감으로 인하여 아버지 다윗은 아들의 악행을 책망할 힘도 없었다. "나도 문제가 많은데 아들에게 뭐라고 책망할 자격이 있겠나?"라고 생각 할 수도 있었을 것이다.

이제 다윗은 많이 늙었다. 마음이 약해지고 감정적으로 너무 약해 있어서 아들의 잘못을 책망할 힘이 없었다고도 볼 수 있겠다.

다윗은 장자이자 상속자인 암논을 애지중지했다. 그는 암논이 배다른 누이를 불러 달라고 했을 때 한 순간도 이유를 묻거나 다시 생각해 보지 않고 요구에 응했다. 따라서 아버지 다윗은 스스로 암논의 속이 뻔히 들여다보이는 흉계에 협조한 셈이었다. 큰 아들의 말이라면 안 된다고 말하지 못했기 때문에 보고 싶지 않은 일에는 눈을 감았던 것이다.6)

아버지라는 존재는 아무리 자신의 잘못된 과거가 있을지라도 자녀에게는 아버지로서의 책임을 다해야 한다. 아버지는 하나님이 가정에 보내신 대리자이다. 아버지의 역할을 못하게 되면 상응한 결과를 자녀들이 받게 된다.

다윗이 아버지 역할을 못한 아버지 부재(不在)의 모습은 다말에게서도 나타난다.

이복 오라버니 암논에게 강간당하여 버림받았을 때 그 슬픔과 좌절을 안고 아버지에게로 가서 어떤 하소연이나 아픔을 털어 놓지 않았다.

다말은 아버지를 찾아 가지도 않았고 어떤 하소연도 하지 않았다. 다말은 같은 아버지와 같은 어머니를 지닌 오라버니 압살롬에게로 가서 위로를 받고 지낸다.

다말에게는 아버지 다윗보다 오라버니 압살롬이 더 가까웠고 친밀하였다. 자신의 수치와 슬픔, 마음의 상처를 내어놓을 대상은 아버지가 아니고 오라버니였다. 이는 평소에 아버지 다윗이 자녀들과의 소통이 이루어지지 않았다는 것을 증명해준다.

앞으로 전개되는 내용에서도 다윗의 아버지 부재 역할은 계속 반복된다. 그는 자녀들의 문제에 대해서 자녀들의 마음을 아비에게로 아비의 마음을 자녀들에게로 돌이키는 모습이 나타나지 않는다. 결국 가정은 저주가 임하고 가정의 몰락은 정치의 몰락을 가져오는 비극을 맞이한다.

아버지 부재(不在)는 어느 시대이든지 그 시대의 가장 파괴적인 흐름이다. 아버지가 없음으로 인해 끔찍한 사건들이 가정과 사회 안에서 발생한다. 사회과학자들은 마약 중독, 실업, 자살, 폭력, 정신병, 아동학대 등이 아버지 부재와 매우 관련이 있음을 발견했다.7)

죄의 뿌리에는 아버지의 부재가 자리 잡고 있다. 그러므로 죄 문제는 곧 아버지의 문제다.8) 죄는 아담이라는 남자가 자신의 근원이자 아버지이신 하나님으로부터 독립을 선언한 결과이기 때문이다.

아담은 아버지가 필요 없다고 판단하고 자신이 그 자리를 대신 할 수 있다고 믿었다. 그런데 그가 그렇게 믿는 순간 전 인류가 아버지이신 하나님으로부터 분리되고 말았다. 하나님 아버지와 단절된 아담은 스스로 고아가 되고 그의 자녀들에게도 고아가 되게 하였다.

아버지는 자기 아버지에게서 받은 것만 자녀에게 물려줄 수 있다. 아버지와 단절된 아담에게 아버지의 생명이 공급되지 않기에 죽음이 오게 되었다. 아담은 아버지를 거부함으로 후 세대에게 죄와 사망, 즉 '아버지 없음' 이라는 유산을 물려줄 것 밖에 없었다.

아담이 자진해서 아버지를 떠났다. 그리하여 아담의 후손인 인류는 고아가 되었다.

구원은 한 남자 즉 두 번째 아담이신 예수님께서 고아가 된 인류에게 아버지께로 돌아가는 길을 열어 주심으로 얻게 된 결과이다. 예수님의 사명은 고아가 된 인류가 하나님 아버지께로 돌아가서 그 가족관계를 회복하게 하는 것이다(골2:11~22)

말라기는 세례요한이 메시아의 길을 예언할 때 이런 일이 시작될 것이라고 예언했다.

"그가 아버지의 마음을 자녀에게로 돌이키게 하고 자녀들의 마음을 그들의 아버지에게로 돌이키게 하리라. 돌이키지 않으면 두렵건대 내가 와서 저주로 그 땅을 칠까 하노라 하시니라" (말라기 4:6)

인류는 아버지 되신 하나님께로 돌아와야 했다. 세례요한은 그들에게 절실히 필요한 하나님 아버지께로 인도해줄 메시야의 길을 예비하라는 사명을 받았다.

예수 그리스도는 아버지가 없는 인류의 문제를 해결하기 위해 이 땅에 오셨다. 사실 그리스도가 오시기 전 아담의 자손들은 그 어느 세대도 아버지에 대해 제대로 알지 못했다. 아담에게서 시작된 아버지 부재는 지금도 여전히 우리에게 영향을 미치고 있다. 모든 지상의 남자들이 책임 있는 아버지가 된다면 지금 당장이라도 모든 민족과 국가들이 치유 받을 수 있다.

예수 그리스도는 아버지 없는 인류에게 아버지가 되사 하나님께로 자신을 통하여 인도하셨다. "영접하는 자 곧 그 이름(구원자 예수 그리스도)을 믿는 자들에게는 하나님의 자녀가 되는 권세를 주셨으니(요한복음 1장 12절)"

성부 하나님은 "내 사랑하는 아들 예수 그리스도의 형상까지 성숙해 가라 그러면 진짜 아버지가 될 수 있다" 고 말씀하신다. 예수 그리스도를 믿음으로 하나님은 아버지가 되시고 우리는 그분의 자녀가 된다. 자녀는 아버지의 정체성을 이어받는다. 남자에게 아버지의 역할보다 더 위대한 일은 없다.

창조주 하나님은 남자가 아버지가 되도록 만드셨기 때문에 아버지를 이해하기 위해서는 먼저 남자의 존재 목적을 정확히 알아야 한다. 하나님은 남자를 창조하실 때부터 '아버지'를 염두에 두고 계셨다. 그래서 모든 남자 아이에게는 아버지가 될 잠재력이 심겨져 있다. 하나님은 모든 남자 아이가 성장하면 아버지가 되도록 작정하셨다는 뜻이다. 또한 하나님은 우리의 아버지가 되시기 때문에 아버지가 된다는 것은 하나님의 형상을 반영한다는 것이다. 따라서 남자 아이가 소년의 모습을 벗고 아버지가 되지 않으면 인생의 진정한 만족이 무엇인지 알 수 없다. 아버지란 남자의 운명이자 완성이기 때문이다. 9)

남자가 수십억을 벌어도 하나님과 같은 아버지가 되라는 소명에 제대로 부응하지 못한다면 실패자이다. 호화로운 저택과 엄청난 재산을 소유하고 명예와 권세가 있어도 아버지로서의 역할을 소홀히 한다면 성공한 인생이라 할 수 없다. 한 남자의 성공여부는 그가 얼마나 경건한 아버지인가를 보면 알 수 있다.

하나님께서 원하시는 남자는 어떤 존재인가, 곧 그리스도를 닮음(Christlikeness)이다. 그리스도를 닮음과 남자다움이란 단어는 동의어이다.10) 그리스도를 닮음과 여자다움(Womanhood)이란 단어도 마찬가지이다. 남자이든 여자이든 그리스도의 생명을 받으면 그들은 아주 높게 끌어올려진다. 그들의 인격과 성품이 충만히 성숙된다. 모든 개인의 최고선(最高善)은 예수님 같아지는 것이다.11)

교회, 가정, 국가의 강성함은 남자의 강성함과 일치한다. 책임을 지고 이끌어가는 지도력은 남자의 몫이다. 하나님께서는 그런 면에서 모든 남자들이 남자답기를 위하신다. 가정에서의 모든 문제는 아버지가 지도력을 발휘해야 하는 책임이 있다. 영적 미성숙 때문에 죄와 부도덕, 비윤리적 행실, 그리고 여자의 유혹에 빠질 수 있다. 왜냐하면 그는 말씀에 뿌리를 내리지 않을 뿐더러 우리를 지혜롭게 하고 어떻게 행동하고 어떤 말을 하며 어떤 마음을 품어야 할지 또 어떤 양심의 기초를 가져야 할 지 판단하게 해 줄 하나님의 말씀을 공부하지 않았기 때문이다.

남자다움은 그리스도를 닮음의 동의어이다. 그리스도 닮음이란, 요셉이 보디발 장군 부인의 유혹을 "내가 어찌 이 큰 악을 행하여 하나님께 득죄하리까?(창세기 39장9절)" 하면서 과감히 거절할줄 아는 모습이다. 하나님 앞에서의 거룩함이 그의 인생의 잣대였다. 이것이 남자다움(Manliness)이다.

인생에는 생명 그 자체보다 더 중요한 것이 있다. 용기, 책임, 사랑, 진실, 품위, 하나님의 영광 등이다. 이것이 남자다움의 특징이기도 하다. 아버지는 가정에서 제일 중심적인 위치에 있다. 가정의 머리이다. 지도자요 교사이다. 아버지는 하나님의 사랑을 부어주는 사랑의 왕이요 대제사장이다. 그래서 변화의 시작은 아버지로부터 비롯되어야 가족들도 변화된다. 아버지는 변화의 기준이다. 가족들의 경건한 삶의 모델이다. 1703년에 태어난 조나단 에드워드는 가정을 경건하게 이끈 왕이요 제사장이었다. 그는 아마도 미국이 낳은 최고의 지성이었을 것이다. 목사이자 저술가이며 나중에는 프린스턴 대학의 총장을 지낸 그와 아내는 열한 명의 아이를 두었다. 그의 남자 후손들 가운데 알려진 바로는 다음과 같은 아들이 있다.

-300명이 넘는 목사와 선교사, 신학 교수가 있었고
-120명은 여러 대학에서 교수를 했고
-110명은 변호사가 되었고
-60명은 유명한 작가가 되었고
-30명은 법관이 되었으며
-14명은 대학의 총장이 되었고

−3명은 미국 상원 의원이 되었고

−1명은 미국의 부통령이 되었다.

조나단 에드워즈가 변화를 일으킬 수 있었던 것은 자기 아들을 구했기 때문이다. 그리고 그의 아들들은 각기 자신의 아들을 구했고, 이들은 또 자라나서 자기 아들을 구한 것이다. 대대로 소년들이 구출되었다. 그는 한 사람이었지만 죽은 뒤에도 수백 명, 아니 수천 명의 후손에게 감화를 준 것이다.

에드워즈는 날마다 열 세 시간씩 규칙적으로 공부한 것으로 알려져 있으며 또한 가르침과 저술, 목회로 인해 바쁜 일정에 시달렸음에도 불구하고 하루에 한 시간씩은 꼭 집에 와서 아이들과 함께 지내는 것을 일과로 삼았다.

에드워즈는 역사상 위대한 지성인 중 한 사람이다. 그러나 이 세계적인 학자는 일의 우선순위를 바로 알았다. 그는 단지 저녁 식사를 하러 집에 온 것이 아니라 가족과 함께 시간을 보내기 위해 집으로 온 것이다. 에드워즈가 대대로 큰 영향을 줄 수 있었던 것은 아버지이자 남편으로서 하나님이 자신에게 맡기신 역할을 제대로 이해했기 때문이다.[12]

세대 간에 경건한 남자들이 계속해서 더욱 경건한 남자들을 낳는 고리가 있을까? 아니면 뚜렷한 역할 모델을 갖지 못한 남자들로부터 혼란스러운 리더십만이 대대로 이어질까? 그와 같은 미래 세대의 운명이 아버지의 손 안에 있다. 오늘 아버지가 내리는 선택이 앞으로 가계를 이을 세대들의 삶의 질을 결정할 것이다. 그것은 바로 한 사람이 변화를 일으킬 수 있기 때문이다. 그리고 아들을 구출한다면 이는 아버지 삶에서 가장 위대하고 만족스러운 일이 될 것이다.

압살롬은 자신에게 온 다말을 위로한다.

"네 오라버니 암논이 너와 함께 있었느냐 그러나 그는 네 오라버니이니 누이야 지금은 잠잠히 있고 이것으로 말미암아 근심하지 말라(사무엘하13장20절)"

"암논이 너와 함께 있었느냐?"는 압살롬의 물음에는 암논이라는 인간은 호색가(好色家)로 악명이 높아서 정숙한 여인이 그와 함께 있으면 위험하다는 의미가 들어있는 것으로 보인다.13) 압살롬은 이 사실을 알고 있었으나 다말은 전혀 모르고 있었는지도 모른다.

압살롬은 그렇게 누이를 위로했지만 그녀가 당한 모욕을 잊지는 않았다. 그의 마음속은 암논에 대한 증오의 불길로 활활 타고 있었다. 그는 누이를 강간한 자에게 복수를 하고 싶은 마음이 굴뚝같았으나 아버지 다윗 왕이 이 일을 어떻게 처리하는지 일단 지켜보기로 했다. 압살롬 자신은 암논에게 아무 말도 하지 않았다. 그는 다윗 왕이 집안에 있는 이 강간범을 어떻게 다룰지 계속 지켜보며 기다렸다.

하지만 2년이 다 지나도록 아버지 다윗은 결국 아무런 조치도 하지 않았다. 시간이 지나자 아버지 다윗은 다말이 겪은 추악한 사건 따위는 아예 일어나지 않았던 것처럼 행동하였다.

데이비드 스툽(David Stoop)은 '아버지 부재(absent father)'는 주로 다음과 같은 경우에 해당된다고 한다.14)

1) 죽음, 가출, 이혼 등의 사유로 인해 문자 그대로 육신적으로 부재한 아버지

2) 개인의 문제로 인해 자녀들과 친밀한 관계를 맺지 못해 부재한 것이나 다름없는 아버지

3) 자녀를 양육하는 것은 '어머니의 일'이라고 여겨 자녀들의 삶에 무관심한 아버지

4) 집에 있는 자녀들의 삶에 관심은 갖지만 비정상적인 방식으로 관
  계를 맺는 아버지

  암논의 다말 강간사건에 대해 아버지 다윗이 침묵으로 2년간 보낸
모습은 위의 2), 3), 4)의 모습을 다 갖고 있음을 보여준다. 아버지의
침묵은 비정상적인 방식이다. 그것은 회피일까? 무관심일까?
  아더 핑크는 다윗의 침묵은 그의 밧세바 사건에 근거한 죄책감일 수
있다고 한다.[15]
  자신의 무거운 죄책감에 아들의 죄까지 더하여지니까 자신의 죄책감
이 더 무거워서 어떻게 해 볼 엄두가 나지 않았던 것이다. 아버지 다윗
이 암논을 귀여워 했을지라도 그를 징계하였더라면 암논의 간음에 대
해서는 큰 벌이 되었을 것이다. 남을 징계하는 자는 자신의 수치를 의
식하고 있더라도 그것을 감수해야 하는데 다윗은 그러지 못했다.[16] 아
버지의 죄에 대한 묵인 때문에 죄인인 아들은 더 완악하게 된다(전도
서 8장11절).

  과거 사울 왕이 가족들과 함께 식사할 때 다윗이 없음을 보고 확인한
것 같이(사무엘상 20장27절) 다윗은 자녀들과 함께 식사하는 자리에
서 보이지 않는 다말에 대해 아무런 확인도 해보지 않았다. 아버지 다
윗의 이러한 침묵은 앞으로 가정과 국가에 엄청난 태풍을 몰고 오는
원인이 되었다.
  가정에서 아버지는 자녀들을 노엽게 하지 말고 문제가 있으면 적절
하게 개입하여 주님의 교훈과 훈계로 다스려야 할 책임이 있는 존재이
다.

  아버지 다윗의 2년간 침묵은 압살롬의 분노를 더욱 합리화하게 했고

형 암논을 살해하려는 살인계획을 하게 만들었다.

아버지의 중요한 책임은 자녀들을 훈육하는 것이다. 아버지는 자녀를 훈육할 때 자신을 모범으로 하여 자녀를 훈련시키며 훈육해야 한다. 자녀들은 아버지를 모방함으로 배우기 시작한다. 예수님이 제자들을 가르친 방식 역시 이러한 방식이었다. 예수님은 제자들에게 "나를 따르라"고 하셨다(마태복음 4장19절).

아버지는 기차의 엔진과 같다. 기차의 엔진처럼 "내게 붙어서 내가 가는 대로 따라와라. 나를 따르고 본 받으라 그러면 올바른 방향으로 갈 수 있을 것이다"라고 말 할 수 있는 사람이다.

진정한 아버지는 "내 행동이 아니라 내 말을 따르라"고 하지 않는다. 경건한 아버지는 "내가 사는 대로 살면 하나님 아버지를 닮아 갈 수 있다."라고 말 할 수 있어야 한다.

오늘 날 가정에서 아버지의 권위가 거의 실행되지 않는 것은 참으로 비극적인 일이다. 오히려 많은 이들이 아버지의 이름을 저주하는 실정이다. 왜 이렇게 되었을까? 아버지들이 가정에서 하나님의 말씀을 가르쳐야 하는 책임을 버렸기 때문이다.17)

사탄의 아주 중요한 전략 중 하나는 가정에서 아버지의 존재감을 지우는 일이다. 사탄이 아버지를 공격하는 이유를 만약 아버지가 창조된 대로 자신의 본분을 충실히 이행하면 가정에서 놀라운 일들이 벌어지기 때문이다. 그 중 하나는 아버지가 자녀에게 하나님 아버지에 대해 가르치기 시작하는 것이다. 사탄은 이런 일을 끔찍이 싫어한다. 사탄은 자녀들이 아버지와 하나님 아버지에게 반항하고 앞서기를 원한다. 가정에서 가르치는 아버지를 제거하면 하나님의 교훈은 설 곳이 없기 때문이다. 또한 참된 교훈이 없으면 권위도 사라진다.

권위가 실종되면 가정은 무정부 상태의 혼란이 초래된다. 오늘날 많은 청소년 문제들과 불행한 일들의 원인은 가정에서 권위가 사라졌기 때문이다. 다윗의 침묵은 결국 가정과 국가를 무정부 상태의 혼란으로 이어지게 된다.

III. 암논을 살해하는 압살롬 (사무엘하13:21-36)

다윗의 식탁에 다말은 안 보였지만 암논은 여전히 모든 특권과 권력을 누리며 왕궁을 제멋대로 활보하고 있었다. 그런 모습을 보면서 압살롬은 분노를 묵묵히 삼키면서 아버지 다윗의 모습을 예의 주시하였다. 2년 동안 아버지 다윗은 아무런 행동을 취하지 않았다. 침묵은 무관심으로 비추어졌고 또한 암논의 악행을 두둔하는 것으로 비추어졌다.

압살롬은 아버지의 적절한 징계와 훈계가 이루어지지 않자 자신이 직접 아버지가 할 일을 행하기로 결심하였다. 결국 다윗의 아들들 간에 피 흘리는 사태가 일어나게 된다.

메튜헨리(Matthew Henry)는 다윗이 암논의 강간의 사건에 대해 심히 화를 내었지만 70인 역에는 "그러나 그는 그 아들 암논의 심령을 슬프게도 아니 하였으니 그는 장자였음으로 사랑함이라"는 구절이 첨가되었다고 한다.18)

이렇게 여동생을 강간한 암논에 대해 아버지의 비정상적인 행동에 대해 압살롬은 정의감이나 도덕적 원칙에서가 아니라 복수심에서 이 일을 하려고 한다.

아버지의 잘못은 자녀들의 인생을 이렇게 망가뜨리게 한다. 자녀들의 죄악은 아버지의 죄악에서 흘러나온다. 압살롬이 암논에 대해 복수를 갈망하는 모습에서 보이는 것은 악한 마귀의 개입도 비례하여 커진다.

아버지가 몸은 집에서 자녀들과 함께 있어도 정서적으로는 멀어져 있다면 이는 매우 위태로운 상황이다. 제임스 캐롤(James Carrlo)은 아버지가 내릴 수 있는 저주는 거리감이라고 했다. 따라서 좋은 아버지들은 그러한 거리감을 없애기 위해 부단히 노력한다고 지적한다.[19] 거리감은 단지 물리적인 공간의 거리뿐만 아니다. 정서적인 것이기도 하다. 자녀들을 구하려면 정서적으로 그들과 함께 있어야 한다. 그러기 위해 자녀들과 마음의 소통, 마음의 대화를 정서적으로 나누는 기회를 가져야 한다.

사무엘 오셔슨은 하버드 대학을 졸업한 370명의 남자들을 조사하였다. 사회적으로 엄청난 성공을 거둔 사람들이지만 자신이 자랄 때 정서적으로 함께 있어 주지 않았던 아버지로 인하여 많은 상처와 아픔을 간직하고 있었음을 발견했다. 오셔슨은 자신의 연구를 이렇게 요약하였다.

"나는 30대와 40대 남자들을 인터뷰하고 나서 아버지가 신체적으로나 정서적으로 부재했던 사실이 우리 시대에 가장 과소평가되어 온 비극 중 하나라는 것을 알게 되었다"[20]

아버지와 자녀간의 거리가 항상 친밀한 관계를 유지해야 하는 이유가 여기에 있다.

암논에 대해 복수할 기회를 엿보던 압살롬. 다말이 강간당한 사건 2년 후에 양털 깎는 축제기간을 이용하여 암논을 살해할 계획을 품는다. 그때 압살롬이 아버지 다윗 왕에게 요청한다. "종에게 양털 깎는 행사가 있으니 왕께서 함께 참석해 주시기를 바랍니다." 그러나 다윗 왕은 아들에게 짐이 된다면서 거절한다. 압살롬이 또 간청하였으나 거절당한다. 이때 압살롬은 형 암논이 참석해 줄 것을 요청하고 또 요청한다. 이에 다윗은 허락한다.

양털 깎는 곳에 암논이 참석했을 때 압살롬은 술을 잔뜩 먹이고 부하들에게 그를 죽이도록 명령한다. 그렇게 암논은 죽임을 당한다.

압살롬이 살해를 당했다는 소문이 다윗 왕에게 들린다. 다윗은 조카 요나답을 통해 압살롬이 암논을 죽인 것은 압살롬의 누이 다말을 욕되게 한 것에 대해 복수한 것이라고 듣는다. 아버지 다윗은 그의 말을 묵묵히 듣기만 하였다. 암논이 살해당한 소식을 듣고 다윗은 심히 통곡한다(사무엘하 13장37절).

그런데 다윗은 통곡만 할 뿐 그 후 아무런 조치를 취하지 않는다. 압살롬을 불러 상황을 캐묻고 잘잘못을 정리하며 가족의 문제를 해결하려는 아버지의 모습이 보이지 않는다. 아버지 다윗의 무책임한 이런 모습은 호미로 막을 것을 가래로도 못 막는 상황으로 커져 버리게 된다.

Ⅳ. 그술 땅으로 도망가는 압살롬 (사무엘하13:37~39)

다윗의 자녀에 대한 무관심은 압살롬이 암논을 살해하고 외가댁 그술 땅으로 도망가게 했다. 그리고 3년이 지난다. 그 동안 다윗은 압살롬으로 인하여 날마다 슬퍼했다. 이미 암논은 죽었으니 더 이상 생각해봐야 소용없으니 아들 압살롬을 향한 간절한 그리움은 사그라지지 않았다(사무엘하13장39절).

아들에 대한 그리움이 있었으나 다윗이 아들을 부르든지 아니면 찾아가든지 해서 모든 얽힌 문제를 잘 풀어주고 징계할 것은 징계하고, 위로할 것은 위로하고 해서 가정을 평안한 쉼이 있도록 해야 할 텐데 그러지 못했다. 아버지 다윗이 가정의 지도자로서의 리더십을 발휘하지 못하고 있는 모습이 심히 안타깝다.

압살롬이 도피한 곳은 요르단 강 건너편의 그술 왕국이었다. 이는 어찌 보면 당연한 선택이었다. 압살롬과 다말의 어머니는 다윗의 아내들 가운데 미아가라는 여인으로 원래 그술 왕의 딸이었다(사무엘하 3장3절). 압살롬은 이렇게 이방인의 줄기에서 나왔다.

그술 사람들은 포악하고 고집 센 사람들이었다. 따라서 그의 피 속에는 그들의 무법성의 기질이 흐르고 있었다. 다윗은 이방 여인 마아가를 아내로 취함으로써 하나님의 분명한 명령을 거역했다.

"또 그들과 혼인하지도 말지니 네 딸을 그들의 아들에게 주지 말 것이요 그들의 딸도 네 며느리로 삼지 말라(신명기 7장3절)"

여기서 볼 때 다윗이 자녀들로 인해 폭풍 같은 시련을 겪는 것은 자신이 잘못한 선택이고 불순종한 결과이다.

압살롬과 동생 다말의 친밀한 관계에서 보여지는 것이 있다. 다말이 강간사건으로 버림받은 후에 아버지 다윗에게 가지 않고 같은 어머니를 지닌 압살롬에게 가서 위로를 받고 보호받는다. 그리고 압살롬이 암논을 살해한 후 아버지가 아니라 어머니의 친정인 외가댁으로 3년 동안 몸을 피신하고 보호받은 것이다. 다말과 압살롬은 아버지를 기피하고 어머니를 가까이 한 것을 본다. 이런 현상 속에서 볼 수 있는 것이 아버지와의 거리감이다.

자기 아버지와 관계의 크기는 아이들이 자기 아버지와 보내는 시간에 비례한다. 사랑은 시간의 양과 비례한다. 아버지 노릇은 시간으로 둘러쳐진 목장 같은 것이다. 그 담장의 크기가 관계의 크기를 결정한다.[21]

자녀 양육에 참여하는 아버지는 자기의 자녀들을 어머니의 영향권 밖의 사람들과 활동의 세계로 이끌어간다. 이것은 자녀들의 지평을 확대시켜주고 사고의 과정을 자극해준다.[22] 아이들이 건강한 어른으로 성장하기 위해서는 단지 아버지의 돈지갑이 아니라 아버지의 마음이 필요하다.

"마아가는 다말과 압살롬을 낳았다. 그 둘 모두 아름다웠고 둘 모두 매력적이었다. 온 이스라엘 가운데에서 압살롬과 같이 아름다움으로 크게 칭찬 받는 자가 없었으니 그는 발바닥부터 정수리까지 흠이 없음이라(사무엘하 14장25절)"

이 내용으로 볼 때 아마도 다윗은 자기 집안을 빛내주는 그 아들의 아름다움이 자랑스러웠을 것이고 그 아름다움의 근원에 대해서는 잊으려 했을 것이다. 다윗이 자랑스러워했던 아름다움은 결국에는 가정에 죄와 슬픔을 가져왔다. 다말의 아름다움은 암논에게 죄와 파멸의 원인이 되었다. 암논은 압살롬의 복수에 의해 죽었다.

압살롬의 아름다움은 이스라엘에게 영향을 주었고 그것은 다윗의 통치를 뒤집어엎고 자신이 아버지의 자리를 탈취하는 악행을 저지르게 되었다. 하나님의 백성에게 금지된 곳에서 나오는 아름다움은 엄청난 불행의 폭풍을 일으키게 되었다.

압살롬의 인생에서 보이는 것은 그의 마음속에는 하나님이란 존재가 애초부터 없었다. 복수, 살인, 분노, 거역, 폭력, 탈취라는 특징을 지닌 것으로 나열된다 .

여기서 다윗의 자녀사랑은 참으로 맹목적이었음을 본다. 경건한 아버지 다윗의 모습이 압살롬에게는 눈곱만큼도 찾아보기 힘들다. 오히려 자녀들은 아버지의 그릇된 전철을 밟았고 더욱 악하게 행하면서도 뉘우치지 않았다. 부모들은 자녀에게 나쁜 본을 보이는 경우 그 결과가 얼마나 치명적인지 알지 못한다.23)

그술 땅으로 도피한 압살롬에 대해 시간이 지나면서 다윗의 마음을 점점 암논을 잃은 충격이 서서히 가라앉았고 오히려 압살롬을 보고 싶어 하는 마음이 점점 간절해졌다(사무엘하 13장39절). 시간은 위대한 치유자다. 3년이라는 세월 동안 다윗은 암논의 죽음에 대한 슬픔과 압살롬의 죄에 대한 증오에서 점차 벗어났다. "처음부터 아버지 다윗은 압살롬을 법대로 처리할 마음이 없었다. 그리고 이제 그는 다시 그에게 은혜를 베풀 생각을 품게 되었다. 그것이 다윗의 약점이었다."24)

아버지가 존재하는 데는 분명한 목적이 있다. 마일스 먼로(Myles Munroe)는 창세기 2장 15절에서 남자의 주된 존재 목적을 다섯 가지로 밝히고 있다.25)

첫째로, 하나님의 임재 안에 살기 위해. 하나님께서는 남자에게 제일 먼저 에덴동산을 선물로 주셨다. 아담의 몸 안에 모든 인류의 씨가 심겨졌고 하나님께서는 그를 통해 인류를 만드실 계획을 가지고 계셨다. 그렇기 때문에 남자가 먼저 하나님의 임재를 충분히 누림으로써 그 후손들에게 하나님의 뜻을 전할 수 있기를 기대하셨다. 아담이 먼저 하나님의 임재를 충분히 누리고 그 후에 하나님의 뜻대로 가족을 인도하기를 원하셨다.

남자는 여자가 필요하기 이전에 하나님의 임재하심이 먼저 필요하다. 남자가 하나님의 임재를 누리기 위해서는 예배를 철저히 잘 드려야 한다. 사탄은 남자를 예배에 불성실하게 만든다. 공적 예배를 불성실하게 대하면 하나님께서 맡기신 남자로서의 본분을 잘 감당 할 수 없다. 남자다워지기 위해서는 예배를 통해 하나님의 임재 안에 들어가는 능력이 회복되어야 한다.

둘째, 하나님께서 우리에게 주신 것을 드러내기 위해 남자는 일을 하며 살아간다.

그 일이란 하나님께서 우리에게 주신 것을 드러내는 것이다. 망고나무는 망고를 먹지 않고 남에게 먹게 한다. 나무가 열매를 맺는 것은 사람들을 유익하게 하는 데 그 목적이 있다. 나의 일을 통해서 하나님께서 내 안에 심어놓으신 것을 드러내면 사람들은 나를 통해 하나님께 영광을 돌릴 것이다. 나를 통해 하나님의 계획하신 것을 성취하기 위해서는 오직 하나님의 인도하심과 능력을 통해서만 가능하다.

아내는 이러한 남자를 통해 계획하시는 하나님의 뜻을 이루기 위해 주신 협력자이다.

셋째, 경작자가 되기 위해

하나님은 남자에게 주어진 환경을 개선하고 주변 사람들의 잠재력과 자원을 최대한 이끌어내어 활용하려는 본성을 주셨다. 하나님께서는 우리에게 완성품이 아닌 원료를 주셨다. 심지어 아내도 이미 완성된 여자를 주지 않으셨다. 그러므로 남자들이 찾고 있는 완벽한 여자는 이 세상에 존재하지 않는다.

훌륭한 남자란 자기 아내에게서 최선을 이끌어내는 남자이다. 아내의 잠재력을 최대한 끌어 올려줄 줄 아는 남자가 참 남자이다. 경작자인 남자는 단순히 앉아서 구상만 하는 것이 아니라 실제로 그것을 실행하여 그 가능성을 현실화시켜야 한다. 또한 다른 사람에게 불평하는 대신 그들의 가능성을 보고 그 가능성을 발휘케 하는 것이 남자의 존재 목적이다.

넷째, 보호자가 되기 위해

남자의 존재 목적은 보호하는 것이다. 남자는 여자를 보호하는 보호자로 부름을 받았다. 하나님께서 아담에게 동산의 모든 것을 지키라고 명령하신 사실을 기억해보자. 남자는 자신이 관리하는 모든 것과 자신의 영향권 안에 있는 모든 사람들을 보호하고 지켜야 할 책임이 있다. 여기에는 아내와 자녀들뿐만 아니라 이웃과 지역 공동체도 포함된다. 남자는 또한 가족과 공동체를 현대 사회의 부정적이고 파괴적인 문화에서 보호되어야 한다. 남자는 닻과 같은 존재이다. 그래서 가정과 사회에 닻을 내림으로 잘못된 문화와 환경이 조류에 떠밀리지 않게 잡아주는 역할을 한다. 진짜 남자는 다른 사람을 보호해 주는 사람이다.

다섯째, 교사가 되기 위해

남자의 존재 목적은 하나님께 받은 교훈을 가르치는 것이다. 하나님께서 남자에게 무언가를 맡기셨다면 남자는 그것을 행할 능력을 이미 갖추고 있는 것이다. 남자는 가정에서 가르치는 교사역할을 해야 한다. 가족들을 훈계하고 가르쳐야 한다. 이 말은 남자가 먼저 하나님의 음성을 들어야 한다는 뜻이다.

잘 가르치기 위해서 남자는 자신이 먼저 성경에 대해 잘 알고 있어야 한다. 남자는 교사가 되도록 지음 받았다는 사실을 명심하자. 그러기 위해 남자는 성경을 매일 읽고 공부하고 묵상하고 잘 적용하는 모범이 되어야 한다. 가르쳐야 할 사람이 많고 가르쳐야 할 일이 많을수록 성경을 탐독하고 관련된 책을 많이 읽어야 한다.

이상에서 남자의 존재 목적을 다섯 가지를 살펴보았다. 이런 내용에서 볼 때, 아버지 다윗은 남자로서 자녀를 통해 하나님의 영광을 드러내지 못했고, 자녀의 잠재력을 끌어올려주는 경작자가 되지 못했다. 그리고 보호자, 교사의 역할을 전혀 감당하지 못한 무책임한 아버지의 모습을 보여주고 있다.

그리고 다윗은 과거에 전쟁을 하면서 순간순간 하나님께 여쭈어 보면서 진행했던 그 장점이(사무엘상 23장2절,3절,11절) 자녀 양육에서는 찾아볼 수 없다. 이 또한 다윗이 자녀와의 관계에서는 하나님의 임재가 없던지 약화된 모습을 보여준다. 어찌된 일인지 위대한 다윗 왕도 자녀와의 관계에서는 전혀 남자다움이 존재하지 않고 있다.

아버지 부재의 모습을 보여주는 다윗 역시 성장과정에서 아버지 부재의 대물림이 있었다는 것으로 보인다.

"성공하는 아이들과 그렇지 않은 아이들간의 가장 큰 차이는 그들을 돌보는 사람들에게 있다"[26]

중요한 타인(아버지와 어머니 등)에게 대우를 받은 그대로 우리 자녀를 대한다는 말이 있다.[27] 아버지는 나침반과 같은 존재다. 다윗은 자녀들에게 삶의 방향을 제시하고 올바른 가치관을 심어주고, 불순종할 때 훈계하는 아버지의 역할을 수행하지 못했다.

V. 귀환하는 압살롬(사무엘하14:1~33)

압살롬이 3년간 외가댁에 지낼 때 다윗은 아들을 매우 보고 싶어 했다. 그런데도 그는 아들을 부르거나 찾아가서 데려오는 행동을 실행하지 못한다. 마음만 끓고 있다. 이를 눈치 챈 요압이 한 여인을 다윗에게 보내어 적절한 연기를 하게 하여 압살롬을 예루살렘에 데리고 오도록 허락을 받는다. 요압이 왕에게 절하고 그술로 가서 압살롬을 데리고 온다. 그런데 아버지 다윗은 성으로 돌아온 압살롬을 집으로 가게 하고 자신의 얼굴을 보지 않게 명한다.

앞서서 "다윗은 날마다 그의 아들로 말미암아 슬퍼하니라"는 구절과 "다윗 왕의 마음이 압살롬을 향하여 간절하니"라는 구절이 있었다(사무엘하 13장37,39절). 그런데 정작 그 압살롬이 예루살렘에 돌아왔는데도 자신의 얼굴을 보지 말라고 명령한 것은 이해가 안 되는 장면이다.

메튜헨리는 다음 두 가지 이유에서 아버지 다윗이 압살롬의 얼굴을 보지 않았다고 한다.[28]

첫째는 그 자신의 명예를 위해서 다윗은 자기가 그런 중죄인을 지지하거나 쉽사리 용서한다는 인상을 주지 않으려고 했다

둘째는 다윗이 생각할 때 압살롬은 아직 진심으로 회개하지 않았음

을 보았다. 그래서 그가 더 하나님께 깊이 회개하는 기회를 주기 위함 이며 다윗 자신의 노여움도 아직 풀리지 않았다는 표시로 이런 조치를 취한 것이다.

그렇지만 다윗이 압살롬을 용서 못할 이유가 어디 있겠는가? 솔직히 다윗 자신도 우리아의 아내 밧세바를 불러 간음하였고, 밧세바의 임신을 비밀리 처리하기 위해 전쟁터에 있는 남편 우리아를 불러 아내와 동침케 했다. 그 계획이 통하지 않자 최전방에서 죽게 만들었다. 비밀에 부쳐진 이 사실에 대해 나단 선지자가 다윗에게 하나님의 진노와 징계를 전달한다.

다윗은 하나님께 애통하는 모습으로 회개한다. 그렇게 자신도 용서 받았는데 아들의 잘못을 용서 못할 이유가 있겠는가?

플로이드 맥클랑(Floyd Mc Clung)은 『하나님의 아버지 마음』에서 아버지의 마음은 돌아온 탕자를 맞이하는 아버지를 연상시키며 다음과 같이 언급했다.29)

"아버지는 아들을 매우 사랑하셔서 그가 집으로 돌아왔을 때 그의 잘못을 꾸짖지 아니하시고 용서해 주셨을 뿐 아니라 큰 잔치를 베풀며 반겨주셨다. 아버지는 아들이 초라한 모습으로 불안해하며 확신 없이 걸어 들어올 때 달려 나가서 껴안아 주셨다. 죄를 범한 아들에 대해 좋지 않은 감정은 전혀 남아 있지 않으셨다.

아버지의 기쁨은 완전한 용서와 받아들임에서 잘 나타내고 있다. 하나님은 우리가 그분을 배신하거나 이기적으로 행동할 때 슬그머니 눈 감아 주시는 분이 아니시다. 하나님은 우리가 스스로에게 또한 남에게 상처 주는 것을 보시고 크게 슬퍼하시지만 사랑과 용서를 베푸시길 원하신다. 결국 우리가 그 분 앞에 나가면 그 분은 우리를 안아주시고 회복시켜 주신다."

Ⅵ. 다윗이 압살롬과 입을 맞추다(사무엘하14:25~33).

그술에서 3년, 집으로 돌아와 2년이 지나도록 압살롬은 아버지를 만나지 못했다. 지금까지 압살롬은 구금상태에 있었다. 2년의 기간을 더 이상 견디지 못했다.

압살롬은 요압을 통해 아버지에게 따진다.

"어찌하여 내가 그술에서 돌아오게 되었나이까 이때까지 거기에 있는 것이 내게 나았으리이다 만일 내가 죄가 있으면 왕이 나를 죽이시는 것이 옳으니라(사무엘하 14장32절)"

압살롬이 한 나라의 왕이기도 한 자기 아버지에게 이런 태도를 취한 것은 얼마나 오만하고 무례한 짓인가! 이것은 배은망덕이고 왕권에 대한 조롱이고 법을 행사할 테면 해보라는 식의 교만한 도전이었다.

요압의 중재로 다윗은 압살롬을 만난다. 압살롬이 얼굴을 땅에 대어 절하니 왕이 압살롬과 입을 맞추게 된다. 그리고는 아무런 대화가 없었다. 이렇게 아버지와 아들간의 마음은 단절이 되어 있었다. 마음의 단절은 결국 아들이 아버지에게 반역하여 왕위를 빼앗고 싸우다 죽는다.

마귀의 최대 전략은 아버지와의 마음의 단절을 꾀한다. 말라기 4장 5,6절에서 언급한 그대로 아비의 마음이 자녀에게로, 자녀의 마음이 아비에게로 돌이키지 않음으로 저주가 임하는 역사가 나타난다.

아버지와 자녀간의 단절은 서로를 죽인다. 압살롬은 아버지를 왕좌에서 내쫓았다. 그리고 군대를 동원하여 아버지를 죽이려 했고 아버지의 군대는 아들의 군대와 맞서 싸우다 아들이 죽게 된다.

죽은 아들을 보면서 아버지 다윗은 마음이 심히 아파 절규하며 운다.

"내 아들 압살롬아 내 아들 내 아들 압살롬아 차라리 내가 너를 대신

하여 죽었다면 압살롬 내 아들아 내 아들아"(사무엘하 18:33)

이 땅에 아버지와의 관계가 단절된 자녀들이 불행과 고통 속에 죽어가는 모습을 보고 부르짖는 아버지들의 울부짖는 탄식소리로 들려온다.

"남자가 지상에서 담당하는 모든 역할 가운데 자녀의 아버지로서 감당하는 역할보다 영원한 중요성을 지니는 다른 역할을 생각하기 어렵다"[30]

Ⅶ. 결론

다윗 왕이 경건하고 하나님의 마음에 합한 사람으로서의 면모는 익히 알려진 사실이다. 그런데 아버지로서의 모습은 도저히 이해 못할 정도로 미숙하고 서툰 모습을 보았다. 지금까지 살펴본 아버지 다윗의 모습을 정리해 본다.
  1. 맹목적으로 자녀를 사랑하는 아버지
  2. 자녀들의 문제에 분노는 하지만 수습을 하거나 적절하게 훈계는 못하는 아버지
  3. 암논을 징계하거나 다말을 위로하고 격려해 주지 못하는 아버지
  4. 말없이 침묵하고 방임하는 아버지
  5. 자녀의 마음을 읽고 소통 할 줄 모르는 아버지
  6. 자신의 죄책감에 눌려 아들의 죄악을 징계하지 못하는 아버지
  7. 용서하기를 힘들어 하는 아버지
  8. 자녀들의 삶에 무관심 하는 아버지
  9. 아들을 구출할 줄 모르는 아버지
  10. 형식적으로만 존재하는 아버지

11. 자녀들과 거리가 멀고 친밀함이 없는 아버지

12. 자녀를 하나님께 이끌지 못하는 아버지

13. 자신의 범죄와 간교함을 자녀에게 학습되게 한 아버지

13. 자녀문제에 대해서는 하나님의 임재 안에 못 들어가는 아버지

14. 자녀들의 보호자, 울타리가 되어주지 못하는 아버지

15. 자녀들에게 방향을 제시해 주지 못하는 아버지

16. 자녀들의 문제 해결에 수동적인 아버지

하나님의 마음에 합하기까지 하여 이스라엘의 왕으로 선택받은 경건한 다윗 왕. 그런데 자녀문제에 대해서는 너무나도 서툰 아버지의 모습은 이해가 되지 않는다.

그렇다면 아버지 노릇은 배워야 됨을 알게 된다. 시행착오를 겪으면서 적용하고 도전해서 점점 온전한 아버지의 장성한 분량에 도달하는 과정은 평생의 과정이다. 그렇다면 아버지 되기는 성화의 과정이라고 할 수 있겠다. 이를 위해 주님의 능력과 지혜가 공급 되도록 기도가 요청된다.

"그러므로 각처에서 남자들이 분노와 다툼이 없이 거룩한 손을 들어 기도하기를 원하노라(딤전 2:8)"

다윗에게서 회복되어져야할 아버지의 모습을 정리하면서 이 땅의 아버지는 어떠한 아버지가 되어야할 것인지 마무리해 본다.

1. 자녀들의 잘못에 대해 바르게 가르치는 아버지

2. 자녀들의 아픔에 대해 위로하고 안아 주는 아버지

3. 자녀들의 충돌과 싸움에 대해 수습하고 건강하게 세우는 아버지

4. 죄와 악에 대해 가르치기 전에 먼저 본이 되는 아버지

5. 자녀들의 문제를 보면서 문제의 원인이 아버지 자신에게 있음을 알고 회개하는 아버지

6. 자녀의 문제가 생겼을 때 침묵하지 않고 선한 방향으로 이끄는 아버지

7. 자녀들에게 하나님의 저주가 임하지 않도록 적절하게 훈계하는 아버지

8. 자녀들의 문제에 대해서 마음의 고민을 경청해 주고 공감해 주는 아버지

9. 아버지에게 문제가 있어도 자녀들의 문제에 대해서는 바르게 안내하는 아버지

10. 가정에 보내신 하나님의 대리자 역할을 감당하기 위해 삶의 본이 되는 아버지

11. 편애하지 않고 모든 자녀들을 함께 보살피는 아버지

12. 자녀들에게 어떤 수치나 아픔이 있을지라도 언제든지 하소연 할 수 있는 아버지

13. 아버지 부재를 유산으로 물려주지 않는 아버지

14. 자녀들에게 좋은 것을 물려주기 위해서 내면의 풍성함을 갖춘 아버지

15. 남자에게 아버지 역할 보다 더 중요한 것이 없음을 보여주는 아버지

16. 하나님의 형상을 반영해 주는 아버지

17. 죄와 악, 유혹에 대해 '노(NO)' 할 줄 아는 아버지

18. 자신의 변화를 최우선으로 삼는 아버지

19. 자녀를 구원하고 세상에서 구출하는 아버지

20. 자녀들과 정서적으로 함께 하고 친밀한 아버지

21. 자신의 삶을 따르면 하나님 아버지를 닮을 수 있음을 보여 주는

아버지

22. 자녀들에게 돈 지갑이 아니라 마음을 내어 주는 아버지

23. 외모보다 내면의 변화와 성숙을 중요시하는 아버지

24. 예배에 충실하여 하나님의 지혜와 권능을 공급받는 아버지

25. 자녀나 아내의 잠재력을 충분히 끌어 올려주는 아버지

26. 자녀들을 노엽게 하지 않고 적절히 훈계와 교훈으로 다스리는
    아버지

27. 사람과 일보다 하나님의 임재를 충분히 누리는 아버지

28. 하나님의 음성을 잘 듣는 아버지

29. 성경을 묵상하며 독서하는 아버지

30. 탕자 자녀라도 완전한 용서와 받아들임에서 기뻐하는 아버지

31. 자녀들에게도 배울 줄 아는 아버지

결국 남자의 영성은 아버지 노릇에서 나타난다고 볼 수 있겠다. 아버지 노릇 잘할 때 고아의 인생을 사는 모든 자녀들은 하늘 아버지의 생명을 공급받는다. 그런 자녀들이 이 땅에 하나님 아버지의 나라가 임하게 한다.

참고서적

국민일보, 조선일보, 2015년 11월 13일.

돈 쉬미어러 · 정동섭「좋은 아버지가 되려면」, 서울: 웰스프링, 2008.

Canfield Ken, 「아버지 당신은 카피되고 있습니다」, 오진탁 역,
        서울: 디모데, 1999.

Farrar Steve, 「영적 리더십을 발휘하는 아버지」, 김선일 역,
        서울: 한국기독학생회 출판부, 2002.

Henry Matthew, 「사무엘 하」, 박종선 역, 서울: 기독교문사. 1988.

Kirsch Jonathan, 「킹 다윗」, 조윤정 역, 서울: 다른 세상, 2014.

Kreider Larry, 「영적 아비를 향한 갈망」, 진희경 역,
        서울: 뉴와인, 2007.

Louis Cole Edwin, 「남자입니까?」, 김성웅 역, 서울: 두란노, 2006

McClung Floyd, 「하나님의 아버지 마음」, 김대영 역,
        서울: 예수전도단, 2007.

Munroe Myles, 「아버지는 운명이다」, 김진선 역,
        서울: 미션월드, 2014.

Pink W Arther, 「다윗의 생애 II」, 김광남 역,
        경기도: 뉴라이프, 2002.

Stoop David, 「좋은 아버지를 향한 발돋움」, 정성준 역,
        서울: 예수전도단, 2007.

제 2 부

다윗과 미갈의
부부싸움과 내면 치유

부부관계에서 시시비비를 따지면
갈등은 풀릴 수 없다.
상대방이 원하는 것은 답이 아니다.
상생하는 부부관계는 내 생각은 이렇지만
당신은 다르게 생각할 수 있다며 상대방을 인정해 준다.
상대와 자신의 감정과 욕구에 주목하여
표현하려고 하고 들어주려고 한다.

다윗과 미갈의 부부싸움과 내면 치유

본문: 사무엘하 6:16~23

다윗의 인생에서 가장 전성기에 이르렀을 때 의미 있게 행한 사건이 언약궤를 다윗성에 옮겨 놓은 일이었다. 그는 이름 없는 시골 목동을 이스라엘의 왕으로 세워 주신 하나님의 은혜에 대해 깊은 감격을 간직하고 있었다. 그 하나님을 가까이 하고 이스라엘 통치의 중심으로 삼고자 언약궤를 수도 예루살렘에 두려고 했다.

다윗이 언약궤를 예루살렘으로 이동하게 하면서 얼마나 기쁘고 행복해 했을까? 하나님을 가까이 하려는 다윗의 기쁨은 이루 말로다 표현할 수 없었을 것이다. 다윗의 생애에서 그 누구로부터도 그런 기쁨과 행복을 얻지 못하였다. 그야말로 최고로 행복감을 느끼는 순간이었다.

잃어버린 영광의 법궤를 이동하는 오벳에돔에서 다윗성까지는 무려 24km.[31] 무더운 날씨에 얼마나 땀을 흘리며 이동했을까? 과히 다윗의 하나님에 대한 사랑과 은혜의식이 얼마나 뜨거웠는가를 짐작하게 한다. 언약궤를 운반하는 다윗은 너무나 기쁘고 즐거워서 왕복을 벗고 예배자로 베 에봇을 입고 힘을 다하여 춤을 추었다. 다윗과 온 이스라엘 족속이 즐겁게 환호하고 나팔을 불며 궤를 메어왔다.

I. 다윗과 미갈 부부의 충돌

정신없이 춤을 추던 다윗의 옷이 흘러내리고 속살이 드러났다. 언약
궤가 다윗성으로 들어 올 때 그 광경을 아내 미갈이 왕궁의 창에서 내
려 보았다. 그녀는 그런 다윗을 보면서 마음으로 업신(despised, 혐오,
최고의 경멸표현, 속빈 사람, 경멸, 멸시)여겼다(삼하 6:16).

이런 미갈의 업신여김이 집에 들어온 다윗과 무서운 싸움을 일으키
고 부부는 결별하게 된다.

이러한 미갈과 다윗의 부부 싸움을 보여주는 의도가 무엇일까? 다윗
이 집에 돌아와서는 자신이 찬양받는 왕이 아니라 아내와 심각한 문제
가 있는 평범한 남편에 불과하다는 사실을 보여 주려는데 있다.[32] 하
나님의 마음에 합한 인물로 이스라엘의 왕으로 부름을 받을 정도로 경
건한 왕인데도 부부갈등을 피할 수 없었다. 부부사이에는 인간세상 지
위고하를 막론하고 갈등과 충돌에 대해 예외가 없음을 보여 주고 있
다.

다윗은 언약궤를 장막에 두고 번제와 화목제를 하나님 앞에 드리고
하나님의 이름으로 백성에게 축복하고 떡과 고기 건포도를 나누어 주
었다. 그리고 자기 가족에게 축복하러 집으로 돌아왔다. 들어오는 남
편 다윗을 보고 미갈이 경멸하는 말을 한다.

"이스라엘 왕이 오늘 어떻게 영화로우신지 방탕한 자(the vain
fellow, 라가, 존재가치가 없는, 속 빈사람, 천박하고 상스러운)가 염치
없이 자기의 몸을 드러내는 것처럼 오늘 그의 신복의 계집종의 눈앞에
서 몸을 드러내셨도다(삼하 6:20)."

쉬운 번역을 참고한다. "오늘 이스라엘의 임금님이 건달패들이 맨살을 드러내고 춤을 추듯이 신하들의 아내가 보는 앞에서 몸을 드러내며 춤을 추셨으니 임금님의 체통이 어떻게 되었겠습니까?(표준 새번역)"

인생 최고의 충만한 기쁨을 안고 집으로 돌아오는 다윗에게 가슴에 비수가 꽂히는 아픔을 겪는다. 아내 미갈의 비난과 질책이었다. 다윗이 집안에 들어오지 못한 출입구에서 미갈의 비난을 듣자 다윗은 매우 불쾌하였다. 언약궤를 메고 온 기쁨이 순식간에 사라져 버렸다. 그도 역시 아내 미갈에게 심히 불쾌한 감정을 여과 없이 쏟아냈다.

원래 다윗이 미갈에게 가졌던 애정은 이랬다. "미갈이 내 아내의 자리에 없다면 왕관도 없다."(삼하 3:13)[33] 그리고 다윗은 자신을 떠나 다른 남자하고 동거하여 부부관계로 살고 있었던 미갈에 대해 비난하거나 문제를 삼지 않았다. 낯선 자의 품에 안기는 부정한 짓에 대해(렘 3:1) 이미 용서했었다.[34] 마음속으로는 불편했을지라도.

그런데 성경은 미갈에 대한 묘사를 다윗의 아내라고 하지 않고 '사울의 딸 미갈'(삼하 6:16, 20, 23)이라고 세 차례나 언급했다. 왜 그랬을까?

이는 다윗의 아내로서 행동하지 않고 다윗의 대적으로서, 참으로 사울 집안의 사람으로 행동했기 때문이라고 한다.[35]

이미 미갈은 다윗의 첫 번째 아내였다. 그런데 사울왕의 살해 위협을 느낀 다윗은 혼자 도피하였고 미갈은 아버지 사울의 집에서 기거하고 있었다. 그러다가 아버지에 의해서 발디엘이란 남자에게 재혼해서 살았다(삼하 3:14-16). 다윗이 전(全) 이스라엘의 왕이 되자 곧 바로 다윗 성으로 불려 왔다.

그 동안 다윗은 여러 여자들과 이미 혼인한 상태였는데 다시 미갈과의 부부관계를 회복하려 한 것은 어떤 의도였을까? 단순히 미갈을 사랑하는데 있었을까? 다윗은 미갈과 헤어진 이래로 여러 여자들을 아내로 삼았었다. 그런 그에게 또 다시 여자의 사랑이 필요했을까?

여기에는 다윗이 자신의 왕권을 공고히 하려는 의도가 있었던 것으로 보인다. 다윗은 아직도 세력이 만만찮은 사울왕가에 대해서 사울왕의 딸이 자신의 왕비로 존재한다면 자신의 왕권에 대해 사울 왕가와의 긴밀한 관계에 있음을 보여 주려는 의도가 있었던 것이다.36) 다분히 정치적인 생각이 엿보인다.

다윗이 미갈의 비난을 받자 화가 났다. 조금도 생각할 겨를이 없이 그도 미갈에게 비난으로 응사하였다. 감정 대 감정의 충돌은 큰 화를 자초한다. 여기서는 평소에 다윗의 경건한 모습은 보이지 않는다.

"이는 여호와 앞에서 한 것이라. 그가 네 아버지와 그의 온 집을 버리고 나를 택하사 나를 여호와의 백성 이스라엘의 주권자로 삼으셨으니 내가 여호와 앞에서 뛰놀리라. 내가 이보다 더 낮아져서 스스로 천하게 보일지라도 네가 말한바 계집종에게는 내가 높임 받으리라(삼하 6:21~22)"

그 후 다윗은 미갈과 함께 하지 않았고 미갈은 평생 다윗의 후손을 얻지 못했다. 다윗이 사울집안과의 단절을 의도한 것이다.

이 부분에서 메튜헨리(Matthew Henry)는 하나님을 영예롭게 한 다윗을 대적하고 비난한 미갈에 대해 하나님이 벌하셨고 그 후로 자식이 없게 하셨다고 설명한다.37)

이상으로 다윗과 미갈의 부부싸움에 대한 성경본문을 상세하게 살펴보았다. 그런데 두 사람의 부부 싸움을 단순히 경건한 다윗과 대적한 미갈의 잘못으로 결론짓기는 아쉽다. 두 사람의 내면 속에 숨겨져 있

제2부 다윗과 미갈의 부부싸움과 내면 치유

는 상처라든지 쓴 뿌리가 작용한 부분은 없을까?

부부갈등은 한사람의 문제로만 볼 수 없다. 다윗에게도 미갈에게도 내면의 상처와 성장과정에서의 아픔이 있었다. 그런 내면의 모습을 살펴보려고 한다.

다윗과 미갈의 부부갈등을 단순히 경건한 사람, 그를 대적한 사람에 대한 하나님의 징계로만 설명한다면 우리 인간의 성숙함에 이르는 목표는 아무 쓸모없는 일이 된다.

부부갈등은 두 사람이 함께 아파하고 고민하면서 풀어가야 할 과제이다. 그러는 과정에서 두 사람이 함께 서로를 이해하고 수용하고 보완해 주면서 하나가 되는 아름다운 삶으로 완성해 나가는 과정이다.

사람에게는 자신의 노력을 통해 뭔가 얻고자 애쓰는 일로 되돌아가려는 성취지향적 경향이 있다. 잘한 일로 칭찬해주고 사랑한다고 하면 더 잘하려고 한다. 이런 방식에 우리는 완전히 속는다. 잘한다는 것과 사랑받는 것을 하나로 덧입혀 버린다. 성취와 하나님의 사랑은 별개이다. 성취하는 만큼 진정한 자신의 모습에서 멀어진다.38)

우리는 일을 잘하고 사람들에게 행동을 인정받을 때 용납 받는다고 생각한다. 귀중한 존재로 인식한다. 그러나 하나님은 우리의 존재 그 자체로 사랑해 주신다. 어떤 조건이 없는 무조건적으로 사랑해 주시고 용납해 주신다.

다윗과 미갈 부부가 서로의 충돌을 풀어가지 못한 부분은 각자의 상처와 내면의 성숙되지 못한 원인을 찾아보는 기회로 삼았더라면 두 부부는 서로 치유되고 변화되는 좋은 기회가 되었을 것이다. 이제 두 사람의 부부 갈등을 풀어 보려고 한다.

우선 다음과 같은 질문을 먼저 해 보자.

아버지 치유

1) 다윗이 하나님으로 인한 기쁨과 행복이 충만한데도 왜 아내 미갈의 비난을 포용하지 못했을까?

2) 여호와의 사람이었던 다윗이 아내의 쓴 소리에 감춰진 여성의 본심이 무엇인가를 파악하는 지혜는 왜 발휘하지 못했을까?

하늘의 기쁨이 그렇게 충만했는데도 아내의 핀잔, 아내의 무시를 수용하지 못한 이유는 무엇일까?

성령 충만이 부부갈등에 대해서는 전혀 힘을 발휘 못하는가?

3) 다윗은 여호와 앞에서의 기쁨과 행복은 그렇게 충만하다고 증거했는데 왜 아내의 내면에 있는 응어리진 상처는 돌보아 줄 여지가 없었을까? 그렇게 하나님께 잘 여쭈어보던 사람이 정작 아내에 대해서는 왜 하나님과의 관계에서 풀어 보려고 하지 못했을까?

4) 미갈은 왜 남편에게 화를 내고 분노했을까? 그녀의 분노의 뿌리는 과연 다윗을 향한 것이었을까? 그녀의 분노의 뿌리는 무엇일까?

여기에 내면 치유의 필요성이 제기된다. 내면치유(Inner Healing)란 무엇인가? 변화와 성숙을 위한(엡 4:15) 기도와 상담사역이다. 이때 내담자의 시야를 하나님의 관점에서 해석을 하게 한다. 왜(why, 내가 왜 이럴까?)를 하나님의 관점(who, 하나님은 어떻게 보시는가?)에게로 향하게 한다.

부부갈등에서 서로에게 정답을 주려고만 하면 영원한 평행성이 된다. 부부 갈등의 정답은 해결책이 아니라 공감(empathy)이다.39) 공감은 상대방의 영혼을 안아 주는 것이며 '당신은 나 자신과 똑같이 소중한 나, 나보다 더 귀한 존재' 라는 메세지를 전하는 것이다. 그래서 배우자를 살맛나게 만드는 묘약이다.

아내가 "힘들다"했을 때 "무슨 일 있었어?"하고 물어 주고 이야기를 들어 주는 것, 그리고 따뜻하게 안아 주며 "여보 당신 정말 힘들었구나"하는 것이 공감이다.

이를 다윗과 미갈의 충돌에 적용해 본다. 다윗이 집에 들어갔을 때 미갈이 비난으로 대했는데 그때 다윗이 아내에 대한 공감 능력이 있었더라면 이렇게 다독이면서 접근했을 것이다.

"여보! 당신 왜 그렇게 화가 났어요? 무슨 힘든 일이 있었어요? 당신이 힘들어 하는 모습을 보니 내 마음이 아프네요. 우리 차 한 잔 마시면서 천천히 얘기해 봐요"

아내를 안아주면서 아내의 마음을 풀어 주려는 의도로 물어 볼 수 있었더라면 미갈이 어떻게 반응을 보였을까?

다윗이 언약궤를 메고 성으로 돌아오면서 거룩한 얼굴 기쁨어린 모습을 미갈이 이해하지 못하고 비난하고 멸시한 것에 대해 주석가들은 미갈의 행동이 저주를 자초했다고만 설명하고 끝낸다.

"그녀는 다윗의 신앙을 부당하게 비난했고 하나님은 그녀가 영원하도록 자식을 갖지 못하게 함으로써 그녀를 질타하셨다. 하나님은 자기를 높이는 자들을 높이시고 자신과 자신의 종들과 자신을 섬기는 일을 조롱하는 자들을 가볍게 여기신다."[40]

"미갈이 교만하게 비신앙적으로 다윗을 무시한 벌을 받아 미갈은 자녀를 낳지 못하고 다윗은 그녀와 동침하지 않았다."[41]

이렇게 보면 다윗의 여호와로 인한 기쁨이 아내에 대해서 무력한 것으로 보인다. 거룩한 기쁨이 아내의 마음에 대해서는 전혀 이해하거나 공감해 주려는 여유가 없다. 하나님으로 인한 기쁨, 거룩한 기쁨으로 기뻐하는 사람이라면 어떤 원수도 품고 용서해 줄 수 있어야 하지 않겠나?

자신을 무시했다고 저주하는 것으로 끝이 난다면 거룩한 기쁨은 지독한 이기주의라 보여진다. 잘못하면 무조건 하나님의 징계라는 도식에서 보면 '하나님은 징계자'란 이미지만 남는다. 정말 하나님은 그런 분이신가?

우리가 잘못하면 우리를 징계만 하시는 심판자 하나님으로만 보아서는 아니 될 것이다. 하나님의 징계를 야기 시킨 우리 자신의 잘못을 먼저 살펴 볼 때 지혜를 얻고 그 지혜로 부부갈등을 잘 풀어 갈 수 있을 것이다.

우리는 아담의 원죄를 출생 때부터 품고 태어난다. 그럼에도 성경은 자신의 행동에 대한 책임은 스스로에게 있다고 한다. 선택에 대한 책임은 우리 자신에게 있다. 어떤 상황에서도 잘못된 결과에 대한 책임은 자신에게 있다.[42]

거룩한 다윗이 아내의 비난과 업신여김에 대해 아내와 깊은 대화를 나누면서 아내의 응어리진 마음을 위로하고 하나님의 아버지 마음으로 품어주고 그녀의 상처가 회복되기를 인내하며 기다려주는 남편의 모습을 기대할 수도 있지 않을까?

II. 다윗과 미갈의 내면세계 탐색

A. 먼저 미갈의 분노의 뿌리를 탐색해 본다.

그녀는 왜 남편 다윗이 여호와로 인한 기쁨을 수용하고 이해하지 못했을까? 그녀에게는 아버지에 대한 상처가 깊어 있다.

1. 아버지 사울이 자신의 사위이며 미갈의 남편 다윗을 죽이려고 했다. 자신의 남편을 죽이려한 행위는 자신을 죽이려는 것으로 받아들일 수밖에 없지 않은가? 아버지가 결혼을 승낙했고 다윗을 정식 사위로 받아들이지 않았는가. 그런데 그런 자신의 남편을 죽이려 했으니 아버지에 대한 분노가 내면에 쌓였을 것이다.

2. 아버지가 다윗을 죽이려고 했을 때 다윗이 도망을 갔다. 그때 미갈은 친정집에서 홀로 남아 있었다. 남편과 함께 도망을 갔어야 했는데 미갈은 아버지를 떠나지 못했다. 여전히 그녀는 아버지의 딸로 남아 있었으니 아버지에 의해 남편과 별거하게 된 것이다. 자신의 선택이 아니라 아버지에 의해 주도 된 삶은 미갈의 내면에 분노의 뿌리가 형성되었다고 본다.

3. 미갈은 자신의 의지와 상관없이 아버지에 의해 새로운 남편 발디엘의 아내로 살게 되었다.

사울 왕에게 평생을 따라다니는 중요한 이슈는 두려움이었다. 그런 두려움은 자녀들에게도 두려움으로 양육했고 자녀들에게도 두려움이 흘러갔다. 미갈은 아버지로부터 정서적인 지지와 공감을 받아본 경험이 전무하였다. 아버지 사울은 굉장히 무서운 아버지였다. 그에게는 분노가 많았고 자녀들의 정서를 이해하거나 자녀들의 아픔을 경청할 만한 여유가 없었다. 사울 왕도 마지막에는 극도의 두려움을 해결하기 위해 무당을 찾아가서 도움을 받았다.

사울 왕이 자녀들을 양육할 때 내재 되어 있는 두려움이 자녀들의 내면에 많은 영향을 주었을 것이다.

예를 들어 그의 아들 요나단이 전쟁 중에 금한 꿀을 먹었을 때 아버지 사울은 아들을 칼로 죽이려 했다. 이때 신하들이 극구 말려서 요나단이 목숨은 부지했지만 아들 입장에서는 얼마나 두려워 했을까? 인정도 피눈물도 없는 아버지로 느껴지지 않았을까? 이런 상황을 지켜 본 미갈 역시 아버지는 얼마나 두려운 존재였을까?

다윗이 사울 왕의 칼을 피해 도망을 갈 때 아내 미갈이 왜 동행을 못했을까? 아버지 사울에 대한 두려움이 작용했을 것이다. 사울의 허락이나 동의를 얻지 못한데서 무슨 개인적인 선택을 할 수 있었을까? 아내라면 남편과 운명을 같이 하는 것이 당연한데 남편을 따르기보다 아버지 곁에 남아 있었다.

나중에 사울은 딸 미갈을 갈림에 사는 라이스의 아들 발디에게 주었다고 성경은 말한다(삼상 25:44). 사울의 이런 모습은 그가 사위 다윗과의 관계가 완전히 청산되고 단절되었다는 것을 나타내기 위한 의도였다.43)

그런데 미갈은 새로운 남편이 아버지를 통해 만났지만 무서운 아버지에 의해 강제로 이혼당한 것이다. 이렇게 미갈은 부모를 떠난 아내가 아니라 결혼했어도 여전히 아버지로부터 분리 되지 못한 딸로서의 정체성을 가지고 살았다. 자연히 아버지로부터 인격적으로 존중받지 못해 내재된 분노가 남편 다윗에게 투사가 되어 쏟아졌던 것이다.

이러한 미갈의 아버지에 대한 두려움에서 남편 다윗의 정서적인 세계를 이해하고 공감해 주며 남편을 존중해 주며 지지해 줄 수 있는 여유가 존재할 수가 없었다. 남편은 아내에게 인정받고 존중받고 싶어 한다는 것을 미갈이 보고 배운 적이 없었다.

아버지로부터 사랑을 받고 자란 딸들은 좋은 아내가 될 수 있다. 딸과 아버지 사이에서 형성된 신뢰관계를 기반으로 하여 앞으로 딸은 남편과의 만남 속에서도 남편을 따뜻하고 편하고 자유로운 관계 가운데 내조할 수 있게 된다. 이런 아내는 자신이 남편에게 축복된 존재라는 사실을 잘 알고 있다. 이와 같은 일은 딸에게 있어서 아버지가 존경할 만한 인물이요 아버지가 딸의 보호자로서의 역할을 감당했을 때에만 가능하다. 또한 아버지가 딸 속에서 발견되고 자라나고 있는 아름다움이 훼손되지 않도록 튼튼한 방패막이 되고 딸을 향한 아버지의 사랑이 순수하고 딸을 향한 아버지의 관심이 진정 믿을 만한 것이었을 때에야 비로소 가능하다.44) 순수하고 딸을 향한 아버지의 관심이 진정 믿을 만한 것이었을 때에야 비로소 가능하다.

아버지(혹은 남성 친척들)가 딸을 보호하기 위해 선천적으로 주어진 신뢰를 위반했을 때 딸은 끔찍한 배신을 경험한다.45)

이미 미갈은 아버지로부터의 배신감과 거절감이 마음 깊이 자리 잡고 있었다. 남편 다윗에 대한 상처도 똑같이 형성되었을 것이다. 그런 내면에서 다윗에게 자신이 남편에게 사랑받고 싶은 심경을 호소하기보다는 쉽게 분노가 표출 되었을 것이다.

4. 다윗과 헤어진 후 20여년이 지난 후 다윗이 왕이 되자 미갈은 남편 발디엘과 강제로 헤어짐을 당하고 다윗의 왕궁으로 불려온다. 이때 역시 미갈은 자신의 의사와는 상관없이 남자에 의해 자신의 인생이 끌려 다니는 아픔을 겪게 된다. 아버지 상처로 인한 남자에 대한 상처가 계속 악화된다.

5. 미갈이 다윗에게 돌아와 보니 이미 그에게는 6명의 아내가 있었다. 이에 대해 다윗은 미갈이 공감할 수 있도록 과거지사를 해명하며 미갈에게 특별한 애정을 보여 주지 못했다. 다윗은 성취지향적인 성향이 많았다. 미갈이 돌아 왔지만 여전히 그는 나라의 일에 전력을 다하는 일 중심의 왕으로 살았다. 미갈과 따뜻한 부부의 정을 나눌만한 정서적인 배려를 보여 주지 못했다.

6. 미갈이 다윗과의 영적인 연합을 방해했던 부분에는 미갈의 우상숭배(수호신)도 한 몫을 했다(삼상 19:11). 다윗의 하나님과의 기쁨을 이해하지 못하고 비난한 것도 그녀의 우상숭배가 작용을 했다. 그녀의 관심은 남편의 정치적이며 왕적인 지도자로서의 품위에 앞서 있었다. 백성들이 왕을 무시하거나 얕잡아보지 않을까하는 염려가 있었다. 이

런 모습은 아버지 사울 왕의 모습이기도 했다.

다윗이 힘을 다해 춤을 추니 에봇이 펄럭였고 그 사이에 속살이(성기가) 보여질 정도였다.46) 이런 다윗의 모습을 우상숭배에 사로잡혔던 미갈은 남편의 하나님에 대한 열정이 자신에게로 향하지 못한 모습에 일종의 질투심이 작용했을지도 모른다. 또한 하나님에 대한 깊은 기쁨을 지닌, 하나님의 은혜에 대한 깊은 감격을 불신앙으로 일관했던 사울 왕가(王家) 출신인 그녀가 이해할 수 없었던 것이다.

B. 다윗의 분노의 뿌리를 살펴본다.

다윗은 왜 아내의 분노에 대해 자신도 분노로 맞섰나?

1. 그는 여전히 남자로서 존재하고 남편 된 모습은 보이지 않는다. 어쩌면 다윗은 어린 시절에 아버지가 어머니를 배려해 주고 공감해 주는 모습을 본 적이 없었을 것이다. 밖에서는 남자로 살더라도 집에 돌아와서는 남편으로 아버지로 변신해야 되는데 다윗은 그러지를 못했다. 아내는 집에 들어온 남편을 남편으로 대하는데 남편은 계속해서 밖에서 하던 남자 역할을 집에서도 요구를 하니 아내들은 이해하지 못하는 것이다. 아내에게 명령하고 통제하니 아내는 남편에게 사랑받지 못하는 아픔을 느낀다. 아내는 자신을 사랑해 주는 남편을 원하고 있고 자녀들은 인정해 주고 칭찬해주는 아버지를 요구하고 있다.

다윗은 아내의 비난을 자신을 무시하는 말로 받아들였을 것이다. 여자는 사랑받지 못하는 것에 불안해 한다면 남자는 무시당하는 것에 대해 불안해 한다.47)

남편들은 아내를 대하는 태도가 바뀌어야 한다. 관계가 행복을 결정짓는다. 관계 개선 없이는 행복할 수 없으니 관계 개선을 위해 노력해야 한다. 아내들은 남편들의 변화를 위해 도와주고 기다려 주어야 한다.

2. 다윗은 어린 시절 성장과정에서 정서적으로 공감 받고 존중받는 경험이 부족한 시절을 보냈다. 이새의 여덟 아들 중에 제일 막내였다. 일곱 형들은 집에서 점심시간에 집에서 쉬고 있었는데 그는 혼자 들판에 남겨져서 양떼를 돌보고 있었다.

그리고 형들이 전쟁터에 있을 때 아버지 심부름으로 형들을 찾아갔을 때 큰형 엘리압이 분노하여 한 말은 책망하고 배척하는 말들을 쏟아냈다.

"네가 어찌하여 이리로 내려 왔느냐 들에 있는 양들을 누구에게 맡겼느냐 나는 네 교만과 네 마음의 완악함을 아노니 네가 전쟁을 구경하러 왔도다(삼상17:28)."

두 사람은 제일 큰형과 제일 막내관계이다. 막내를 귀여워해 줄 수 있었고 염려해 주고 칭찬해 줄 수 있는 관계인데도 다윗을 아껴주지 않는 형제관계를 보여 주고 있다. 그만큼 다윗은 형제들에게 인정받지 못했고 사랑받지 못한 어린 시절을 보냈을 것이다. 자연히 다윗의 내면에는 내면아이(inner child)가 존재할 수 있었을 것이다.

그런 내면아이가 미갈과의 충돌을 풀만한 여유를 갖지 못했을 것이다. 그리고 나중에 다윗의 자녀들 사이에 근친상간, 살인, 반란을 겪는데도 다윗은 문제를 풀지 못해 침묵하거나 도피로 일관했다.

3. 다윗이 사울 왕의 사위가 된다는 말을 들었을 때 다윗이 대답한 말이다. "나는 가난하고 천한 사람이다(삼상 18:23)"

다윗이 대답한 말은 평소에 그가 간직하고 있었던 자신의 정체성을 그대로 표현했다고 볼 수 있다. 그는 가난에 대한 열등감이 있었고 목동출신이라는 열등감, 이름 없는 지극히 평범한 무명의 시골 출신이라는 열등감이 그의 내면에 깊이 자리 잡고 있었을 것이다. 가난하고 천한 자신의 존재에 대해서 다윗은 자신에 대해서 스스로 무시하는 습관이 자리 잡았을 가능성이 많다. 이런 모습이 자신에 대해 무시하는 상황을 용납하지 못하는 내면아이가 존재하고 있었을 것이다.

역기능적인 가정환경에 많이 노출된 다윗은 낮은 자존감으로 형성되어 있었다. 자연히 다윗은 이성관계에 대해 자신감이 없었다. 자기 이미지가 부정적이기 때문이다.[48] 미갈이 다윗에 대해 비난했을 때 다윗은 자신을 무시하는 느낌을 강하게 받게 되자 역시 미갈에 대해 비난과 부부관계를 완전히 단절해 버린 것이다.

심각하게 무시를 당한 다윗은 한 번의 아픔을 풀어보려는 시도를 하거나 그가 그렇게 익숙했던 하나님과의 깊은 묵상을 통해 하나님의 음성을 들어보려는 시도도 없었다. 그만큼 다윗은 미갈을 통한 무시당함에 심각한 상처를 입었을 가능성이 크다.

III. 결론

다윗이 가족관계에서 자주 사용되어지는 방어기제는 회피(avoidance)인데 어쩌면 자신을 무시하는 미갈과의 관계가 힘드니까 아예 그녀를 보지 않기 위해 회피를 위한 것으로도 보인다.

나중에 일어난 일이지만 다윗이 아내 미갈과의 갈등을 풀지 못해서 틈이 생길 때 나타난 여자가 밧세바였다. 다윗이 밧세바와 정을 통하게 된다. 그리고 밧세바와의 불륜을 덮기 위해 그녀의 남편 우리아를 죽게 한다. 간음과 살인죄를 저지르게 된다.

다윗이 밧세바를 만나면서 부터 그의 인생은 하향 곡선을 긋고 계속 가정의 불행이 연속된다. 다윗의 국가적인 외치(外治)는 매우 뛰어났지만(삼하 8:8) 가정적인 내치(內治)에는 계속 어긋난 길을 걸어간다.

그렇게 된 이유가 무엇일까? 다윗은 자신의 내면세계의 탐색과 치유가 필요했다. 다윗이 뛰어난 영성가라고 알려져 있지만 그의 성취지향적인 성향은 자신의 내면을 돌아볼 여유가 없었다.

사람은 자신의 만족이 채워지면 자만하게 되고 자신의 문제를 살펴보려고 하지 않는다. 가장 잘 될 때가 가장 위험한 때이다. 그때는 누구의 말도 듣지 않는다. 본디오 빌라도가 예수를 재판할 때 아내의 권면이 있었으나 귀를 기울이지 않았다. 집안에 있는 여자가 무엇을 알겠나 싶었을 것이다. 그때 아내의 권면을 진지하게 듣고 고민하면서 아내와 더 깊이 대화를 했더라면 위기를 잘 헤쳐 나갈 수 있었을 것이다.

다윗이 아내 미갈과의 갈등을 풀지 못한 후에 전쟁에서 여러 번의 승리가 있었으나 다윗의 내면은 채워지지 않은 허전함이 있었다. 그 틈을 타고 들어온 여자가 밧세바였다. 밧세바와의 만남 이후로부터 집안에는 계속 불행한 일들이 일어났다. 이때도 다윗은 회피라는 방법으로 문제로부터 자신을 격리시킨다.

ㄱ. 장자 암논이 배다른 여동생 다말을 연모하여 강간을 한다.

ㄴ. 다말이 암논에게 버림을 받는다. 이런 소식을 다윗이 들었을 때 심히 노하였다. 그렇지만 아무런 행동을 취하지 않았다. 침묵하고 있었다.

ㄷ. 다말이 아버지에게로 가지 않고 동복(同腹) 오빠 압살롬의 집에 피신한다. 다말이 아버지 다윗에게로 가지 않은 이유가 무엇일까? 평소에 다윗이 다말을 사랑하고 친밀했더라면 다말은 아버지에게 찾아갔을 것이다.

압살롬은 자신에게 찾아온 다말을 위로하면서 아버지가 이 문제를 어떻게 풀어 갈까 주시하며 아버지의 동정을 살핀다.

ㄹ. 계속되는 아버지의 무관심한 방관에 압살롬은 2년 뒤에 양털 깎는 축제 때 형 암논을 죽인다. 다말이 당한 아픔에 복수한 것이다. 그

아버지 치유

리고 외갓집 그술 땅으로 도망을 간다. 이런 형제 살인소식을 들은 다윗은 옷을 찢고 드러누워 상심했다. 그러나 다윗은 이전과 같이 침묵하며 아무런 조치를 취하지 않는다. 자녀들이 이런 아버지를 보고 무슨 생각을 했을까?

ㅁ. 압살롬이 그술에서 3년을 지내는데 다윗 왕의 마음이 압살롬을 향하여 간절한 마음으로 보고 싶어 했다. 그러나 다윗은 어떤 행동도 취하지 않았다. 아들 압살롬을 그리워하는 모습을 보고 군대 장관 요압이 아버지와 아들의 만남을 주선한다. 압살롬이 집으로 돌아 왔으나 아버지 다윗은 아들을 만나지 않겠다고 한다. 이 어쩐 일인가? 당연히 보고 싶은 아들이 왔으면 그간의 사정을 알아보고 위로하든지 책망을 하든지 하면서 사건을 수습하고 매듭을 지어야 했다.

그런데 다윗은 아무런 행동을 취하지 않았다.

ㅂ. 압살롬은 아버지가 자신을 불러준 것에 대해 반가웠으나 자신의 얼굴을 보지도 않는 아버지에 대해 꽁한 마음을 갖게 되었다. 많은 거절감을 느꼈을 것이다. 시간이 지나면서 아버지의 침묵에 대해 분노가 쌓인다. 결국 아버지와의 전면전을 벌이기 위해 은밀히 준비한다.

ㅅ. 4년 후에 압살롬은 그동안 준비한 대군을 이끌고 아버지 다윗의 예루살렘 성을 공격하여 아버지를 내쫓아 버린다. 아버지의 왕권을 탈취한다. 그리고 아버지의 후궁들과 공개적으로 동침을 한다.

이때도 다윗은 아들을 만나서 대화를 통해 문제를 풀든지 타협을 하든지 압살롬의 분노를 파악하고 적절한 조율을 했어야 했다. 그런데 다윗은 아무런 조치를 취하지 않았다.

이러한 다윗의 모습을 볼 때 그의 문제에 대한 방어는 회피로 나타난다.

ㅇ. 나중에 압살롬이 다윗의 군대와 싸우다가 도망하던 중 머리가 나무에 매달려 요압장군에 의해 비참하게 죽는다. 아들의 죽음을 듣고

다윗은 통곡을 한다.

"내 아들 압살롬아 내 아들 내 아들 압살롬아 차라리 내가 너를 대신하여 죽었더면 압살롬 내 아들아 내 아들아!"(삼하 18:33)

때 지난 울음은 아무리 울어도 죽은 아들이 살아 돌아 올 리가 없다.

가족 간에 위기를 겪을 때마다 이상하게 다윗은 정면 돌파를 못한다. 전쟁 때, 국가의 위기 때는 하나님과의 관계로 잘 풀어 가는데 가족관계에 대해서는 유독 침묵하거나 회피를 통해 숨어 버린다.

부부관계, 자녀와의 관계를 건강하게 잘 풀어가기 위해서는 어린 성장과정에서 지지와 돌봄, 정서적인 공감과 배려가 중요한 양육의 요소가 되어야 함을 다윗과 미갈 부부관계를 통해서 보게 된다.

건강한 인성과 관계훈련의 모판은 가정이다. 모판에서 잘 자란 모들이 건강하게 잘 자라 풍성하게 열매를 맺듯이 가정에서 인성과 사회성을 잘 배우고 경험하며 자란 자녀가 가족관계, 학교, 교회, 시회에서 잘 적응하고 건강한 인격체로 성장하게 된다.49)

결혼생활의 행복과 불행은 갈등을 어떻게 다루느냐에 달렸다. 갈등을 만날 때 다음과 같은 과정으로 풀어 보도록 해본다.

1) 결혼을 하면 죄인과 죄인이 만나기 때문에 반드시 갈등이 온다는 것을 자연스럽게 받아들인다.

2) 갈등을 삶의 일부분으로 받아들인다. 그러면서 부부지간에 대화의 시간을 깊이 갖는다.

이때 경청과 공감의 태도를 가지고 배우자를 대하는 것이 중요하다.

3) 상대방의 문제에 집중하기보다 먼저 자신의 문제를 찾고 치유하는데 집중한다.

3) 갈등을 풀기 위해 자신의 어린 시절의 상처를 찾아서 치유한다.

아버지 상처와 어머니 상처, 태아기 상처, 유아시절의 애착관계, 성장과정에서의 내면아이 상처, 그리고 가계력(家系歷)을 상세히 점검해 본다.

4) 갈등을 풀고 부부간의 성장과 성숙을 위해 배움과 훈련의 시간을 갖는다. 지독한 갈등일수록 잘 단련되고 성숙이 된다.

5) 부부는 하나님이 짝을 지워 주셨기에 하나님의 도우심으로 어떤 갈등도 풀 수 있다는 확신을 갖는다.

참고 문헌

Anderson, A.A. 「WBC 사무엘 하」 권대영 역. 서울: 솔로몬 출판사,
         2001.

Henry, Matthew. 「사무엘 상」, 서기산 역. 서울: 기독교문사, 1989.

Henry, Matthew. 「사무엘 하」, 박종선 역. 서울: 기독교문사, 1989.

Kirsch, Jonathan. 「킹 다윗」 조윤정 역. 서울: 다른 세상, 2014.

Sandford John and Mark Sandford. 「축사사역과 내적치유」, 심현석 역.
         서울: 순전한 나드, 2006.

Sandford, John and Paula. 「상한 영의 치유1」, 임정아 역.
         서울: 순전한 나드, 2007.

Sandford, John and Poula. 「속 사람의 변화1」, 황승수 역.
         서울: 순전한 나드, 2006.

Tenney, Tommy. 「하나님 당신을 갈망합니다」, 윤종석 역.
         서울: 두란노, 2009.

김성묵, 「남자, 아버지가 되다」, 서울: 두란노, 2017.

이상근, 「사무엘상 하서」, 대구: 성등사, 1998, 286.

이관직, 「관계의 걸림돌 극복하기」, 서울: 두란노, 2017.

제3부

아버지 사울

최악의 부모는 가르치기만 하고
자신의 부족함을 모르는 오만한 부모이다.
부모 자신이 스스로를
완성된 존재로 보고 확신하는 태도는
정신병 중의 정신병이다.
건강한 부모는 자녀에게서 배울 줄 안다.

아버지 사울

I. 서 론

몇 해 전에 어떤 도지사의 아들이 군 생활 때 폭행 혐의로 이슈가 되었다가 이번에는 마약투약 혐의로 체포되었다. 해외 출장 중인 아버지가 아들이 체포되자 급히 귀국하여 기자들 앞에서 사과 인터뷰를 했다.

"아버지로서 제대로 가르치지 못한 불찰을 사과드립니다. 그렇지만 맡겨진 도정은 흔들림 없이 수행할 것입니다. 아들을 따뜻하게 안아주고 싶습니다."

이에 대해 여론은 '집안관리도 제대로 못하면서 무슨 도지사냐?' 라며 정치적 책임을 촉구하기도 했다. 반면 '아들이 성인이고 사적인 문제인데 공적인 일을 하는 도지사에게 책임을 묻는 것은 지나치다' 는 반론도 만만치 않게 제기 되었다.

또 우리나라의 어느 대그룹 회장의 아들이 변호사들에게 막말을 하고 폭행한 사건으로 고발을 당하여 검찰에서 수사를 하고 있다. 아들의 아버지는 공개적으로 사과를 했다.

"자식 키우는 것이 마음대로 안 되는 것 같습니다. 아버지로서 책임을 통감하며 피해자 분들께 사과를 드립니다."

영국의 블레어총리는 재임 중에 나이 어린 맏아들이 만취상태로 붙들려 켄싱턴 경찰서에 붙들려갔다. 그때 아들은 경찰관에게 나이, 이름, 주소까지 모두 거짓으로 댔다. 사실이 밝혀져 총리의 아들임이 드러났다. 그때 블레어는 기자 회견장에서 눈물을 흘리며 사과를 하며 말했다.

"총리보다 아비 노릇이 더 힘듭니다."

위대한 남자도 자식 때문에 운다. 평생 웬수가 따로 없다. 이 세상에서 어떤 아버지가 자식 문제에 자유롭겠는가.

평생을 목회자로 살았던 남서울 은혜교회 홍정길 원로목사. 그는 한국교회 성도들이 변화되지 않는 현실을 안타깝게 말했다.

"보통 교회에서 좋은 교인으로 키우기 위해서는 엄청나게 노력합니다. 그러나 1000만 성도라 할 정도로 개신교가 성장했지만 여전히 세상은 별로 나아지지 않았습니다. 왜 일까요? '좋은 생각 · 좋은 사람 · 좋은 삶'으로 연결되는 것이 아니란 걸 체험으로 깨달았습니다.

결국 각각의 가정과 구체적인 삶이 바뀌지 않으면 소용이 없다는 것을 깨닫게 되었습니다. 좋은 교인을 키우려면 가정부터 올바로 서야 이룰 수 있습니다.

자녀에게 부모의 삶이 본이 된다는 점을 깨닫고 성경적 관점에서 인생살이를 제대로 공부해야겠다고 다짐하면서 인생 12개 생활훈련학교 프로그램을 실행하게 되었습니다."50)

좋은 교회로 세상에 소금과 빛이 되려면 가정부터 올바로 서야 하는

데 가정에서 핵심적인 존재는 아버지다. 아버지가 아버지 노릇만 잘하면 세상은 행복해진다. 아버지가 바뀌면 세상도 따라서 바뀐다. 그리고 순수하게 하나님을 경외하는 신앙도 견고히 설 수 있다.

본 논문은 구약성경에 등장하는 초대 왕 사울의 모습을 보면서 그가 어떤 아들이었으며 그가 어떤 아버지로 살았는가를 살펴보려고 한다. 그가 지닌 개인적인 아버지 상처로 인하여 자녀들에게 끼친 영향, 권위자와의 관계, 국가를 통치하는 리더십에 어떤 영향을 주었는가를 살펴볼 것이다.

성경 본문은 사무엘상 9장부터 31장에 걸친 사울 왕의 일대기를 배경으로 한다.

II. 사울이 등장하는 첫 장면(사무엘상 9:1~5)

사울이 등장하는 첫 장면에는 그의 외모에 대해 알려준다(2).
"베냐민 지파에 기스라 이름하는 유력한 사람이 있었으니 ....기스에게 아들이 있으니 그의 이름은 사울이요 준수한 소년이라 이스라엘 자손 중에 그보다 더 준수한 자가 없고 키는 모든 백성보다 어깨 위만큼 더 컸더라."

외모에 대한 평가에서 사울보다 더 준수한 남자가 없다고 하는데 이스라엘 최고의 남자로 부각시키고 있다. 과연 그는 뛰어난 외모만큼 그의 내면세계도 그만큼 아름다울까? 그의 외모만큼 뛰어난 리더십을 발휘할 수 있을까? 외모에 대한 긍정적인 평가를 보건데 그의 앞날이 매우 기대가 된다.

암나귀들을 잃은 아버지는 아들 사울에게 한 사환을 데리고 찾아오라고 당부한다(3).

사울은 아버지의 뜻에 순종한다. 부모 공경은 이 땅에서 잘 되고 장수하는 비결이다. 사울의 공경하는 마음은 그가 하나님께 쓰임 받을만한 기본적인 성품이 있음을 보여준다.

요셉도 아버지 심부름을 잘했고(창 37:13) 다윗도 아버지 심부름을 하다가 인생의 큰 변화를 만나게 된다(삼상 17:17-20).

하나님의 선택 기준에는 기본적인 공경의 태도에서 시작되는 것을 본다(엡6:1-3).

사울과 사환은 에브라임산지, 베냐민 땅을 두루 찾았으나 찾지 못하고 시간이 사흘이라는 시간이 경과하자 사울이 사환한테 말한다.

"내 아버지께서 암나귀 생각은 고사하고 우리를 위하여 걱정하실까 두려워하노라"(5)

사울은 아버지의 마음에 근심을 끼칠 것을 덜어 드려야한다는 생각을 한다. 부모 공경의 마음이 엿보인다.

그런데 여기서 주목할 부분은 사울이 아버지에 대한 염려는 이해가 되지만 자신의 마음에 두려움을 느끼고 있는 부분이 걸린다. 아버지에 대한 이 두려움은 사울의 내면을 보여주는 첫 번째 묘사이다.

사울이 잃어버린 암나귀를 찾는데 삼 일이나 돌아다녔다(9:20). 보통 사람 같으면 하루 이틀 찾다가 안 되면 집으로 돌아갈 만한데 삼일이나 찾아다녔다는 것은 아버지의 부탁이 너무나 엄중했기에 그 부담감을 이기지 못한 두려움에 있었을 것이다.

여기서 사울의 두려움을 보여주는 것은 앞으로 그의 인생에서 계속 두려움과의 싸움이 있을 것을 예고해 준다. 두려움은 사울의 인생에서 계속 노출이 된다.

숩 땅에서 사환이 사울에게 사무엘 선지자에게 갈 길을 물어보자면서 사울에게 찾아가보자고 한다(6).

사울은 그를 만나려면 드릴 예물이 있어야 한다면서 사환에게 확인한다. 사환은 예물로 드릴 은 한 세겔의 사분의 일이 있으니 방문해보자고 한다.

사울이 예물을 준비하려는 모습을 보면 공경의 마음을 볼 수 있다.

예언자를 방문할 때는 예물을 준비하는 것이 관례였다(왕상14:3, 왕하4:42, 암7:12). 야곱도 아버지에게 축복기도 받으려고 별미를 준비했다. 이러한 사울의 공경하는 태도는 기본적인 에의가 잘 갖춰져 있음을 보여준다. 공경하는 그의 태도는 이스라엘 왕으로 세워지는데 하나님의 선택을 받게 되는 중요한 자질이 된 것으로 보인다.

공경은 아버지의 마음과 소통하고 연합하여 장자의 복을 받는 중요한 기준이 된다. 야곱의 넷째 아들 유다가 장자로 세움 받는 원인이 되기도 했다.51)

Ⅲ. 사무엘에 의해 왕으로 세워지는 사울(9:15~10:27)

잃어버린 암나귀를 찾기 위해 사울은 사무엘을 만난다. 이 때 이미 사무엘은 하나님으로부터 사울을 왕으로 세울 것을 지시를 받았다. 사울을 만나면서 그에게 "사흘 전에 잃은 암나귀를 염려하지 말라 찾았느니라. 온 이스라엘이 사모하는 자가 누구냐 너와 네 아버지의 온 집이 아니냐" 면서 환영한다(9:21).

이때 사울이 대답한다. "나는 이스라엘 지파의 가장 작은 지파 베냐민 사람이 아니니이까 또 나의 가족은 베냐민 지파 모든 가족 중에 가장 미약하지 아니하니이까 당신이 어찌하여 내게 이같이 말씀 하시나이까"(9:21).

이러한 사울왕의 태도를 외형적으로 볼 때는 매우 겸손한 태도로 보인다. 하나님께서 들어 쓰시기에 가장 합당한 성품의 소유자로 보인다.52)

그러나 이 장면은 훗날의 사울왕을 볼 때 겸손으로 보기에는 적당하지 못하다. 나중에 사울은 백성들의 지지와 존중을 받아들이지 못하는 낮은 자존감을 보여준다. 그런 낮은 자존감은 자녀들에 대한 의식도 부정적이어서 사랑과 지지보다는 비난, 책망, 분노로 나타나고 있다.

사무엘이 암나귀를 찾고 있는 사울에게 개인적으로 하나님의 음성을 듣고 이스라엘의 왕으로 기름을 부어주고 왕이 될 것을 알려 준다(10:1).
얼마의 시간이 지나자 사무엘은 백성들을 미스바로 불러 모은다. 백성들이 보는 앞에서 공식적으로 사울을 왕으로 세우는 절차를 진행한다. 지파별로 제비뽑기 중에 베냐민 지파가 뽑혔고 베냐민 지파 중에서 기스의 아들 사울이 뽑히게 된다. 그런데 사울은 찾아도 보이지 않았다. 하나님께 물어보니 "그가 짐 보따리들 사이에 숨어 있느니라"하셨다. 이에 백성들이 찾아서 데리고 온다.

사울은 왕으로 뽑혔는데도 자신을 숨기고 있었다. 수치심에 민감한 사람은 가능한 자신을 드러내지 않으려 한다. 사소한 것이라도 드러내는 것을 힘들어한다. 회피성 성격장애는 과도한 수치심과 연관성이 깊

다.53)

수치심은 에덴동산에서 선악과를 따먹은 아담에게 하나님께서 "네가 어디 있느냐?"고 물으실 때 아담은 "내가 벗었으므로 두려워하여 숨었나이다"(창3:9-10)고 대답했다.

여기서 수치심은 두려움과 연결되어 있음을 본다. 죄를 범한 아담과 하와에게 찾아온 수치심은 병리적인 불안과 두려움의 원인이 되었다. 성경에서 보면 수치심과 죄책감은 불안과 두려움보다 먼저 경험되었다.

수치심은 벌거벗음을 깨닫는 데서부터 시작된 감정이다. 수치심은 자신에게 무엇인가 결함이 있다는 것을 자각하거나 타인에게 그렇게 노출되는 것에 대한 두려움의 감정이다.

심리발달 단계에서도 아기는 수치심을 먼저 경험한다. 부모대상에게서 적절한 공감과 돌봄을 경험하지 못할 때 아기는 존재의 가치를 느끼지 못하고 자신이 원하는 것을 제대로 표현하지 못한다.54)

사울에게서 보여지는 두려움과 수치심은 서로 연결되어 있음을 볼 때 사울은 어린 시절 부모대상으로부터 적절한 공감과 돌봄을 경험하지 못한 것으로 추정이 된다. 사람들에게 자신을 나타내지 못하고 짐보따리들 사이에 숨어있었던 것은 트라우마 수준이다. 그의 어린 시절에 부모로부터 공감과 돌봄이 부족했던 모습은 자녀들에게도 반복되어 나타난다.

Ⅳ. 사울 왕의 리더십(11:)

암몬 사람의 공격을 받은 므낫세 지파 길르앗 야베스 사람들이 사울 왕에게 원군을 요청한다.

사울이 이 소식을 들을 때에 하나님의 영에게 크게 감동되매 그의 노가 크게 일어나 소를 잡아 각을 떠서 이스라엘 모든 지역에 두루 보내며 말한다. "누구든지 나와서 사울과 사무엘을 따르지 아니하면 그의 소들도 이와 같이 하리라" 하였더니 여호와의 두려움이 백성에게 임하매 한 사람같이 나왔다(11:7).

사울이 왕이 되어 첫 번째 치르는 전쟁이다. 멋지게 전쟁을 승리로 장식한다. 사울이 왕으로서의 자격이 검증되는 중요한 기회를 얻게 된다. 그의 왕적인 권위가 크게 세워졌다.

그런데 전쟁을 지휘하는 가운데 그가 병사들을 모을 때 두려움으로 사람들을 다스리는 것을 본다. 하나님을 두려워하는 자는 모든 인간에 대한 책임, 특히 그들의 규칙을 잘 준행하는 인간이 된다.[55]

그러나 사울 왕이 백성들을 두려움으로 통솔한 점은 그의 내면에 있는 것이 그대로 드러난 것으로 보인다. 사울 왕의 내면에 존재하는 아버지에 대한 두려움은 자신이 백성들을 두렵게 함으로 드러나고 있음을 보여준다.

사울 왕이 두려움으로 백성을 통솔하는 장면은 계속 드러난다.
"사울이 백성에게 맹세시켜 경계하여 이르기를 저녁 곧 내가 내 원수에게 보복하는 때가지 아무 음식물이든지 먹는 사람은 저주를 받을지어다. 그러므로 모든 백성이 음식물을 맛보지 못하고"(14:24)
"백성이 수풀로 들어갈 때에 꿀이 흐르는 것을 보고도 그들이 맹세를 두려워하여 손을 그 입에 대는 자가 없었으나"(14:26)

사울 왕이 병사들을 다스릴 때 두려움을 통하여 지도력을 발휘하는 것은 그의 내면에서 계속 나타난다. 아버지로부터 두려움으로 통제된 사울의 경험은 수하의 병사들을 두려움으로 통제한다.

"사랑 안에 두려움이 없고 온전한 사랑은 두려움을 내어 쫓는다"(요
일 4:18)

하나님께서는 두려움에서 비롯된 순종에는 별로 관심이 없다. 하나
님께서는 사랑에서 비롯된 반응을 원하신다.

"두려움에는 형벌이 있음이라. 두려워하는 자는 사랑 안에서 온전히
이루지 못하였느니라"(요일4:18)

V. 사울 왕과 가족간의 갈등

1. 사울 왕과 아들 요나단(14:43~46)

사울 왕이 원수에게 보복하는 때까지 아무 음식물이든지 먹는 사람
은 저주를 받을 것이라며 맹세하고 경계하였다. 전군 단식령을 내린
것이다(14:24).

사울의 이런 강한 맹세는 블레셋과의 전투 중에 백성들이 피곤하고
지쳐있는 상황에서 불필요한 행동이었다. 사울 왕은 전체 그림을 보기
보다는 사소한 일에 목숨을 거는 행동을 했다. 다른 사람들이 자기 방
식대로 따르기를 원하고 세부적인 규정에 집착하는 이른바 강박성 성
격장애의 모습을 보여준다.56)

사울의 아들 요나단은 아버지 사울 왕의 이 맹세를 듣지 못하고 야생
꿀을 찍어 먹게 된다. 이 사실이 나중에는 드러나게 된다.

사울과 아들 요나단의 대화에서도 아버지 사울 왕의 강박성 성격장
애는 표출된다. 그런 아버지의 성격을 잘 알고 있는 요나단도 아버지
에게 맞추어 반응을 보인다.

아버지가 아들 요나단에게 왜 먹지 말라고 명령한 꿀을 먹었느냐고
물었다.

"내가 다만 내 손에 가진 지팡이 끝으로 꿀을 조금 먹었을 뿐이오나 내가 죽을 수 밖에 없나이다."

이에 사울 왕은 "요나단아 네가 반드시 죽으리라 그렇지 않으면 하나님이 내게 벌을 내리시고 또 내리시기를 원하노라(14:44)."

아버지 사울 왕에게 나타난 강박성 성격장애는 아들 요나단에게도 아버지의 그런 성격장애가 나타난다. 요나단도 아버지의 그런 성격을 알고 스스로 죽음을 받아들인다. 아버지의 성격장애는 사소한 일에 아들을 죽음으로까지 몰아낸다.

요나단이 아버지에게 자신이 꿀을 먹었으니 죽을 수밖에 없다고 절망적인 고백을 한 것을 보면 아버지와 아들 사이에는 평소에 친밀함이 조금도 없어 보인다. 요나단은 자신의 실수에 대해 은폐하거나 변명이나 자기 공로를 내세워 살아보려는 몸부림을 보이지 않았다. 부자지간에 공감이나 이해의 여지가 전혀 없어 보인다. 사울에게는 아버지다운 사랑과 너그러움이 없다. 또한 아들 요나단 역시 아버지의 사랑에 호소하거나 부정(父情)을 내세워 다시 한 번의 기회조차 요구하지 않는다.

그만큼 사울도 자신의 아버지 기스와의 관계가 무거웠고 엄격했던 것을 보여준다. 사울의 인정욕구를 채우기 위한 행위중심적인 삶을 추구한 뿌리가 여기서 파악된다.

말라기 선지자가 "그가 아버지의 마음을 자녀에게로 자녀의 마음을 아버지에게로 돌이키지 아니하면 두렵건데 내가 와서 저주로 그 땅을 칠까 하노라"(말 4;5~6)고 선언한 말씀이 그대로 적용되는 두려움을 느끼게 해준다.

요나단이 아버지가 전군 단식령을 내린 사실을 알지 못하였지만 그 사실을 아버지에게 전하지 못했다. 그리고 사울 왕도 아들이 단식령을 어긴 사실에 대해 아버지로서의 책임감을 표현하거나 아들을 보호해 주려는 말 한마디도 없는 모습을 보면 평소 부자지간의 소통이 없었음을 보여준다.

오히려 사울은 아들의 범법행위에 대해 단호한 심판자처럼 분노하면서 법을 집행하려 했다.57)

아버지로서의 역할과 책임을 보여주지 못하는 사울 왕이 백성들에게도 좋은 아버지 같은 리더의 모습을 보여주지 못하는 것은 지극히 당연한 것이라고 볼 수 있다.

다행히 백성들이 개입해서 강력하게 "요나단은 하나님과 동역하였기에 그는 죽을 수 없다"고 항의하는 바람에 사건은 마무리 되었다.

2. 가족 간의 갈등(18:17~29)

사울 왕이 백성들에게 인기를 얻고 있는 다윗을 두려워하고 있었다. 다윗에 대한 사울 왕의 태도에서도 두려움이 계속 드러난다.

"여호와께서 사울을 떠나 다윗과 함께 계시므로 사울이 그를 두려워하였다. 또 사울은 다윗이 크게 지혜롭게 행함을 보고 두려워하였다. (삼상18:12,15)"

"사울이 다윗을 더욱 더욱 두려워하여 평생 다윗의 대적이 되니라 (18:29)"

두려움을 극복하지 못한 사울왕은 다윗을 죽이려는 계획을 실행한다. 딸 미갈을 주어 다윗을 사위로 삼는 조건으로 블레셋 사람들의 포피 백 개를 요구하였다. 사울 왕이 딸을 출가시킨 목적은 딸의 행복이 아니라 딸의 다윗에 대한 사랑을 이용하여 다윗을 죽이려는 흉계를 꾸미게 된 것이다.

아버지가 딸의 인생, 그것도 중요한 결혼을 빙자하여 다윗을 죽이려고 하는 그의 행위에서는 딸을 사랑하고 아끼며 책임지려는 아버지의 모습이 보이지 않는다. 남자는 아버지가 되는 사명을 띤 존재로 디자인하신 하나님의 섭리를 전혀 인식하지 못하고 있음을 보여준다.[58]

당시 다윗은 사울 왕을 내몰고 정권을 얻으려는 마음이 전혀 없었다. 그럼에도 불구하고 사울 왕은 다윗이 자신의 왕 자리를 넘다보며 밀어낼 것이라는 생각에 사로잡힌다. 여기서 사울 왕의 편집성 성격장애가 드러난다.[59]

또한 아무 근거 없이 다윗의 충성심을 의심한다. 피해망상적인 그의 이런 생각은 악한 영에 휘둘릴 정도로 심각해진다.

그의 극한 피해망상은 마침내 자기의 친족 지파 사람들에 대한 불신으로 까지 이어진다.

"베냐민 사람들아 들으라. 이새의 아들이 너희에게 각기 밭과 포도원을 주며 너희를 천부장, 백부장을 삼겠느냐 너희가 다 공모하여 나를 대적하며 내 아들이 이새의 아들과 맹약하였으되 내게 고발하는 자가 하나도 없고 나를 위하여 슬퍼하거나 내 아들이 내 신하를 선동하여 오늘이라도 매복하였다가 나를 치려하는 것을 내게 알리는 자가 하나도 없도다.(삼상22:7~8)"

더 나아가 그의 피해망상은 자신의 아들 요나단과 그의 아내 아히노암에게 까지 표현된다. 자신의 분노를 요나단에게 퍼부으며 평생에 아물기 힘들 정도의 말을 서슴치 않고 하게 되고 심지어는 요나단을 단창으로 죽이려고까지 했다. 가학적인 아버지의 모습을 보여주고 있다. 사울은 자격 없는 아버지, 자격 없는 왕의 모습을 보여주었다.[60]

"사울이 요나단에게 화를 내며 그에게 이르되 패역무도한 계집의 소생아 네가 이새의 아들을 택한 것이 네 수치와 네 어미의 벌거벗은 수치 됨을 내가 어찌 알지 못하랴"(삼상 20:30)

사울이 아들 요나단을 욕하되 그의 어미 아히노암까지 언급한 것은 극도의 증오심을 표현했으며 더구나 어머니의 나체를 언급한 것은 현재도 중동에서는 최대의 욕설로 취급되는 것이다.[61]

'벌거벗은 수치'는 어미가 이런 아들을 낳은 것을 부끄러워하는 수치이다.

사울 왕이 아들 요나단에게 분노하고 그의 아내까지 증오하게 된 부분에서 그는 다윗에 대한 분노를 아들과 아내에게 투사를 하였다. 사울 왕이 가족들에게 적대 감정과 분노를 쏟아놓은 기저에는 신뢰라는 기초 공사가 부실해 있음을 보게 된다. 기초가 튼튼한 '응집력 있는 자신'을 가진 사람은 삶의 여정에서 신뢰에 손상이 가는 트라우마를 겪을지라도 시간이 흐르면 신뢰를 복원해서 건강한 삶을 살아갈 수 있다.

그런데 사울 왕은 그의 편집증 때문에 다윗을 죽이려고 계속 쫓아다녔다. 다윗을 질투하고 의심하고 심지어 죽이려고 쫓아다닌 이유는 다윗이 자기를 죽이고 왕이 되려고 한다는 피해의식 때문이었다. 심지어 자신의 아들이자 신실한 신하였던 요나단까지 믿지 못하고 창으로 찔러 죽이려고까지 했다.

사울의 이러한 편집적 성격장애는 신뢰에 손상을 입은 트라우마가 있었다고 보여 진다.

발달심리학자인 에릭 에릭슨(Erik Erikson)은 인간의 첫 발달단계의 심리적 과제를 신뢰감 형성으로 보았다. 아기가 엄마의 수유 경험을 통해서 세상에 대한 신뢰감을 형성해야 한다고 본 것이다. 일관성 있는 수유 경험을 할 때 아기는 세상에 대해서 불안이 줄어들고 자기

애적인 욕구가 채워질 수 있다는 것이다.

사울 왕은 어린 시절 부모양육에 있어서 제대로 신뢰감이 형성되지 못한 환경을 경험한 것으로 추정이 된다. 사울 왕의 피해망상이라는 취약한 심리구조는 신앙생활이 불안정할 수밖에 없다.

자신을 이스라엘의 왕으로 세워주신 하나님에 대한 신뢰가 부족하다 보니 다윗의 인기가 오르자 자신이 내쫓길 것 같은 불안한 심리가 다윗을 죽이려 했고 다윗 편에 서있는 아들 요나단까지 미워하여 죽이려 한 것이다.

사울의 내면을 보여준 아버지에 대한 그의 두려움은 사울의 내면적인 취약점을 그대로 보여주는 내연(內燃)이라고 할 수 있다. 아들을 창으로 죽이려한 가학적인 태도는 외연(外延)으로 나타난 것이다.

사울 왕의 아버지는 어떤 아버지였을까? 그의 아버지 이름은 널리 알려졌으나 그 아버지는 형식적인 존재로 살았을 가능성이 크다. 그래서 사울은 아버지 부재의 어린 시절을 살았다고 볼 수 있다.

어쩌면 아들에게 무섭고 굉장히 분노를 표출하는 무서운 아버지일 가능성이 많게 보인다. 여기에는 베냐민 지파의 공격적인 잔인한 성격을 지니지 않았을까? (창 49:27)

자기 분노를 묻어둔 남자들, 특히 분노하지 말아야 한다고 생각하는 크리스찬 남자들은 갑자기 아이들에게 고함을 지르고 집안에서 가장의 권리를 주장하는 모습을 발견할 수 있다. 그래도 분노가 해결되지 않으면 아이들, 아내에게 손찌검을 하기가 쉽다.62)

여기서 화나게 만드는 사람을 다루는 10가지 제안을 소개한다.

1) 상대방에게 개인적인 자리에서 분노를 표현하라.
2) 상대방의 잘못보다는 상처 입은 감정의 관점에서 말하라. 이렇게

할 때 상대방이 화를 내거나 자기 방어를 하는 대신 귀를 기울여 들어줄 가능성이 높아진다.

3) 논쟁의 초점을 문제의 핵심에 집중하라. 옛날의 모든 불평들을 다 들먹거리지 말라. 아직 해결되지 않은 과거의 문제들이 있다면 다른 때에 다루어야 할 것이다. 무슨 문제가 되었든지 분노가 일어나게 한 상황이나 분노의 원인을 다루도록 하라.

4) 의사소통을 효과적으로 하여 서로를 좀 더 잘 이해하도록 하고, 논쟁에서 이기고야 말겠다는 태도를 포기하도록 노력하라. 면책이 반드시 상대방의 사과를 얻어내는 것으로 끝나야 하는 것은 아니다.

5) 상대방에 대한 비판적인 논평을 부드럽고 긍정적인 분위기에서 나누도록 하라. 이렇게 하면 자기 방어 없이 자신에 대한 비판에 귀를 기울일 수 있게 될 것이다. 우리는 우리를 존경하는 사람들이 하는 비판을 더 잘 받아들일 수 있다. 무슨 말을 할 것인지를 미리 연습하도록 하라.

6) 문제를 과장하거나 관계를 끊겠다는 위협을 하지 말라. 대부분의 문제들은 그리 심각한 것이 아니다.

7) 상대방이 반응을 보일 기회를 허락하라. 중간에 방해를 하지 말라. 상대방의 말에 귀를 기울이고 주의를 집중해서 그를 쳐다보라. 상대방이 말하는 동안에 자기를 방어할 준비만 하고 있지 말라. 다른 각도에서도 귀를 기울여 듣는 것이 문제 해결과 절충의 분위기를 조성해 준다.

8) 말을 할 때는 상대방이 한 말을 풀어서 설명하라. 그 사람의 말을 정확히 알아 들었는지 확인해 보라. 그리고 상대방도 나를 정확히 이해했는지 확인해 보라.

9) 상대방이 화를 내면 더욱 평온한 분위기를 유지하라. 조용히 그리고 천천히 말하라. 그 사람이 화를 누그러뜨릴 시간을 주라.

아버지 치유

10) 해결을 향한 방향으로 나아가는 데에 집중하라. 앞으로 어떻게 하면 관계가 개선될 수 있을지 물어 보라.63)

건강한 사회를 위한 해결책은 남자들, 특히 책임감 있는 아버지들의 회복에 있다.64) 남자의 근본적인 문제는 아버지 부재 때문이다.

가정에서 아버지 존재가 자녀의 성공과 행복에 결정적인 요인이 된다.65)

결손가정이나 부모의 불화 같은 부정적인 영향을 받고 자라난 아이는 사회적, 심리적 부적응을 겪을 수 있다. 따라서 사랑과 배려의 환경을 조성해 주는 안정된 부부관계는 그 어떤 것보다 중요하다.

완벽한 인간이란 존재하지 않지만 아이가 부모의 사랑과 돌봄 속에서 성장할 때 그 아이도 좋은 부모가 될 확률이 높다.

가족은 스스로 복제한다. 사울왕의 심각한 성격장애는 아버지부재, 무서운 아버지로부터 재생산 되었으리라 본다.

가정에서 아버지의 위치와 역할이 온전히 회복되어질 때 개인의 삶과 가족과 공동체와 국가가 바람직한 방향으로 나아갈 수 있게 된다.

VI. 사울 왕과 권위자와의 갈등(22:6~19)

사울 왕은 계속 다윗을 죽이려고 그를 뒤쫓는다. 사울의 광포한 성격을 그대로 보여주고 있다(22장 6절 ~ 19절).

기브아에 사울의 군대가 진치고 있을 때 자신을 따르는 베냐민 지파 사람들에게 자신에게 도움 주는 사람이 한 사람도 없다고 불만을 털어놓는다.

사울 왕의 정서적 구조가 오직 자신만을 위하는 자기애성 성격장애를 보여주고 있다.

사울 왕의 자기애성 성격장애는 이기심과 자기중심성을 가지고 타인을 이용하고 조종하는 특징을 보여 주고 있다.

사울 왕은 철저히 이기적인 동기를 가지고 군대를 이끌고 다윗을 죽이려고 쫓아다닌다. 그 규모가 3천명에 달했다.

한 사람을 잡기 위해 수천 명의 군대를 움직이고 이끄는 사울 왕의 속셈은 철저한 이기심외에 표현할 길이 없다.

그는 자신을 왕으로 세우신 하나님의 은혜, 자신을 왕으로 기름 부어 세워준 사무엘 선지자를 존경하거나, 골리앗을 죽여서 이스라엘을 승리로 이끈 다윗의 용기에 대해 어떠한 칭찬이나 감사의 마음을 갖지 못했다.

다윗을 쫓던 중에 에돔사람 도엑이라는 사람이 사울 왕에게 다윗에 대한 정보를 준다. 제사장 아히멜렉이 다윗에게 음식과 골리앗의 칼을 주었고 그를 위하여 하나님께 물었다는 소식이다.

정보를 들은 사울은 아히멜렉과 그의 집에 있는 제사장들을 불러 모은다.

정신분석 학자들은 자기애성 성격장애는 치료하기가 어렵다고 한다.66) 이관직은 이런 자기애성 성격장애인 성도나 목회자는 자신이 죄인임을 깊이 자각하고 날마다 회개하는 심정으로 살아야한다고 강조한다.

그러면서 이런 자기애성 성격장애인을 치유하는 방법으로 다섯 가지 방안을 제시했다.67)

첫째, 공감(empathy)받는 경험이 필요하다. 자기애성 성격장애자들은 공감적인 사랑이 필요한 사람들이다. 자신의 가치와 장점이 충분히 인정되고 수용되지 못한 환경에서 자란 삶을 이해하고 수용해 주어야 한다. 또한 이들은 하나님이 사용하시는 광야 훈련을 통하여 과대 자기의 바람을 빼내는 하나님의 방법이 필요하다.

둘째, 자기 중심성이 죄라는 사실을 인식하고 회개한다.

셋째, 타인도 자신만큼 소중한 존재임을 인식한다.

넷째, 약자를 공감한다.

다섯째, 감사를 표현한다. 이기적인 행동은 유아적인 행동이다. 하나님이 베푸신 은혜를 묵상하며 감사할 줄 아는 성도는 치료가 된다. 감사 헌금을 자주하는 것은 자기애성 성격장애를 치료하는 신앙적 방법이 될 수 있다.

사무엘 선지자와의 갈등 (22:11~19)

도엑에 의해 정보를 얻은 사울 왕은 고발자 도엑에게 다윗을 도와준 아히멜렉 제사장과 다른 제사장들 85명을 쳐 죽이도록 명령한다. 제사장들이 살던 마을, 놉에 있던 남녀 어른과 아이들, 젖 먹는 아기들과 소와 나귀와 양들을 칼로 쳐 죽인다. 대학살 사건이다. 편집성과 반사회성을 함께 가진 성격장애자가 권력을 가질 때 그 결과는 참혹할 수 있음을 사울의 경우를 통해서 잘 알 수 있다. 대상관계이론의 관점에서 볼 때 반사회성 성격장애를 가진 많은 사람들은 초기 대상관계에서 지속적인 거절과 유기를 경험한 사람들이다. '품어주는 환경'의 경험을 충분히 하지 못하고 적절한 부모의 양육을 경험하지 못해 초자아의 발달이 잘 이루어지지 않은 경우가 많다.

사울의 성장과정에 대해서 성경에서는 언급이 없지만 그의 행동으로 미루어 볼 때 부모와의 초기 대상관계가 건강하지 못했을 가능성이 높다. 특히 사울의 공격성은 기질상 베냐민 지파에 흐르는 공격성과도 무관하지 않다. 베냐민은 야곱의 막내아들로 태어났지만 자신을 낳다가 엄마 라헬이 죽음으로 해서 초기 대상관계에서 심각한 문제가 생겼

다. 야곱이 베냐민에게 한 축복 속에 나타난 그의 공격성은 엄마 경험 박탈과 밀접한 관계가 있다.68)

사울은 사무엘 선지자를 통해 왕의 기름부음을 받고 이스라엘의 왕이 되었다. 사울 왕에게 사무엘은 영적 스승이요, 멘토요, 영적 아비 같은 존재였다. 그런데 사울 왕의 성격장애가 드러나면서 사무엘과의 마찰과 갈등을 겪는다. 그 갈등은 좁혀지지 않고 결국에는 사무엘과 결별하게 된다.

사울 왕이 권위자 사무엘과의 결별은 어쩌면 예견된 수순이었을지도 모른다. 무서운 아버지로부터 권위자에 대한 두려움이 내재된 사울 왕이 사무엘과의 관계를 건강하게 풀어 가는 것이 어려웠을 것이다.

두 사람 사이의 깊은 갈등을 일으킨 사건들을 짚어 본다.

첫 번째 사건

블레셋과의 전쟁을 치르기 전에 사무엘 선지자가 와서 번제를 드리기로 약속했는데 사울은 블레셋의 공격으로 마음이 조급해졌다. 군사들이 흩어지는 모습을 보면서 사무엘을 끝까지 기다리지 못하고 자신이 번제를 드리게 되었다. 나중에 사무엘이 와서 그런 사울을 보고 책망을 한다.

"왕이 망령되어 행하였도다. 왕이 왕의 하나님 여호와께서 왕에게 내리신 명령을 지키지 아니하였도다. 그리하였더라면 여호와께서 이스라엘 위에 왕의 나라를 영원히 세우셨을 것이거늘 지금은 왕의 나라가 길지 못할 것이라. 여호와께서 왕에게 명령하신 바를 왕이 지키지 아니하였으므로 여호와께서 그의 마음에 맞는 사람을 구하여 여호와께서 그를 그의 백성의 지도자로 삼으셨느니라" (삼상 13:14)

그리고 사무엘은 사울을 떠난다.

어떻게 이 한 번의 갈등으로 사울의 나라가 단축되고 새로운 왕이 세워질 것이라는 선언이 있게 되었을까? 사무엘의 심기가 심히 불편했음이 보여 진다.

사무엘이 드려야 할 번제를 사울이 드린 행위에 대해 사무엘은 매우 단호했다.

"왕이 망령되이 행하였도다. 왕이 왕의 하나님 여호와께서 왕에게 내리신 명령을 지키지 아니하였도다."(삼상 13:13)

"망령되이 행하였다"에서 망령되이는 "어리석게(foolishly)" 라는 뜻인데 하나님의 명을 지키지 않았다는 말이다.

그리고 사울의 왕국이 길지 못할 것이며 그를 폐하시고 새 왕을 세우시겠다고 한 것은 그만큼 이 사건은 범죄가 컸던 것이다.

무엇보다 이 사건에서 사울 왕은 제사장 사무엘이 드려야 하는 제사를 월권하여 자신이 진행한 잘못이 컸다.69) 당시 사무엘은 사울을 정치적인 면에서 통치권을 가진 왕으로 세우면서도 종교적인 면에서의 지도력만은 자신이 확고히 지켰다.

사울 왕이 사무엘 선지자가 드려야 하는 번제를 자신이 드린 모습에서 그의 경계선 장애를 보여 주기도 한다.

사울 왕이 사무엘을 기다리다가 부득이 하여 드리게 된 제사에는 몇 가지 문제가 더 있었음을 밝힌다.70)

1) 그는 사무엘의 뜻을 알기 위해 자기들의 처한 상황을 알려주며 새로운 지시를 받기 위해 심부름꾼을 보내지 않았다.

2) 사무엘이 왔을 때 사울 왕은 자신의 잘못을 고백하기보다 자랑하

는 듯했다. 그는 나가 맞으며 "문안하였다(축복하였다)"고 한다. 사울 왕은 자신이 번제를 드린 것처럼 이제는 자신이 사무엘을 축복하면서 마치 자신이 축복할 사람인 것처럼 행동했다.

3) 사울 왕은 사무엘에게 약속을 어겼다고 책망하였다. "당신은 정한 날에 오지 않았다.(13:11)" 그렇지만 사무엘은 약속한 7일 날이 다가기 전에 왔다.

4) 사울 왕은 자신의 불순종에 대해 책망을 들었을 때 자신이 한 일에 대해 정당화하려고만 했다. 조금도 잘못을 인정하고 회개하는 모습이 보이지 않는다.

인간을 파멸시키는 것은 죄가 아니라 지은 죄에 대해 회개할 줄 모르는 것이다. 이 장면에서 보여지는 사울 왕의 심리적인 내용에는 조급함, 불안, 두려움이 내재되어 있다. 그리고 자신의 잘못에 대해 보여주는 태도는 블레셋의 공격과 흩어지는 백성들에게 넘기는 전이, 잘못을 백성에게 사무엘에게 탓하는 투사와 같은 모습들을 보여주고 있다.

사무엘과의 관계에서도 진실하고 정직하게 풀어가지 못하는 사울왕의 심리적 기저에는 아버지에 대한 두려움이 작용했을 것으로 보인다.

무서운 아버지, 두려운 아버지에 대한 사울 왕은 권위자 사무엘에 대한 두려움, 그리고 아들과 아내에 대해서는 가학적인 태도, 제사장들과 그의 가족 85명을 죽이는 분노와 가학적인 태도는 그가 권위자에 대한 상처가 내재되어 있음을 보여준다.

두 번째 사건

아말렉 군대와의 싸움이다.(삼상 15:1~33)

번제를 월권한 사건으로 사울 왕의 나라가 길지 못할 것이라는 책망을 들었지만 여전히 사무엘은 사울 왕에게 해야 할 일들을 지시하고 동행한다.

이번에 지시한 일은 하나님께서 아말렉을 진멸하라고 하셨다는 사실을 전달했다. (15:3)그러나 사울 왕은 사무엘이 지시한대로 이행하지 않았다.

"사울과 백성이 아각과 그의 양과 소의 가장 좋은 것 또는 기름진 것과 어린양과 모든 좋은 것을 남기고 진멸하기를 즐겨 아니하고 가치 없고 하찮은 것은 진멸 하니라(15:9)"

이에 대해 하나님의 음성이 사무엘에게 들렸다.

"내가 사울을 왕으로 세운 것을 후회하노니 그가 돌이켜 나를 따르지 아니하며 내 명령을 행하지 아니하였음이니라"(15:11)

그런데 이런 하나님의 심정을 알아차리지 못하는 사울 왕은 자기를 위하여 기념비를 세우고 길갈로 내려갔다. 이를 본 사무엘은 사울 왕에게 하나님의 뜻을 전달한다.

"여호와께서 번제와 다른 제사를 그의 목소리를 청종하는 것을 좋아하심같이 좋아하시겠나이까 순종이 제사보다 낫고 듣는 것이 숫양의 기름보다 나으니 이는 거역하는 것이 점치는 죄와 같고 완고한 것은 사신 우상에게 절하는 죄와 같음이라. 왕이 여호와의 말씀을 버렸으므로 여호와께서도 왕을 버려 왕이 되지 못하게 하셨나이다."(15:22~23)

이에 대한 사울 왕의 변명이다.

"내가 범죄하였나이다. 내가 여호와의 명령과 당신의 말씀을 어긴 것은 내가 백성을 두려워하여 그들의 말을 청종하였음이니이다."

사울의 거역과 불순종의 뿌리는 백성들에 대한 두려움이었다. 그 두려움의 뿌리는 아버지에 대한 두려움에 있었다. 사울의 백성들에 대한 두려움이 하나님에 대한 거역과 불순종을 만들었다면 두려움은 죄를 짓게 하는 원인이 된다.

이러한 두려움에 대해서도 성경은 경계하고 있다. 성경은 "두려워하지 말라!"고 수없이 말씀한다.

사울 왕이 백성들이나 아버지, 혹은 권위자를 두려워하지 않고 오직 하나님만 두려워하는 태도가 있었다면 그 두려움은 순기능으로 작용했을 것이다.

아버지로 인한 두려움은 사울 왕의 인생에서 계속 두려움과 충돌이 진행되었다. 그는 두려움에 대해서 처방해 주시는 하나님께서 주신 "두려워하지 말라. 여호와께서 친히 너희를 위하여 싸우시리라(신 3:22)" 는 언약을 굳게 붙들지 않았다.

하나님은 두려움 자체를 제거해 주시지는 않으셨다. 그렇지만 두려움을 극복하고 뛰어 넘을 수 있는 약속은 수 없이 주셨다. 사울 왕이 두려움이 올 때 마다 하나님이 함께 해주심을 믿고 하나님을 의지하며 강하고 담대히 하나님의 뜻을 쫓았다면 그의 왕위는 장구했을 것이고 이스라엘은 하나님의 영광을 보았을 것이다.

두려움이 올 때마다 사울 왕은 하나님의 동행하심과 전쟁이 하나님께 속해 있음을 믿는 신앙을 붙잡고 살았더라면 그는 블레셋 군대, 이스라엘 백성들을 두려워하지 않고 담대한 리더십을 발휘했을 것이다. 또한 사무엘을 두려워하지 않았더라면 그와 내면의 깊은 고민을 서로 나누었고 도움을 요청했을 것이다. 그리고 사무엘의 시의적절한 도움과 중보기도로 사울은 승리했을 것이다.

그리고 더 심각했던 사울 왕의 두려움은 다윗을 심히 두려워했고 그 두려움으로 다윗을 죽이려고 십 수 년을 쫓아 다녔다.

성경은 불안과 두려움이 죄에서 출발했다고 설명한다. 두려움은 부정적인 면만 보는 특징이 있다. 부정적인 면만 보면 과잉 일반화의 오류를 범한다.

가나안 땅을 정탐한 10명의 족장들이 거대한 아낙자손들을 보고 자신들은 메뚜기 같다고 진단을 내리고 가나안 땅에 가는 것은 죽는 길이라고 악평을 했다.

인본주의적인 관점에 사로잡혀 있었다. 두려움은 하나님을 온전히 믿는데서 그 해결이 있다.

VII. 사울과 아들 요나단(삼상 20:24~34)

사울 왕의 다윗에 대한 시기와 질투는 살인적인 분노로 폭발하여 다윗을 죽이려 한다.

한편 요나단은 다윗과 마음을 주고받으면서 두 사람은 서로 친밀한 우정을 이루게 된다. 요나단은 장차 다윗이 하나님의 뜻에 의해 아버지 사울을 이어 왕이 될 것을 알고 지지해준다. 요나단은 다윗을 아끼고 사랑하는 마음이 자기 생명을 사랑함같이 그를 사랑하였다고 한다 (20:17).

초하루 날 왕이 식사할 때 다윗이 자리에 보이지 않게 되자 왕은 요나단에게 다윗의 행방을 묻는다. 요나단이 다윗의 행방을 답하자 사울 왕은 화를 내며 큰소리를 내었다.

"패역무도한 계집의 소생아 네가 이새의 아들을 택한 것이 네 수치와 네 어미의 벌거벗은 수치 됨을 내가 어찌 알지 못하랴 이새의 아들이 땅에 사는 동안은 너와 네 나라가 든든히 서지 못하리라 그런즉 이제 사람들을 보내어 그를 내게로 끌어오라 그는 죽어야 할 자이니라"(20:30~31)

이에 대해 요나단은 아버지에게 다윗을 변호한다.

"그가 죽을 일이 무엇이니이까. 무엇을 행하였나이까"(20:32)

그러자 사울이 요나단에게 단창을 던져 죽이려 했다. 이에 요나단은 심히 노하여 식탁에서 떠나고 아버지 사울 왕이 다윗을 욕되게 하였으므로 다윗을 위하여 슬퍼하였다.

사울 왕이 아들의 얘기를 경청하고 공감해 주었더라면 상황이 어떻게 달라졌을까? 아버지가 아들에게 "패역무도한 계집의 소생아"라고 화를 내었다. 이 말은 "패역하고 반역하는 계집의 아들아"라고 번역한다.71)

사울은 다윗을 죽이려는 자기의 계획에 요나단이 협력하지 않기 때문에 그를 가리켜 자기 아들이 아니고 사생아(私生兒)란 뜻으로 말한 것이다. 또한 "어미의 벌거벗은 수치(30)"를 또 언급한 것을 볼 때 사울과 요나단의 관계에서 마음과 마음의 소통이 없어 보인다. 실로 저주를 자청하는 관계가 명확하게 보인다(말4:5-6).

아버지로부터 친 아들이 아니고 사생아라는 말을 들었을 때 요나단의 심정은 얼마나 괴롭고 절망이 되었을까. 자신은 거절당하고 버림받은 존재라는 생각으로 좌절감에 빠지기도 했을 것이다.

사울과 함께 전쟁에 참여한 요나단은 블레셋의 공격을 받고 두려움에 빠져있는 이스라엘을 역전승하게 하는 전과를 올릴 만큼 용감했다. 그때 그는 "여호와께서 우리를 위하여 일하실까 하노라. 여호와의 구원은 사람이 많고 적음에 달리지 아니하였느니라"(14:6)고 선포하면서 자기 부하 한 명과 적진에 들어가 하나님의 도우심으로 전쟁을 승리케 한 주역이 되었다.

그 후 요나단의 뛰어난 신앙적 행동이나 무용담은 나타나지 않는다.

아버지가 아들을 친아들로 부르지 않고 사생아로 부르며 적대시한 모습에서 아버지와 아들간의 친밀함은 찾아볼 수 없다. 독재적인 아버지 사울에게 양육 받은 요나단은 더 이상 하나님을 의지하지 못하고 아무런 신앙적인 진취성을 발휘 못하고 전쟁터에서 아버지와 함께 전사한다(삼상 32:)

우리는 큰 영향력을 가진 권위자, 즉 일반적으로 아버지를 통해 하나님을 이해한다.[72] 독재자 아버지 밑에서 성장한 요나단은 아버지의 가혹한 태도 탓에 하나님을 비판적인 존재로 여길 가능성이 크다. 그리고 하나님과의 관계가 점점 멀게 느껴졌을 것이다. 하나님은 가족을 통해 신앙으로 이끄신다.[73]

우리 아버지들은 항상 자신은 옳고, 자녀들은 배워야만 하는 존재로만 생각하는 경향이 많다.

새로운 형태의 병적 증상들(중독, 공황장애, 우울증, 거식증, 폭식증 등)이 전염병처럼 확산되고 있는 현대 사회의 불만은 상징적 부자관계의 형성과정이 심각한 위기에 빠져 있음을 극명하게 보여준다.[74]

부모는 자식을 가르치면서 자신의 부족함을 출발지점으로 삼아야 한다. 부모노릇에 뒤 따르는 실수와 실패의 어려움을 인정할 줄 알아야 한다. 최고의 부모는 자식들에게 모범이 되는 부모가 아니라 부모라는 존재가 부족함이 많은 존재라는 것을 알고 있는 부모다.

자식들보다 더 많은 문제를 일으키는 최악의 부모는 자식들을 가르칠 의무를 저버리는 부모라기보다는 자신의 부족함을 이해하지 못하는 부모, 말의 계율로 자신들에게 복종을 요구하면서 정작 자신들은 고개 숙일 줄 모르고 오히려 자신이 계율을 대신한다고 믿는 어리석은 부모다.75)

자기를 완성된 존재로 확신하는 태도를 지닌 아버지는 인간의 광기를 뿜어낼 수 있는 가장 극대화된 표현, 정신병자라고 할 수 있다.76) 아버지도 자녀들에게 배울 줄 알아야 한다.

아버지 사울 왕이 아들 요나단의 말에 경청하고 공감해 주며 친구 같은 멘토로 아들과 소통할 수 있었더라면 어린아이 같은 아버지 사울 왕은 더 성장하고 변화될 수 있었을 것이다.

경청하고 공감해 주지 못하는 권위적인 아버지, 권위를 빙자하여 복종을 강요하는 모습은 오늘 우리 시대에 아버지 해체, 아버지 증발시대를 보여주는 단면이 되었다. 77)

아들에 대한 사울 왕의 가학적인 태도는 이미 자신도 아동기에 겪은 것을 단순히 반향하고 있는 것이다.78)

VIII. 사울과 딸 미갈의 관계 (삼상18:   )

아버지 사울 왕이 다윗을 죽이려는 계획을 품고 사위로 삼는 조건으로 다윗에게 블레셋 사람들의 포피 백 개를 요구하였다. 이에 다윗은 블레셋 사람 200명을 죽이고 포피 200개를 가져다가 사울 왕에게 바치고 미갈을 아내로 맞이하여 사울왕의 사위가 된다.(18:27)

그 후 미갈은 아버지가 다윗을 죽이려는 계획을 알아채고 남편을 밤중에 탈출시킨다. (삼상 19:11~17) 그후 미갈은 아버지 사울에 의해 발디의 아내가 되었다.(삼상 25:44)

약 15여년이 지나 사울 왕이 죽고 난 뒤 다윗 왕이 아브넬과 협정을 맺으면서 다윗은 미갈을 데려오라고 하여 미갈은 다시 다윗의 아내가 된다(삼하3:12~14).

그 후 다윗이 법궤를 예루살렘으로 옮겨오는 과정에서 춤추는 모습을 보면서 마음 속으로 다윗을 업신여기면서 "오늘 이스라엘 임금님이 건달패들이 맨살을 드러내고 춤을 추듯이 신하들의 아내가 보는 앞에서 몸을 드러내고 춤을 추었으니 임금님의 체통이 어떻게 되었습니까?"(삼하6:20. 표준새번역)

이런 미갈의 비난을 듣자 다윗은 화를 내고 그때부터 미갈을 멀리한다. 미갈은 평생 자식을 낳지 못하는 징계를 받게 된다.

미갈의 다윗에 대한 분노와 비난은 아버지로부터 사랑받거나 존중받지 못한 상처에서 나타난 현상으로 보인다. 자기 의사와 상관없이 아버지에 의해 이 남자, 저 남자를 오고갔던 미갈의 인생은 참으로 여성다운 행복을 누리지 못했다. 자기 자신이 없는 인생을 살았다. 아버지, 남편 다윗, 남편 발디, 남편 다윗을 거치면서 미갈은 여성으로서 사랑받지 못한 인생을 전전했다.

사울 왕은 다윗을 죽이려는 계획을 위해 딸을 이용했다.

딸을 죽이고 아버지가 살려는 처사였다. 결국 미갈은 죽은 인생같이 불행하게 인생을 마친다. 아버지가 살기 위해 딸을 죽이면 딸도 죽고 아버지고 죽는다.

아버지 노릇은 아들, 딸을 위해 기꺼이 자신을 희생하고 헌신하는 데 있다. 아버지 노릇은 세상 전부를 준다 해도, 세상의 어떤 성공이나 명예와 권세를 다 준다 해도 포기할 수 없는 부모의 가장 중요한 존재 의미이다.

조시 맥도웰은 「아버지의 10가지 약속」에서 아버지 노릇은 세상 전부와도 바꿀 수 없다고 강조한다. 그러면서 그는 아버지의 다짐을 말했다.79)

"나는 소중한 하나님의 자녀를 맡은 아버지로서 말씀에 의지하여 세상에 물들지 않게 영원한 아버지인 하나님을 닮은 자녀로 내게 주신 아이를 양육할 것을 다짐합니다."

미갈이 다시 재결합한 다윗과의 부부관계를 건강하게 지속하지 못하고 평생 남편에게 외면당한 아픔의 뿌리에는 아버지 사울 왕으로 부터 받은 상처로 인한 투사, 전이가 만든 결과였다.

다윗과 미갈 부부는 충분히 부부로서 친밀한 시간을 갖지 못했다. 미갈은 다윗의 신앙, 하나님을 사모하고 갈망하는 순수한 열정을 이해 못했고 또한 다윗은 아내 미갈이 지닌 아버지 부재의 상처를 충분히 공감하고 이해하며 품어주지 못했다. 서로가 가시 돋힌 고슴도치로 찌르기만 하였다.

아버지가 이기적인 마음으로 자녀를 이용하면 자식은 불행에 처해진다. 아버지 노릇 잘하는 것은 자녀를 행복하게 하는 비결이다. 하나님은 그런 아버지를 통해 이 땅에 하나님의 사랑을 보여 주신다.

IX. 사울 왕의 최후와 두려움 (삼상 31:)

사울 왕의 불안과 두려움은 원가족과의 관계, 특히 두려워한 아버지와의 관계에서 출발하였음을 앞에서 살펴보았다.

아버지에 대한 두려움은 (삼상9:5) 사울 왕의 일생을 걸쳐 계속 반복된다.

성경에 기록된 두려움의 내용을 보면 아말렉과의 전쟁에서 백성을 두려워한 사울 왕(15:24), 골리앗과의 싸움에서 두려워한 사울 왕(17:11), 다윗이 골리앗을 죽이고 영웅시 되었을 때 다윗을 두려워함(18:12), 다윗의 명성이 높아지자 사울은 다윗을 더욱 더욱 두려워하여 다윗을 죽이려 했다(18:29).

사울 왕이 블레셋 사람들의 군대를 보고 두려워서 그의 마음이 크게 떨린지라(20:5)

엔돌의 무당이 불러 올린 사무엘을 보고 심히 두려워하여 땅에 완전히 엎드러진 사울 왕(20:20), 블레셋과 전쟁에서 부상당한 사울 왕이 죽어가면서 "할례받지 않은 자들이 와서 나를 찌르고 모욕할까 두려워하노라" 하면서 사울은 자기 칼 위에 엎드려 죽는다.

사울이 등장하는 첫 장면에는 아버지에 대한 두려움, 그가 죽는 마지막 장면에서는 블레셋에게 모욕 받을 것에 대한 두려움으로 끝을 맺는다.

엔돌의 무당을 찾아간 이유도 블레셋에 대한 두려움을 이기지 못한 원인에서 찾을 수 있다. 아버지에 대한 두려움이 평생 사울에게 떠나지 않고 그를 계속 두려움의 이슈에 포로가 되게 하였다.

그리고 자녀에 대해 가학적인 태도의 뿌리에는 본인도 아버지로부터 가학적인 양육을 받았을 것으로 추측이 된다.

폴비츠(Paul C. Vitz)는 「무신론의 심리학」에서 스탈린(Joseph Stalin. 1879~1953) 역시 가학적인 아버지 밑에서 성장했기에 권력에 오르자 러시아 정교회를 무자비하게 박해했으며 수천명의 정교회 신부들을 살해했는데 그 방법이 대부분 잔혹했다고 전한다.

스탈린의 아버지는 술을 많이 마셨고 아내를 때렸다. 가혹한 아버지로부터 맞은 매질은 권위자에 대한 복수심을 불태웠다.

권위자 아버지로부터 학대당한 스탈린이 하나님과 황제, 정교회 신부들 같은 모든 권위를 거부하는 공산주의를 만든 것은 예상된 미래였다.[80]

아돌프 히틀러(Adolf Hitler, 1889~1945)도 어린 나이에 자주 아버지로부터 심한 매질을 당했다. 권위적이고 이기적인 아버지는 나이 어린 아내와 어린 자식들에 대해 애정과 관심이 전혀 없는 무정하고 강팍한 다혈질의 남자였다.[81] 이복누이인 파울라의 증언에 따르면 매일 매질하는 소리가 들렸다고 한다. 아버지가 죽었을 때 아돌프는 열네 살이었다. 어머니에 의해 억지로 교회를 다녔다. 성인이 된 후부터는 기독교에 대해 회의적인 언급을 한 적이 전혀 없다. 히틀러가 기독교에 대해 적개심을 품은 것은 기독교가 유대교에 기원을 둔 점, 그리고 사회적 영향뿐만 아니라 기독교가 하나님을 아버지로 묘사했기 때문이었다.[82]

사울 왕이 권위자 사무엘과의 관계를 공경과 순종으로 풀어가지 못한 이면에는 권위자 아버지와의 상처가 만든 결과로 보인다. 사무엘은 자신을 신뢰하고 순종하지 못하는 사울을 보고 매우 안타까워했고 슬퍼하면서 탄식했다(삼상15:10-11, 15:34-35, 16:1). 그리고 사무엘은 사울 왕에게 하나님께서 그를 버리셨다고 전해준다(15:23,26). 나중에 사무엘은 사울 왕을 떠나가고 죽는 날까지 사울을 다시 보지 아니하였다고 한다.(15:35)

사울 왕이 자신의 영적 아버지요, 멘토인 사무엘과 결별하면서 나타난 현상에는 악령이 사울 왕을 번뇌하게 하는 일이 계속 진행된다(16:15). 사울 왕이 그 통증을 못 견디고 괴로워할 때 다윗을 불러와서 손으로 수금을 타자 상쾌하여 낫고 악령이 그에게서 떠나게 되는 경험도 일시적으로 하게 된다(16:23).

그러다가 다시 하나님께서 부리시는 악령이 사울에게 힘 있게 내리매 그가 집안에서 정신없이 떠들어대므로 다윗이 평일과 같이 수금을 타는데 사울이 창을 집어 다윗을 죽이려고 던졌는데 다윗이 두 번이나 피하였다(18:11).

여기서 권위자와의 불화, 단절된 관계에 악한 영이 침투해 들어 올 수 있음을 볼 수 있다.

그 당시에 이미 하나님께서는 사울을 떠나셨다고 성경은 전한다 (18:12).

하나님이 떠난 사울, 권위자 사무엘도 떠난 사울, 권위자의 보호와 돌봄, 격려와 지지가 사라지자 정서적 기반이 약한 내면의 취약한 성 격구조에 마귀는 쉽게 틈을 타고 들어올 수 있었다.

그의 두려움이 점점 더 그를 장악하게 되자 그는 블레셋과의 전쟁에 서 과거 초창기에 발휘했던 용맹성은 전혀 발휘를 못하게 되었고 그 두려움은 자신이 국가적으로 제거했던 엔돌의 무당을 찾아갔다. 죽은 사무엘을 불러오게 하여 두려움과 불안을 해소시켜보려 했으나 이미 기울어질 대로 기울어진 자신의 정서적 곤고함은 회복 불가능의 한계 점에 달해 있었다.

그렇게 두려워했던 블레셋과의 길보아산 전투에서 사울 왕의 죽음은 이미 예견된 상황이었다. 그가 죽는 것으로 끝나지 않고 그의 세 아들, 요나단, 아비나답, 말기수아도 같이 전사한다.

아버지 노릇 못하면 아버지 자신도 죽고 자녀들도 죽게 한다. 아버지 의 존재가 자녀의 성공과 행복에 결정적인 요인이 된다. 하나님께서 아브람을 아브라함으로 이름을 고쳐주신 목적은 복의 근원으로 부름 받은 그에게 열국의 아버지가 되는 비전을 실행하라고 하신 것이다.

남자는 아버지로 부름 받은 사명자이다. 남자는 열국의 아버지가 되 어야 하는 운명적인 존재이다. 완벽한 인간이란 존재하지 않지만 아이 가 부모의 사랑과 돌봄 속에서 성장할 때 그 아이도 좋은 부모가 될 확 률이 높다. 가족은 스스로 복제한다.[83]

이관직은 사울의 심리를 몇 가지로 정리했다.[84]

1. 수동 공격형 성격장애
2. 강박성 성격 장애
3. 편집성 성격장애에서 극한 피해 망상증
4. 반사회성 성격 장애, 다윗을 죽이려고 집요하게 따라 다니는 행동은 지속적이며 만성적이었다.
5. 조울증 환자

이러한 사울의 성격장애와 조울증은 악한 영의 영향에 쉽게 노출되었다. 악한 영의 영향을 강하게 때로는 약하게 받았으리라고 보인다.

6. 사울 왕이 사용한 방어 기제들로는, 합리화 부인, 투사, 전이, 치환을 들 수 있다.

X. 결 론

지금까지 살펴 본 내용을 통해서 사울 왕에게 나타난 모습들을 통해 정리해 본다.

사울 왕의 아버지로 인한 불안, 두려움이 자신에게 끼친 영향은 결국 아버지 부재, 무서운 아버지의 인생이 맺는 열매를 보여준다.

1. 하나님의 말씀에 대한 신뢰와 순종을 어렵게 했다. 사울은 자신을 왕으로 세우신 분이 하나님이신 것을 끝까지 붙잡고 모든 상황을 하나님과 풀어가는 의지가 없었다. 아버지 부재는 하나님 의식부재로 이어지고 있음을 보여 주었다.

2. 항상 책임을 전가시키고 정직한 자기 직면이 없었다. 남을 탓하고 공격하는 일에 몰두하였다.

3. 자기애적 성격장애로 자기중심적이고 이기적인 모습을 추구하였다. 잘 되면 항상 자기 자신을 과시하려 했고 자신의 문제로 사무엘 선지자의 상한 마음을 아랑곳하지 않았다. 자기이름을 드러내고 자기 존재를 부각시키려는 것을 좋아했다.

4. 미신적인 것을 좋아했다. 사울의 강박성 성격장애는 하나님을 의지하기보다 번제 자체에 대한 미신적 신앙이 강했다. 사무엘 제사장이 드려야 할 번제를 자신이 월권하여 드린 모습에서 그런 미신적 내면의식을 보여주었다. 사울 왕이 이스라엘 땅의 무당들을 척결했지만 죽은 사무엘을 만나기 위해 엔돌에 숨어있는 무당을 찾아가 머리를 조아렸다. 죽은 사무엘을 불러올린다는 초혼행위가 하나님의 뜻에 어긋난다는 분별력조차 없었다. 그런 그에게 하나님이란 존재는 자기문제를 해결하기 위한 도구에 불과했다.

5. 백성들의 여론과 시선을 하나님보다 더 우위에 두었다. 하나님을 무서워하기보다 백성들의 여론이나 반응을 더 무서워했다. 이것은 사울에게 자신을 이스라엘의 왕으로 세우신 하나님의 부르심에 대한 확신이 부족했다고 보여진다. 아버지 부재는 하나님 부재로 이어지는 것을 본다.

6. 적군들을 하나님이 주시는 힘으로 상대하지 못하고 두려워하기만 했다. 전쟁의 주권자가 하나님이심을 믿는 믿음이 없었다.

아들 요나단은 믿음으로 적진에 뛰어 들어가 역전승을 이루기도 했었다. 그런 아들의 전쟁신앙을 계속 발휘하게 하고 격려해 줄 만한 여유가 없었다.

7. 그는 자녀들의 말과 고민에 경청하고 공감해 주지 못했다. 자기 마음에 안들면 분노를 발하고 욕을 하며 심지어는 죽이려는 시도도 했다. 딸은 자신의 은밀한 계획을 달성하기 위한 도구로 사용하여 딸의

존재를 존중해 주지 않았다.

사울은 자녀들을 칭찬하고 인정해주며 격려해주고 지지해 주지 않았다. 자신이 양육 받은 대로 자신도 그대로 되풀이 했다.

8. 다윗 같은 인물을 세워주고 키워주는 영적 아비가 되지 못하고 경쟁자로 보았다.

백성들에게 인기를 얻고 주목을 받자 질투와 시기심으로 십 수 년 간 다윗을 죽이려고 국력, 인력을 손해보고 시간을 낭비했다.

9. 그는 위기와 고난의 기간 동안 시선을 하나님께 두고 하나님과 가까이 하면서 자신의 인격과 성품을 다듬기보다 외부의 환경에 휘둘리며 싸우는데 시간을 소모했다.

왕으로서 백성들을 돌보고 인도하는 책임에 소홀히 하였다.

10. 권위자 사무엘과의 관계를 풀지 못하고 자기중심적인 관계로만 유지하면서 결국은 사무엘로부터 결별한다. 사무엘로부터 왕의 나라가 길지 못할 것이라는 말을 듣게 된다. 권위자와의 결별로 악한 영의 공격을 심하게 받게 되었다.

11. 이스라엘 백성들을 사랑과 신실함으로 이끌고 하나님의 뜻을 따라 다스리기보다 중심 없이 백성들의 눈치를 보며 자기 인기유지와 자리 지키기에 급급한 모습을 보여 주었다.

12. 아버지 사울 왕이 아버지 노릇을 못한데서 자신의 인생도 불행했지만 그 희생은 고스란히 자녀들의 몫으로 이어졌다. 전쟁은 하나님이 주관하신다는 요나단의 신앙과 그가 다윗을 차기왕으로 수용하는 순종적인 열정은 다윗과 버금가는 인물이 될 수 있었다. 그런데 아버지의 분노와 성격장애가 아들의 인생을 꽃 피우게 하지 못했다.

또한 딸 미갈에게는 남편과의 관계를 건강하게 풀지 못하게 했고 아버지 상처, 남자 상처를 평생 가슴에 품고 불행하게 죽었다. 이스라엘 백성들 역시 사울 왕의 미성숙하고 분별력이 부족한 리더십으로 내우외환의 상황에서 불안하고 두려운 시간들을 보냈을 것이다. 사울 왕 재임기간은 국가적인 발전과 하나님 나라 지경 확장이 묶여있는 기간이기도 했다. 가정에서 미숙한 아버지는 국가적인 리더십에도 미숙함을 보여 주었다.

폴비츠(Paul C. Vitz)는 아버지 부재는 아들을 유약한 아버지, 죽은 아버지, 학대하는 아버지로 만들고 결국 하나님이 없다고 주장하는 무신론자를 만든다고 했다.85)

인간은 모두가 다 연약하고 실수가 많다. 자기중심으로 치우쳐 살면 상처를 극복하기 어렵다. 그러나 하나님께 시선을 두고 지속적인 신앙의 온전함과 내면적인 성숙을 향하여 간다면 상처와 갈등은 축복의 기회로 바뀔 수 있다. 그 축복은 자신은 물론이고 자녀들에게 고스란히 물려진다. 아버지노릇 잘 하는 것이 가장 의미 있는 삶이다.

사울 왕이 왕 재임 때 숱한 이방민족들과 전쟁을 치르고 영적 아버지요 멘토인 사무엘 선지자와의 충돌, 자녀들, 다윗과의 갈등 관계에서 하나님을 의식하면서 그 갈등들을 풀어보려는 노력을 보이지 않았다.

자녀가 육신의 아버지에 대해 실망하거나 존경심을 잃게 되면 하늘의 아버지에 대한 믿음도 불가능해진다는 점에서 볼 때 당연한 결과로 보인다.

무신론자의 경우 자기 아버지에 대한 실망과 분노가 무의식적으로 하나님에 대한 부정을 정당화 한다.86)

아버지는 자녀들에게 두려움을 주지 않아야 한다. 자녀들이 아버지에게 무슨 말이든 할 수 있는 넉넉함과 여유로움을 보여주는 아버지로 보여 져야 한다.

아버지의 다짐을 해본다.

"나는 나의 자녀를 하나님께로부터 위임받은 아버지로서 자녀가 아버지에게 무슨 말이든지 할 수 있는 넉넉함을 보여주는 아버지가 된다. 그리하여 자녀가 세상을 본 받지 않고 하나님께서 자신을 향하신 비전과 계획을 발견하여 그 부르심에 충실히 살아가도록 지지하고 격려하며 안내해 주는 역할을 잘 감당할 것을 다짐 합니다."

참고문헌

Cosgrove, Mark. P. 「분노와 적대감」, 김만풍 역.
　　　　서울: 두란노서원, 2002.
Henry, Matthew. 「사무엘상」, 서기산역. 서울: 기독교문사, 1989.
Klein, Ralph. W. 「WBC 성경주석 사무엘상」, 김경열 역.
　　　　서울: 솔로몬, 2004.
Mc Dowell, Josh. 「아버지의 10가지 약속」, 최요한 역.
　　　　서울: 아가페북스, 2016.
Munroe, Myles. 「아버지는 운명이다」, 김진선 역.
　　　　서울: 미션월드, 2004.
Pink, Arther. W. 「다윗의 생애 1」, 김광남 역.
　　　　경기도: 뉴라이프, 2009.
Rocalcati, Massimo. 「버려진 아들의 심리학」, 윤병언 역.
　　　　서울: 책세상, 2016.
Schaller, James. L. 「상처 난 아버지와의 관계」, 이기승 역.
　　　　서울: 세복, 2006.
Vitz, Paul. C. 「무신론의 심리학」, 김요한 역.
　　　　서울: 새물결플러스, 2012.
박윤선 「사무엘서」 서울: 영음사, 1989.
이관직 「관계의 걸림돌 극복하기」, 서울: 두란노서원, 2017.
　　　　「성경과 분노심리」, 서울: 대서, 2017.
　　　　「성경으로 불안 극복하기」, 서울: 두란노서원, 2017.
　　　　「성경인물과 심리분석」, 서울: 생명의 말씀사, 2017.
이상근 「사무엘상.하서」, 대구: 성등사, 1998.
조정대 「아버지 치유」, 강의안, 2017.

제4부

아버지 아브라함

아브라함은
아들을 떠나 보낼 줄 아는 아버지다.
내 소유가 아니라 하나님의 소유로
아들을 자신에게서 떠나 보낸다.

아브라함은
모든 부모들에게 아들을 떠나 보내야 한다고,
아들 곁에 머무는 행복을
포기하라고 권한다.

아버지 아브라함

I. 서 론

본격적인 이스라엘의 시작은 아브라함으로부터 시작된다. 아브라함은 이삭을 낳고 이삭은 야곱을 낳고 야곱은 12아들을 낳으면서 이스라엘 민족의 기반이 형성되어졌다.

하나님께서 아브람의 이름을 아브라함이라고 고쳐 주신 것은 아브라함을 향하신 하나님의 비젼을 보여 주시고 있다. 아브람은 "높은 아버지"란 뜻이고 아브라함은 "열국의 아버지"란 뜻이다. 아브라함이 열국의 아버지로 하나님께서 개명하신 것은 그와 후손들이 많은 무리들에게 아버지의 리더십을 발휘하는 영적 지도자로 부르신 것이다.

한편 사래에게도 사라라고 개명을 하게 하여 "열국의 어미"가 되는 비젼을 주셨다. 남편과 같은 사명을 부여해 주신 것이다.

그런 사명이 하나님의 자녀들에게 부여해 주셨다. 오늘 우리 교회를 향하신 부르심이기도 하다.

아브라함을 이스라엘 선민의 조상으로 부르신 것은 아버지됨의 부르심을 받았음을 보여 준다. 남자는 아버지됨의 사명, 여자는 어머니됨의 사명을 주셨다. 남자됨의 핵심은 아버지됨에 있다. 그렇기 때문에 남자는 누구나 아버지이며 아버지로 살아갈 때 비로소 인생의 참 보람을 알게 된다.[87]

하나님은 남자를 창조하실 때부터 '아버지'를 염두에 두셨다. 그래서 모든 남자 아이에게는 아버지가 될 잠재력이 심겨져 있다. 하나님은 모든 남자 아이가 성장하면 아버지가 되도록 작정하셨다. 또한 하나님은 우리의 아버지가 되시기 때문에 아버지가 된다는 것은 곧 하나님의 형상을 반영한다는 것이다. 따라서 남자 아이가 소년의 모습을 벗고 아버지가 되지 않으면 인생의 진정한 만족이 무엇인지 알 수 없다. 아버지란 남자의 운명이자 완성이기 때문이다.[88]

여자도 마찬가지이다. 여자됨의 핵심은 어머니 됨에 있다. 여자가 어머니로 살아갈 때 인생의 참된 보람을 느끼게 될 것이다.

우리는 하나님의 이 거룩한 사명을 제 일차적인 사명으로 알고 자신의 부르심에 충실 할 때 하나님의 나라는 번성할 것이며 열 왕들이 태어나 이 세상의 소금과 빛의 역할을 다하게 된다.

이스라엘 민족은 3대의 신앙이 물려지면서 한 민족이 형성되어졌다는 것을 보여 준다.

호렙 산에서 하나님께서 모세에게 자신의 정체성을 계시해 주실 때에 "나는 네 조상의 하나님이니 아브라함의 하나님 이삭의 하나님 야곱의 하나님"(출3:6,15)으로 보여 주셨다.

하나님은 조상의 하나님이시다. 할아버지의 하나님이요 아버지의 하나님이시다. 하나님은 조상에서 자손으로의 전승의 하나님이시다.[89] 하나님은 우리가 부모나 조상들과의 관계를 잘 맺어지기를 원하시는 것을 볼 수 있다.

아버지와 나와의 관계는 중요한 하나님의 나라, 선민을 이루어가는 통로가 됨을 보여 주고 있다.

하나님께서 자신을 계시하실 때 이삭에게는 "네 아버지 아브라함의 하나님"(창 26;24), 야곱에게는 "나는 여호와니 네 조부 아브라함의 하나님이요 이삭의 하나님이라"(창28:13)고 자신을 계시해 주셨다.

하나님께서 아브라함이라고 이름을 지어 주신데는 목적이 있었다. "열국의 아버지"란 이름으로 지어 주신 것은 택한 민족을 이루기 위해서는 아브라함에게 아버지 노릇을 잘 해야 한다는 하나님의 비전을 보여 주고 있다.

하나님의 나라를 이루기 위한 첫 번째 과제는 가정에서 아버지 노릇을 잘 해야 하고 자녀들 또한 아들로서 아버지와 좋은 관계를 맺게 될 때 하나님께서 계획하신 하나님 나라를 번성케 하고 번성케 할 수 있다.

하나님께서 조상들, 부모와의 관계에서 자신을 계시해 주신 것은 우리가 부모와의 관계를 하나님의 뜻 가운데서 잘 펼쳐가라는 의미가 있다. 그래서 하나님은 부모의 권위를 존중할 것을 5계명에서 강조하셨고 그 계명에 순종할 때 이 땅에서 잘되고 장수하는 복을 약속하셨다.

하나님의 백성, 그의 선민으로 살아가려면 조상이나 부모와의 관계를 잘 맺어가야 한다는 분명한 뜻을 볼 수 있다.

하나님은 관계의 하나님이시다. 하나님의 뜻과 질서대로 풀어가기를 원하신다. 그런 의미에서 아브라함과 이삭, 이삭과 야곱, 야곱과 12아들의 관계에서 우리에게 아버지와 아들의 관계를 어떻게 맺어가야 하는 것을 잘 보여주고 있다. 아버지와의 관계를 잘 맺어 갈 때 하나님께서는 하늘의 복을 부어 주실 것이라는 약속을 지켜 가신다. 하나님의 축복은 부모와의 관계를 기준으로 이루어진다. 선민에 대한 하나님의 약속이 이루어지려면 아버지도 자녀도 함께 잘 해야 한다.

최근 신문에 4대에 걸친 의사 가문이 소개되었다. '한국의 슈바이처' 고(故) 장기려 박사(1911~1995)의 친손자인 장여구 인제대 서울백병원 외과 교수는 "평생 의료봉사의 길을 걸어온 할아버지를 두고 봉사를 말하려니 부끄럽다"고 했다. 장기려 박사의 아들 고(故) 장가용 박사는 서울대 의대 해부학 교수로 재직하면서 사랑의 장기기증운동 본부장을 맡아 장기기증 문화 확산을 위해 노력했다. 그 아들이 장여구 교수. 장여구 교수의 아들은 지금 중앙대학교 의대에 재학 중인데 아버지와 기회가 될 때마다 해외 의료봉사에 함께 참여하고 있다고 한다.

장여구 교수는 할아버지의 봉사정신이 모델이라 했다. "할아버지의 그 마음 그대로" '환자를 불쌍히 여기는 의사가 되라'고 한 말씀을 늘 마음에 담고 사람들을 돕고 싶다고 한다.90)

4대에 걸친 의사 가문뿐만 아니라 봉사정신도 고스란히 물려받았다. 아버지와 아들의 긍정적인 관계가 만든 좋은 예로 볼 수 있다.

미국의 퍼스트레이디였던 바바라 부시여사는 어느 대학 졸업식 때 이런 연설을 했다고 한다.

"여러분, 미국의 장래가 백악관에 달려있다고 생각하십니까? 미국의 장래는 백악관이 아니라 여러분의 가정에 달려 있습니다."91)

가정의 수준이 국가의 수준을 결정한다. 아버지의 수준이 가정의 수준을 결정한다. 그런 의미에서 아버지가 살아야 한다.

바벨론에 멸망을 당해 포로생활을 하고 있는 이스라엘에게 하나님께서는 "너희는 집을 짓고 텃밭을 가꾸고 그 열매를 먹으라. 아내를 맞이하여 자녀를 낳으며 너희 아들이 아내를 맞이하며 너희 딸이 남편을 맞아 그들로 자녀를 낳게 하여 너희가 거기서 번성하게 하고 줄어들지 않게 하라"(렘29:5~6).

바벨론 포로생활에서도 하나님은 가정을 튼튼히 세워나가게 하신 것은 왜일까?

가정이 하나님 나라의 베이스 캠프역할을 하고 있기 때문이다. 가정을 튼튼히 세워나갈 때 하나님의 나라도 번성하고 이 땅에 하나님의 나라가 든든히 서게 될 것이다. 그래서 아버지와 자녀는 영적 자산이 계속 대물림이 되는 관계가 잘 유지되어야 한다. 이에 아브라함, 이삭 야곱 3대에 걸친 신앙의 대물림 과정을 살펴보면서 아버지로서의 삶을 어떻게 살아가야 하는지를 살펴보려고 한다.

II. 아브라함이 아들 이삭을 모리아산 번제로 바침
   (창세기 22:1~19)

하나님을 경외하는 부모와 자녀들의 소원이 있다면 어떤 것일까?

아버지 입장에서는 아들이 하나님을 경외하고 하나님의 뜻을 잘 순종하는 모습은 최고로 바라는 소원일 것이다.

아들 역시 자신의 아버지가 하나님을 잘 경외하고 하나님의 뜻에 잘 순종하는 아버지가 되었으면 하는 소원이 으뜸일 것이다.

모리아 산에서 아브라함이 아들 이삭을 하나님께 번제로 바치는 모습은 아버지와 아들이 함께 하나님의 뜻에 순종하는 모습을 보여 주고 있다. 아버지가 순종하는 자리에 아들도 함께 순종한다(창세기 22:6~19).

부자지간에 함께 그런 소원들이 이루어졌으니 아버지에 대한 아들에 대한 좋은 모델로 비추어지고 있다.

창세기 22:1, 하나님께서 아브라함을 시험하시려고 그를 부르신다.

그의 마음 속에 있는 하나님에 대한 신실한 신앙의 여부를 확인하려 하신 것이다.

"아브라함아 네가 어디 있느냐?" 부르실 때 아브라함은 조금도 지체하지 않고 즉각적으로 "내가 여기 있나이다!"라고 대답을 한다.

아브라함이 "내가 여기 있나이다"라는 고백을 이삭 제물사건에서 22장 1,7,12절에서 세 번이나 반복해서 고백하는 장면을 보여주고 있다. 아브라함이 그만큼 깨어 있음을 보여 주고 있다. 하나님의 뜻에 순종할 준비가 되어 있는 모습을 보여주고 있다.

한경직 목사의 방에 "네가 어디 있느냐?"는 글이 담긴 액자가 있었다. 항상 자신의 실존이 하나님 앞에서 어떤 상태로 있는가를 스스로 자문자답하는 신앙의 몸부림으로 보여 진다.

아버지의 실존이 하나님의 부르심에 대해 지체하지 않고 "예, 제가 여기 있나이다." 라고 대답하는 모습을 아들이 볼 수 있다면 그 가정은 열국의 아비요 열국의 어미가 되는 가정이다.

아브라함이 75세에 부름을 받고 100세에 아들 이삭을 낳았다. 모리아 산에서의 이삭은 17세 정도의 성인의 체격을 갖추었을 것이다.[92] 아브라함이 하나님과 동행하는 세월을 40여년 정도 지나온 때였다. 모리아 산에서 보여준 그의 신앙은 아들보다 하나님을 더 사랑하는 모습을 충분히 보여 드렸다. 이에 대해 하나님께서도 굉장히 만족해 하셨다. 그리고 더 큰 복을 약속하셨다(창세기 22:12~18).

하나님의 명령을 받은 아브라함은 '예'도 '아니오'도 없다. 불만과 거부도 없다. 그냥 하라는 대로 따를 뿐이다. 하나님의 명령은 진리이기 때문이다. 그것은 자신의 이해와 상관이 없다. 성경은 아브라함이 하나님의 뜻을 수행하는 과정에서 그의 내면의 감정이나 정서적인 것을 전혀 전달하지 않고 있다. 아브라함은 침묵만을 보여 주고 있다.

하나님의 뜻을 수행하는 과정은 자신의 정서와 의견을 주장하고 강하게 거부할 수 있는 성격이 아님을 보여 주려는 것이다.[93]

아버지의 뜻을 따르는 이삭의 모습도 아버지와 똑같다. 이삭이 불만을 토로하거나 거부하는 태도를 보여 주지 않고 있다. 불순종하려는 어떤 변명이나 도피하려는 태도를 보여 주지 않고 있다. 아버지의 뜻이 하나님의 뜻임을 익히 알고 있었기 때문이다.

이런 아들의 아버지에 대한 묵묵한 순종이 있기까지 이삭은 평소 아버지의 하나님에 대한 경외심을 잘 알고 있었을 것이다. 그런 면에서 아브라함을 보면 그는 아버지로서의 역할 수행을 잘 했다고 볼 수 있다. 남자에게 있어서 아버지의 역할보다 더 위대한 일은 없다. 수십억을 벌어도 하나님과 같은 아버지가 되라는 소명에 부응하지 못한다면 실패자가 될 수밖에 없다. 으리으리한 저택이나 엄청난 부동산을 소유한다고 해도 아버지로서의 역할을 소홀히 한다면 성공한 인생이라 할 수 없다.[94]

모리아 산은 아브라함이 거주한 브엘세바에서 약 75km 떨어진 곳이었다. 3일 정도 소요 되는 길을 걸으면서 아브라함은 무슨 생각을 하면서 그 길을 걸었을까?

오만 가지 이상의 생각을 뿌리치고 전적으로 하나님의 뜻에 순종한 모습, 여기에 아들도 기꺼이 함께 순종하여 하나님의 뜻을 이루어 가는 감동은 신앙의 조상답게 보인다.

우리에게 적어도 부모와 자녀가 함께 하나님의 뜻을 순종하는 모습만 보여 져도 신앙생활은 승리한 이상의 모습일 것이다.

부모가 어떤 삶을 보여 주었는가? 부모의 모습을 자녀들도 그대로

본받고 이어간다. 자녀는 부모의 삶을 복사한다.[95] 또한 아버지는 자녀들의 모델이 된다.[96]

아브라함은 아들을 번제로 바치라는 하나님의 명령을 받았을 때 조금도 지체하지 않고 떠난다. 아들 이삭을 데리고 번제에 쓸 나무를 쪼개어 가지고 간다. 나무를 쪼개어 싣고 가는 모습은 이미 아브라함은 마음 깊이 하나님의 뜻을 순종할 준비를 갖추었음을 보여 준다.

이렇게 떠나가는 과정에서 의혹이 생기는 것은 아브라함이 아내 사라와 전혀 의논이나 대면을 하지 않고 독자적으로 일을 추진하고 있는 모습이다. 어떻게 이런 일이 가능할까?

아마 사라가 남편이 아들을 번제로 드리러 간다는 얘기를 들었다면 기절초풍할 일이었을 것이다. 남편도 아내의 그런 마음을 잘 알고 있어서 아내와의 충돌을 피하기 위해서 아침 일찍 일어나 조용히 일을 진행했을 것이다. 그것은 자신이 남편이기 이전에 하나님의 아들로서의 존재됨이 더 우선순위에 있음을 자각하고 있었음을 보여 준다.

하나님의 명령은 아내와의 관계에서 논박되어야할 것이 아니라 순종되어야 한다는 당위성을 아브라함은 깨닫고 있었던 것이다.[97]

하나님의 명령에는 그 누구와도 상의할 여유가 없다. 이런 모습은 예수 그리스도에게서도 볼 수 있었다. 베드로, 야고보, 요한 세 제자와 겟세마네 동산에서 동행했지만 예수는 제자들과 의논하는 모습이 없었다. 하나님과의 독대(獨對)를 통해 홀로 씨름하면서 십자가의 길을 순종하며 가셨던 것이다.

아브라함은 아들을 번제로 바치라는 하나님의 명령에는 아내와 상의할 수 없는 하나님과의 관계에서 풀어가야 할 일임을 잘 알고 있었던 것이다.

아브라함은 아들에 대한 사랑과 하나님에 대한 헌신 사이에서 하나님의 뜻을 선택하고 순종했다.

이삭을 번제로 바치라는 하나님의 뜻을 잘 순종한 아브라함의 모습을 보시고 하나님은 "내가 이제야 네가 하나님을 경외하는 줄 아노라"고 응답하셨다(22:12).

참된 순종이 하나님을 경외하는 신앙이다. 아브라함은 하나님의 시험에 합격을 했다. 하나님의 시험은 아브라함의 신앙을 더욱 하나님께로 이끄는 기회가 되었다. 아버지의 시험합격은 자녀들에게도 좋은 도전과 모델로서의 자리를 잡게 해 주었다.

아버지들이 하나님의 시험에 잘 합격하는 자리에 있을 때 후손은 번성하고 또 번성 할 수 있다.

번제로 드려지는 과정에서 아들 이삭이 묵묵히 자신을 아버지께 온전히 의탁하고 제물로 결박되는 것을 받아들인 것은 아버지 아브라함의 신앙이 평소 아들 이삭에게 신뢰감을 주었던 것으로 보여진다. 아버지의 삶을 통해 자녀들은 신앙을 보고 배우며 따라서 순종한다. 이삭은 아버지의 하나님에 대한 순종을 익히 본대로 자신도 하나님의 뜻에 순종하는 것이 학습되어 순종의 삶을 묵묵히 살아냈다.

III. 아브라함과 이삭의 공통 부분

그러면 아버지 아브라함의 신앙의 모습을 아들에게서 그대로 보여지는 모습들을 몇 가지 살펴보자.

첫째. 아브라함이 하나님의 인도를 받고 맨 처음 도착한 가나안에서 먼저 제단을 쌓는다. 그리고 하나님의 이름을 부른다(창12:6~9).

이삭도 동일하게 브엘세바에서 하나님의 음성을 듣고 그곳에서 제단을 쌓고 여호와의 이름을 불렀다(26:23~25).

이삭이 아버지가 가나안 땅에 도착한 내용은 사실 태어나기 전에 있었던 부분이다. 그럼에도 그대로 재현한 것은 아버지의 영적 DNA가 유전 될 수 있었다는 것을 보여 주는 것이 아닌가.

자녀들이 부모를 보지 않았을지라도 내적으로 유전되는 부분도 있음을 볼 수 있다.

둘째, 거주하던 땅에 부자지간에 똑같이 흉년을 겪게 된다. 그런데 아버지는 흉년을 피하여 애굽으로 내려갔다가 아내를 빼앗길 뻔 한다.(12:10~20)

그러나 이삭은 흉년이 들었을 때 하나님의 뜻대로 가나안 땅을 떠나지 않고 살던 곳에 머무르고 순종하며 견디어 낸다(26:1~6).

여기서 이삭의 순종은 아버지보다도 한층 발전된 모습을 보여주고 있다. 아브라함의 순종은 때때로 좌충우돌하지만 아들 이삭의 인생에서 순종은 거의 흔들림이 없이 수행이 된다.

아무래도 이삭은 아버지의 순종을 함께 했던 체험이 있었고 자신이 죽기까지 순종한 아버지의 신앙과 순종이 익숙했던 아버지의 영적 영향력을 많이 받았기에 훨씬 순종이 용이했을 것이다.

이것이 아버지가 자녀들에게 줄 수 있는 최고의 유산이다. 아버지가 몸소 신앙의 갈등 상황을 뛰어 넘는 삶이 자녀들에게는 좋은 모델로 자리 잡게 되어 자녀들은 익숙하게 갈등을 뛰어 넘을 수 있다. 아버지가 승리한 경험은 자녀들에게도 동일한 승리를 안겨 줄 수 있다. 아버지가 인생의 갈등 상황을 잘 극복할 가치가 있다.

그것은 반대로도 작용할 수 있다. 아브라함이 아내를 누이라고 속인 일이 두 번 있었다. 아들 이삭도 아내를 누이라고 속이는 일을 모방한다. 그렇지만 아버지보다는 한 번 적은 한 번으로 끝난다.

자녀들은 아버지의 삶을 보고 배운다. 하나님의 종 사무엘은 제사장 엘리의 가정에서 성장하였다. 그는 엘리가 자녀교육에 실패하였음을 지켜보았으면서도 자기 자식들을 올바로 지도하지 못하였다. 당대 최고의 영적 리더였던 사무엘도 영적 아버지였던 엘리의 어리석음을 그대로 모방한 것이다. 어리둥절할 뿐이다. 하나님이 일평생 주를 위해 헌신한 사무엘에게 그의 자녀들의 구원을 보장하지 않으셨다는 사실은 시사해 주는 바가 크다. 기독교적인 가치관에 의하면 아버지가 존재하는 가장 중요한 이유는 신앙의 바통(baton)을 물려받아 자녀들의 손에 안전하게 쥐어 주는데 있다. 물론 가능한 한 다른 사람들에게도 신앙의 바통을 전해 주기를 원한다. 그렇지만 우선은 하나님이 보내주신 가족들을 위한 사역에 더욱 최선을 다해야 할 것이다. 아버지가 감당해야 할 가장 중요한 책임은 자녀들을 신앙으로 양육하는 것이다. 아버지가 자녀들에게 신앙을 물려주는 책임을 감당하는 일보다 더 중요한 일은 존재하지 않는다.98)

자녀들 입장에서 살펴보자. 자녀들이 하나님의 뜻을 순종하는 일들은 자신의 선택에 있다. 자녀에게 아버지는 인생에서 중요한 선택에 대한 모델이 되지만 자녀들은 아버지의 모습을 잘 분별하여 스스로 하나님의 아들로서 하나님의 뜻을 선택을 할 수 있어야함을 이삭을 통해 사무엘을 통해 볼 수 있다.

비록 흉년이 들었을지라도 당황하지 말고 약속의 땅을 떠나지 말라는 하나님의 뜻을 순종한 이삭은 흉년이 든 그 해에 100배나 수확을 얻는 복을 받았다(26:1~15).

무조건 아버지를 따라 모방하는 것은 조심할 일이다. 아버지가 신앙의 기준이 아니다. 자녀들은 하나님의 뜻을 잘 분별하여 아버지를 따라야 한다.

셋째, 아브라함이 애굽에 이주했을 때 아내를 누이라고 속였다. 이런 거짓말은 99세 때도 반복된다(12:11~19, 20:1~12).

아들 이삭도 블레셋 땅에 있을 때 아내를 누이라고 속였다(26:7). 아버지는 두 번에 반복되지만 아들은 한 번으로 그친다. 역시 아들의 모습이 발전 되었다.

아내를 누이라고 속인 이유에는 아버지도 아들도 똑같이 아내로 인하여 죽을 것 같은 두려움이 있었다. 부자지간에 두려움이 대물림 되어 있음을 본다.

부모의 약점이나 실수를 자녀들도 반복하고 있다. 자녀들은 부모의 장점과 약점을 모두 이어 받는다. 자녀의 입장에는 가능한 부모의 약점은 떠나보내고 장점은 극대화하는 과정을 잘 풀어나가야 한다.

넷째. 아브라함이 물질의 복을 받아 거부가 되었다(13:1~6). 아들 이삭 역시 주위 사람들이 부러워 할 정도로 거부가 되었다(26:26~33).

아버지가 받은 축복이 자녀들에게도 부어지고 있다. 부모가 먼저 하나님의 복을 받도록 힘써야 함을 보여 준다. 부모는 축복의 모델이 되어야함을 보여 준다.

다섯째. 아브라함의 재산이 많아지니까 주위 사람들이 "네가 무슨 일을 하든지 여호와께서 너와 함께 하시도다" 하며 그의 신앙과 하나님의 살아계심을 인정해 주었다(21:22).

아들 이삭도 동일하게 주위 사람들에게 그런 인정을 받았다. "그들이 이르되 여호와께서 너와 함께 계심을 우리가 분명히 보았으므로

.... 너는 여호와께 복을 받은 자니라(26:28)"

아버지에 대한 좋은 평가를 아들도 동일하게 이어지는 데는 이삭 자신도 하나님의 뜻을 잘 순종하는 삶이 뒤따랐던 것이다.

여섯째. 며느리를 구하는 모습에서 부자지간이 똑 같았다. 아버지가 엘리에셀 종에게 이삭의 며느리 감을 가나안 땅 이방여자로는 구하지 않도록 당부했다. 아브라함이 본 가나안 여자들은 이미 타락해 있었고 여호와의 계시를 통하여 그들의 멸망을 알고 있었다. 아버지는 아들의 삶이 하나님 앞에서 경건하기를 강하게 열망했다. 가나안 여자들의 타락성이 아들의 영혼에 덫이 되거나 오염이 되는 것을 원치 않았던 것이다. 아브라함이 하나님께로부터 받은 약속을 이어지게 하려고 열국의 어머니 사라를 이어받을 그런 여자를 구하려고 했던 것이다.

이렇게 중요한 일을 그는 가장 신뢰할 수 있는 종에게 맡기려 한 것이다. 그의 종 엘리에셀은 상속자로 여길 정도로 신뢰하였다. 그에게 자신의 인생에서 가장 중요하고 민감한 일을 맡겼다.

"너는 내가 거주하는 이 지방 가나안 족속의 딸 중에서 내 아들을 위하여 아내를 택하지 말고 내 고향 내 족속에게로 가서 내 아들 이삭을 위하여 아내를 택하라"(24:3,4)

종에게 맹세를 시키면서 아브라함은 종의 손을 자신의 허벅지 아래에 넣고 이 일을 그에게 맹세하게 하였다. 종의 손을 자신의 허벅지 아래 놓음으로써 종은 아브라함의 생식기를 만지게 되었다.

당시 생식기에 의한 서약은 가장 신성한 의식으로 취급 되었다. 따라서 이 맹세는 특별한 엄숙함을 부여받는다.99) 그만큼 아브라함에게 며느리를 구하는 일은 선민의 장래를 위해 중요한 일이었던 것이다.

이것은 첫째는 순수한 혈통의 보존을 위한 것이요, 두 번째는 신앙의 순결을 지키기 위한 것이다. 가나안인과 통혼을 하는 것은 그들의 우상숭배와 동화되는 것을 가리키는 것이었기 때문이다.100)

아브라함의 종 엘리에셀은 주인의 당부대로 하란 땅에 가서 며느리 리브가를 데리고 돌아왔다. 주인의 부탁대로 순종했다(24:). 부모의 가치관이 자녀들에게 그대로 전달되고 있기에 아브라함은 자신의 신앙을 그대로 아들에게로 이어지도록 비상한 관심을 기울였던 것이다.

이상에서 아버지 아브라함과 아들 이삭의 모습을 살펴보았다. 이렇게 자녀들은 부모의 신앙과 삶을 복사하고 있다. 붕어빵이다. 그래서 자녀의 문제에서 일차적인 원인은 부모에게서 비롯되었다. 자녀들의 문제를 자녀 탓으로만 질타하지 말고 부모 자신이 하나님 앞에서 살펴보고, 회개의 기회로 삼고, 눈물로 회개하여 가정이 정결하도록 힘쓸 때 믿음의 명문가를 이룰 것이다.

부모 입장에서 물려주기 싫은 부분은 회개, 단절, 변화된 삶을 이루도록 하고 물려주어야 할 부분은 삶에서 모범을 보이도록 하는 것이다. 아버지는 자녀들에게 "나를 본 받으라"고 할 수 있어야 한다. 예수님이나 바울도 "나를 본 받으라"면서 본을 보였다.

그리고 자녀 입장에서는 부모의 잘못된 삶이 나를 이렇게 만들었다고 부모를 핑계대고 탓할 수는 없다. 사람이 심은 대로 거두는 선택에 대한 책임은 자신에게 있다는 것을 유의해야 한다.

가능한 부모의 장점을 취하고 부모의 축복을 받는 방법을 선택하여 갑절의 복을 받는 영적 장자로 자신을 세워나가는 것이 중요하다.

Ⅳ. 아브라함, 이삭, 야곱 3대 공통부분

적어도 3대를 걸쳐서 이어오는 가문의 영향력이 긍정적이라면 인격적으로 상당한 성숙함이 자리 잡았을 것으로 사려 된다.

아브라함, 이삭, 야곱 3대 족장의 신앙이 결국 이스라엘 민족을 형성하였다면 우리도 3대를 걸쳐 제대로 신앙의 뿌리를 든든히 세워나가는 것이 하나님의 나라를 왕성케 할 수 있을 것이다.

아브라함과 이삭과 야곱 3대 믿음의 족장들의 공통점은 무엇일까? 성경에서 보여 주는 7가지 내용을 살펴본다.

첫 번째, 이삭이 고향을 떠나는 야곱에게 축복한다. 축복하는 내용은 3-4절에서 나타난다.

3절, "전능하신 하나님이 네게 복을 주시어 네가 생육하고 번성하게 하여 네가 여러 족속을 이루게 하시고"

4절 "아브라함에게 허락하신 복을 네게 주시되 너와 너와 함께 네 자손에게도 주사 하나님이 아브라함에게 주신 땅 곧 네가 거류하는 땅을 네가 차지하게 하시기를 원하노라"

아버지 이삭이 아들 야곱에게 축복하는 내용이다. 그런데 하나님께서 야곱에게 복을 약속하시는 내용도 똑같다.

13-15절, "또 본즉 여호와께서 그 위에 서서 이르시되 나는 여호와니 너의 조부 아브라함의 하나님이요 이삭의 하나님이라 네가 누워 있는 땅을 내가 너와 네 자손에게 주리니 네 자손이 땅의 티끌 같이 되어 네가 서쪽과 동쪽과 북쪽과 남쪽으로 퍼져 나갈지며 땅의 모든 족속이 너와 네 자손으로 말미암아 복을 받으리라 내가 너와 함께 있어 네가 어디로 가든지 너를 지키며 너를 이끌어 이 땅으로 돌아오게 할지라 내가 네게 허락한 것을 다 이루기까지 너를 떠나지 아니하리라 하신지라"

아버지 이삭이 아들 야곱에게 축복하는 내용 그대로 하나님께서 야곱에게 복을 약속해 주신다. 하나님은 어떻게 야곱에게 복을 부어 주셨을까? 아버지가 아들에게 축복한 그대로 복을 주셨다. 하나님은 외삼촌 라반의 집을 떠나 야곱이 벧엘로부터 첫 번째 복을 받은 장소에 왔을 때 다시 복을 부어 주셨다(35장 9-13절). 이렇게 아버지 이삭이 아들 야곱에게 축복한 것은 어디서 비롯되었을까? 아버지 아브라함이 아들 이삭에게 축복을 빌어 주었기 때문이다.

아브라함은 창세기 20장 17-18절, 그랄 왕 아비멜렉이 아들을 낳지 못하고 있을 때 기도해 주었다. 그 때 닫힌 태가 열리고 출산하는 역사가 나타났다. 이삭은 하나님께서 모리아 산에서 이삭을 번제로 바치려 했던 곳에서 아브라함에게 복을 약속해 주신 것을 기억하고 있었다.

22장 15-18절, "여호와의 사자가 하늘에서부터 두 번째 아브라함을 불러 이르시되 여호와께서 이르시기를 내가 나를 가리켜 맹세하노니 네가 이같이 행하여 네 아들 네 독자도 아끼지 아니하였은즉 내가 네게 큰 복을 주고 네 씨가 크게 번성하여 하늘의 별과 같고 바닷가의 모래와 같게 하리니 네 씨가 그 대적의 성문을 차지하리라"

하나님께서 아브라함에게 복 주시는 모습을 아들 이삭이 보았다. 그런 이삭은 자신이 아버지를 통하여 본 그대로 아들 야곱에게 축복했다. 또 야곱도 열두 아들들에게 축복했다. 또한 야곱은 130세 때 애굽에 왔을 때 애굽의 왕에게 축복 기도를 해주었다.

3대에 걸친 가문에서 복은 하나님이 주신다는 진리를 확실히 붙잡고 있음을 볼 수 있다. 하나님께서 아버지의 축복대로 그 자녀를 복되게 하신다. 아브라함이 이삭에게, 이삭이 야곱에게, 야곱이 12아들들에게 3대가 축복함으로 결국에는 복을 받는 명문 가문이 되었다.

두 번째, 하나님의 인도하심을 받는 곳에 도착할 때 제단을 쌓고 하나님께 영광을 돌린 것이다(아브라함 12:7, 이삭 26:25, 야곱 35:6-7).

제단을 쌓는 목적은 무엇인가? 하나님의 인도하심에 대한 감사의 표현이었다. "하나님께서 모든 일에 은혜를 주셨고, 모든 것에 복 주셨다. 하나님의 은혜이다. 하나님께서 나의 길을 주관해 주셨다"는 신앙고백으로 하나님의 주권 신앙에 대한 감사였다. 여기에는 짐승제물도 함께 드렸다.

아브라함과 이삭과 야곱 3대에 이르는 족장들의 신앙 전통에는 제단을 쌓는 신앙이었다. 자손들이 믿음의 명문가가 되기를 원한다면 나의 자녀에게 신앙을 가르치기 전에 신앙의 좋은 모습을 모방할 수 있도록 먼저 모방의 본을 보여 주는 것이 중요하다.

세 번째, 며느리를 얻는 모습에서 나타난다.

창세기 24:1-4절, 아브라함은 가나안 이방사람들로부터 며느리를 구하지 않고 자신의 고향 땅에 가서 며느리를 구하도록 하였다. 그것은 1절의 "아브라함이 나이가 많아 늙었고 여호와께서 그에게 범사에 복을 주셨더라"는 축복이 이어지는 가정이 되게 하려는 목적에 있었다. 또한 혈통과 신앙의 순수성을 보전하려는 의도도 있었다.

자녀들의 결혼 문제에 부모가 가장 신경 쓰고 기도해야 할 제목은 무엇인가? 여호와를 경외하는 신앙을 계승하고 보존하며 신앙의 뿌리를 더 튼튼히, 더 깊이 있게 하려는 간절함이다.

네 번째, 그들은 앞날이 모호하고 불확실한 인생의 어두움을 견디어 내고 하나님의 약속을 기다리며 살았다.

1) 아브라함은 75세 때 하나님께서 부르셨다. 25년이 경과한 후에

아들 이삭을 얻었다. 하늘의 별과 같은 무수한 자녀가 생길 것이라는 약속을 받았다. 그런데 달랑 아들 하나를 얻었다. 그러나 아브라함이 받은 약속은 어떻게 발전되었나? 출애굽 시절 장정만 60만이 되었다. 다윗 왕 때 장정만 157만 명(대상 21:5)이 되었다. 자녀들과 아이, 노인까지 합하면 약 500여 만 명에 해당하는 인구이다. 약속하신대로 하나님께서 셀 수 없을 만큼 번성하게 해 주셨다.

2) 이삭도 흉년이 들었을 때, 가나안 땅을 떠나지 않고 하나님의 약속을 붙들고 견디고 기다렸다. 우물을 몇 번이나 빼앗기는 시련이 있었어도 이삭은 굳건한 믿음으로 인내하고 버티면서 모호한 현실을 잘 견디어 냈다.

또한 40세 나이에 결혼을 했지만 아이를 바로 얻지 못했다. 20년의 모호한 세월을 지나면서 기도 끝에 아들을 쌍둥이로 얻게 된다.

3) 야곱도 집을 떠날 때 빈 손, 빈 몸이었다. 마음에는 아버지 이삭이 축복해 준 약속을 붙들고 있었다.

집을 떠나 루스라는 지역에서 노숙을 할 때 만난 하나님의 약속만 의지하고 온갖 고생과 시련을 겪어 냈다.

외삼촌 집에서 낮에는 더위와, 밤에는 추위를 무릅쓰고 눈 붙일 겨를도 없이 지냈다. 외삼촌 집에서 20년을 봉사하였지만 열 번이나 속임을 당하였고 죽임을 당할 위기까지 몰렸다. 하나님의 보살핌으로 결국 거부가 되어 귀향한다.

위기가 사라지는가 했더니 고향을 앞둔 야곱은 형 에서와의 한바탕 내면의 전쟁을 치루면서 얍복강에서 사투를 건 하나님과의 씨름을 벌린다. 역시 하나님의 개입으로 가까스로 형과의 충돌을 피해서 고향으로 돌아온다.

야곱의 인생은 산 넘어 산이었다. 인생은 불확실하고 모호하다. 인생은 안개 같은 모습에 싸여 있다. 모호함과 불확실한 환경에서 하나님의 언약을 붙들고 약속의 성취를 기다리면서 한 걸음, 한 계단씩 성실히 걸어가는 삶이 믿음의 명문가를 이루는 비결임을 보여 주었다.

부모가 자녀들에게 먼저 어떤 불확실한 환경이나 앞날이 모호한 하루 하루 속에서도 하나님께 대한 성실함, 충성됨을 보여 주는 것이 중요하다.

다섯 번째, 아브라함과 이삭과 야곱의 공통점은, 그들은 모두 갑부가 되었고, 물질의 복을 풍성하게 받았다.

재물의 복은 하나님으로부터 온다. 하나님을 가까이 함이 내게 복이라!(시 73:28) 하나님의 복을 받을 수 있도록 하나님을 가까이 하면 된다.

아브라함은 어떻게 재물의 복을 받았을까?

아브라함이 그돌라오멜과 연합군을 쳐부순 후에 지극히 높으신 하나님의 대 제사장인 멜기세덱에게 십일조를 드린 일(14:17~20). 대낮에 지나가는 나그네에게 지극한 정성으로 영접하고 대접한 일을 통하여 하나님의 마음을 기쁘게 해 드렸다.

아브라함의 아들을 번제로 드린 사건은 아브라함에게 복을 더 부어지게 만든 사건이 되었다. 하나님께 대한 순종이 만든 것이다.

이삭은 흉년 때에도 하나님께서 그 땅을 떠나지 말라는 명령을 굳건하게 순종했다. 흉년 때 이웃과는 정반대로 백배의 결실을 거두는 축복을 받았다. 야곱은 할아버지와 아버지의 하나님으로부터 직접적인 축복의 약속을 받아서 거부가 되었다.

부모에게 임한 하나님의 약속은 자녀들에게도 그대로 이어지는 것을 본다. 부모의 하나님께 대한 순종이 자녀들의 인생에 복으로 열매가 나타난다.

여섯 번째, 3대의 공통점에는 거짓말이 대물림되는 부분이다.
1) 아브라함은 아내를 누이라 속였다. 아내 때문에 자신이 붙잡혀 죽을까 두려워서 그랬다고 한다(창 12:13, 20:11).
2) 아들 이삭도 아내를 누이라 속였다. 아내 때문에 자신이 붙잡혀 죽을까 두려워서 그랬다(창26:7).
3) 야곱은 아버지에게 거짓말로 속이고 형으로 변장하여 축복을 받았다. 야곱이 외삼촌 집에서 결혼하였다. 신부로 라헬을 약속 받았는데 레아를 얻었고, 품삯을 10번이나 속임 당했다.
부모의 장점도 대물림되지만, 부모의 약점도 대물림되는 것을 본다. 야곱의 장자 르우벤은 아버지의 침상을 더럽혔다. 그의 후손 다단, 아비람이 모세를 대적하다가 심판받아 죽었다. 부모의 약점이 대물림되지 않도록 부모는 자신의 불신앙, 불순종을 철저히 회개해야 함을 볼 수 있다. 또한 약점과 문제점이 대물림되지 않도록 아브라함처럼 "네가 어디 있느냐?"는 하나님의 질문에 "내가 여기 있나이다"라고 대답할 수 있어야 한다.

부모의 약점은 내 자신의 당대에 끝나야 한다. 가난도 끝내야 한다. 질병, 거짓말, 빼앗김 모두 끝나야 한다. 어떤 조상이 되는지는 아버지와 어머니에게 달려 있다. 어떤 후손을 만드는지도 아버지와 어머니의 삶에 달려 있다.
아브라함, 이삭, 야곱 3대 족장의 삶에서 보여 주는 도전은 적어도 3대의 신앙을 유산으로 물려주어 신앙의 명문가를 이루라고 한다.

일곱 번째, 두려움이 3대를 걸쳐 대물림이 되었다.

1) 아브라함

12:12~13 아내로 인하여 죽을 것이 두려워 아내를 누이라 속였다.

15:12 하나님의 음성을 들은 후 큰 흑암이 임했을 때 두려워하였다.

2) 이삭

26:7,9 그 곳 백성이 아내 리브가로 말미암아 죽일 것을 두려워하여 누이라고 속였다.

3) 야곱

28:17 벧엘에서 노숙할 때 하나님의 사자들이 오르락 내리락하는 모습을 보고 하나님의 음성을 들은 후에 두려워하여 두렵도다 하고

31:31 외삼촌이 외삼촌의 딸들을 내게서 억지로 빼앗으리라 하여 두려워하였음이니다.

32:7,11 야곱이 심히 두렵고 답답하여 - 형 에서를 만나는 것에 대해 심히 답답해 하고 두려워하였다.

34:30 세겜 족속 학살로 인한 두려움이 컸다.

42:4,35 베냐민에게 재해가 미칠 것에 대한 두려움이 있었다.

4) 야곱의 아들들의 두려움

43:18 애굽에서 노예가 될 것에 대해 두려워했다.

50:19,21 요셉의 복수로 인해 형제들이 두려움에 떨고 있었다.

두려움에 대한 하나님의 처방은 두려움의 상황을 제거해 주시지 않았다. 두려움 자체를 제거해 주시지 않으셨다.

하나님께서 두려운 상황에서 함께해 주셔서 개입해 주셨다. 두려움이란 정서에 하나님께서는 "두려워하지 말라 내가 너와 함께 한다"는 약속을 계속 상기시켜 주셨다. 함께 해주신다는 믿음을 심어 주셨다.

사울 왕의 두려움은 아버지로부터 왔다. 그를 평생 동안 따라 다니면

서 괴롭혔던 이슈는 두려움이었다. 그 두려움이 권위자 사무엘과의 관계를 왜곡 시켰고 단절시켰다.

사울은 골리앗에 대해 두려워하였다. 또한 인기를 얻고 싸울 때마다 승리하는 다윗에 대한 두려움도 있어 다윗을 죽이려고 십 수 년을 쫓아 다녔다.

아브라함, 이삭, 야곱 3대 가정의 대물림을 보면서 우리 가정에 대물림 되는 내면적 이슈는 무엇인가? 나의 부모가 가진 이슈는 무엇인지 살펴보면 공통적인 이슈를 파악할 수 있을 것이다.

신앙 3대 가능한가?
형식적인 신앙에서 실질적인 하나님을 체험하고 순종할 수 있는 신앙이 되려면 부모의 신앙이 "나를 본 받으라"는 신앙에서 가능하다. 그러므로 진정한 영성은 아버지 됨에 있다.

V. 결론

지금까지 아버지 아브라함의 모습을 보면서 아버지로 살면서 아들, 손자에게로 대물림되는 공통적인 부분들을 살펴보았다.
앞에서 살펴본 내용에서 아버지로서의 아브라함을 정리해 본다.

첫째, 아버지 아브라함은 말을 많이 하거나 가르치는 부분은 거의 나타나지 않는다. 단지 자신의 삶에서 하나님의 부르심에 묵묵히 순종하며 초지일관 하나님의 뜻을 충실히 수행하였다.
그의 삶에서 아들이 늦둥이지만 아들과의 친밀함이나 화목한 가정의 분위기는 보이지 않는다.

가나안 땅에 기근이 왔을 때 애굽으로 이주하는 과정에서 자신의 목숨을 부지하려고 아내를 누이라고 속이는 비겁함이 있었다. 그러나 훗날 모리아 산에서 자신의 생명보다 더 귀한 아들을 기꺼이 하나님께 순종하여 바치려는 모습은 그가 하나님께 전적으로 자신의 삶을 의탁한 성숙한 신앙의 모습을 보여 주었다.

아들을 모리아 산에서 번제로 드린 사건은 죽기까지 복종하셔서 자신을 번제로 드린 예수 그리스도의 모습을 그대로 보여 주고 있다(빌 2:8).

그리스도인은 예수 그리스도를 닮아가는 사람이다. 아브라함은 예수 그리스도의 온전한 순종을 그대로 삶에서 보여 주었다.

아버지 아브라함은 아들에게 세세한 가르침은 보여 주지 않았지만 이렇게 하나님의 부르심에 묵묵히 순종하는 신앙을 삶으로 보여 주었다. 아들 이삭의 삶에서 특징적인 순종의 삶은 그런 아버지를 보고 배운 것이다.

둘째, 아브라함이 아버지의 사랑을 간접적으로 보여 주는 단면들에서 아버지 아브라함은 자신의 공동체에 대한 책임감을 잘 보여 주었다.

1) 조카 롯과 소유로 인한 다툼을 해결하기위해 서로 각자 떠나기로 하면서 조카에게 먼저 선택권을 주어 떠나게 한다(창세기 13:).
2) 318명의 가신(家臣)들을 동원하여 납치된 조카 롯을 구출해 오고 빼앗겼던 재물을 되찾아 온다(창세기14:).
3) 뜨거운 대낮에 지나가는 세 사람의 나그네를 모셔 와서 정성껏 대접하고 극진한 섬김으로 나그네 사랑을 실천한다(창세기 18:).
4) 소돔을 향해 떠나는 나그네 세 사람을 배웅하는데 아브라함은 1시간 30분이나 되는 거리를 따라가서 배웅을 한다.101) 얼마나 정성

을 다하는 모습인가(창세기 18:16~33). 거리를 보면 약 5~6km
에 해당된다.

이에 나그네들은 아브라함에게 지금 가는 길이 소돔 고모라를 심판
하기 위하는 길이라고 정보를 알려 준다. 하나님을 가까이 하는 사람
에게는 하나님의 비밀한 계획을 보여주심을 본다. 소돔 고모라의 멸망
을 앞두고 아브라함은 조카 롯의 구원을 위하여 하나님께 간절히 중보
기도를 드린다. 하나님은 의인 10명만 있으면 소돔 고모라를 심판하지
않겠다고 약속을 하게 된다.

여기서 아브라함은 조카에 대해 끝까지 책임을 지려고 한다. 조카에
게 조차 아버지 노릇을 충실히 감당하려는 모습을 잘 보여주고 있다.

이렇게 아버지 노릇을 잘 감당하려는 아브라함에 대해서 하나님은
나의 친구라고 칭하셨다(야고보2:23).

하나님은 우리의 아버지가 되시기 때문에 좋은 아버지가 된다는 것
은 곧 하나님의 형상을 반영하는 것이다.102) 아버지는 그런 책임을 갖
고 있다.

이렇게 아브라함은 아버지로서의 면모를 잘 보여 주었다. 열국의 아
버지로서의 성장을 잘 보여 주기도 한다.

셋째, 아브라함은 하나님께서 주신 비젼을 이루기 위해 계속 자신의
내면을 강하게 성장시키면서 축복의 통로 역할을 잘 수행하였다. 비젼
은 시험을 받아야 그 진정성이 확인된다. 닻은 배를 안전하게 거하도
록 하는데 목적이 있다. 그렇다면 닻은 반드시 시험과정을 거치게 된
다.

가족이라는 배가 암초투성이의 해안가로 향하고 있다면 닻을 내려
고정시켜야 한다. 마찬가지로 아버지는 가족이 어려움에 빠지지 않도
록 든든히 붙들어 주어야 한다. 만약 가정의 닻인 아버지가 그 역할을

제대로 하지 못한다면 그 가정은 재앙을 피할 수 없을 것이다.

아버지가 되기 위해 아브라함은 많은 시련과 시험을 통해 아버지로서의 내적인 힘을 키웠다. 여러 폭풍에서 벗어나면서 아브라함은 점점 아버지로서 성숙함을 이루어 결국에는 하나님의 벗이 될 만큼 열국의 아버지로서의 자리매김을 하는 수준에까지 이르게 되었다.

아버지는 타고나지 않는다. 살아가면서 점진적으로 아버지가 된다. 하나님은 아버지로 든든히 세우기 위해 살아가는 동안 폭풍과 풍랑을 겪게 하여 아버지로 성숙하게 하며 내적으로 힘을 키워 가정을 든든히 세워가게 하신다.

아브라함은 초보 아버지에서 온전한 아버지로 성장하여 그 후손들을 축복의 통로로 세웠다. 갑절의 영감을 상속받는 아들로 또 다른 아버지로 세우는 근원이요 지탱자요 창설자요 보호자였다.

넷째, 아브라함은 아버지로서 아들과 언약의 후손을 며느리를 구하는 일을 위해 중대한 결단을 보여 주었다. 일생에서 가장 중요한 결정을 위해 종에게 자신의 생식기에 손을 얹어 맹세하게 한다. 혈통의 순수성과 신앙의 순수성을 보전하기 위한 이 장면은 그가 얼마나 이삭과 후손들의 삶을 중요하게 생각했는가를 보여 준다.

우상을 숭배하고 타락한 세속 문화에 젖어 있는 사람들에게 오염되게 하지 않으려는 아버지의 마음을 보게 된다. 하나님의 택하신 족속으로 만민을 구원하게 하시는 거룩한 씨를 보존하려는 하나님의 마음이라고 볼 수 있다.

남자들은 씨를 품고 있다. 그 씨를 어떤 밭이나 땅에 심을지를 잘 보고 선택해야 한다. 여자들은 어떤 씨를 받을지 조심해야 한다. 받은 대로 낳을 것이고 뿌린 대로 거둔다.

아버지 아브라함은 좋은 씨를 좋은 밭에 심어야 하나님의 약속을 이룰 수 있다고 판단했던 것이다.

하나님 나라의 비젼을 지닌 하나님의 사람들은 자신의 씨를 거룩하게 잘 보존하며 하나님의 성품으로 잘 가꾸는 것이 중요하다. 또한 밭은 좋은 씨를 받도록 성품과 인격을 잘 갖추도록 할 것이다.

하나님은 이런 아브라함을 축복의 근원으로 세우셔서 만민을 구원하시는 계획을 진행하셨다.

참고 문헌

Canfield, Ken. 「아버지 당신은 카피되고 있습니다」, 오진탁 역.
　　　　서울: 디모데, 1999.

Dobson, James C. 「남성, 그 위대성의 본질」, 임종원 역.
　　　　서울: 프리셉트, 2003.

Henry, Matthew. 「창세기」, 정혁조 역.
　　　　서울: 기독교문사, 1989.

Munroe, Myles. 「아버지는 운명이다」, 김진선 역.
　　　　서울: 미션월드, 2014.

Wenham, Gordon J. 「WBC 창세기」, 윤상문, 황수철 역.
　　　　서울: 솔로몬, 2001.

김성묵, 「남자, 아버지가 되다」, 서울: 두란노, 2017.

김승현 "4대에 걸친 의사 가문" 「조선일보」, 2018.10.27. A29.

이상근, 「출애굽기」, 대구: 성등사, 1994.
　　　　「창세기」, 대구: 성등사. 1989, 230.

한동구, 「창세기 해석」, 성남: 이마고데이, 2003.

제5부

아버지 히스기야

국가의 발전보다 자녀의 성장이 더 우선이다.
이 사실을 잘 아는 아버지는
일보다 자녀와의 친밀함을 추구하고
자녀의 말에 경청할 줄 안다.

아버지 히스기야
(열왕기하 18장~21장)

국가 발전이 중요할까 아니면 자녀의 성장이 중요할까?

아무래도 눈에 보이는 국가 발전이 더 중요하게 여겨진다. 지금 우리 나라의 현실에서도 더욱 그렇다. 모든 국민들의 관심사도 국가의 현안 들에 집중되어 있지 자녀들의 문제에 대해서는 그렇게 심각하지 않다. 신문의 표지 란이나 방송 뉴스의 서두에도 정치나 경제문제를 앞 다 투어 보도하고 있는 실정이다.

이에 대한 답을 얻기 위해 히스기야 왕의 면모를 살펴보려 한다. 그 는 다윗 왕을 방불하는 신앙의 인물이었다.

"히스기야가 그의 조상 다윗의 모든 행위와 같이 여호와 보시기에 정직하게 행하여"(왕하18:3)

무엇보다 히스기야 왕의 탁월함은 기도에 있었다. 국가와 개인의 위 기를 기도로 돌파하는 사람이었다.

성경에 기록 된 두 번의 극적인 기도의 응답은 두고두고 회자될만한 놀라운 사건이었다. 지금도 히스기야 왕이 죽은 지 2700여년이나 되 었어도 생생한 오늘의 신앙으로 적용하고 있다.

앗수르 대군이 유다를 정복하기 위해 투입된 군대는 유다와 전면전을 벌리려는 심사였다. 이에 맞서는 유다 군대는 앗수르 군대와는 상대가 안 되는 약체임을 알았기에 히스기야 왕은 아예 싸울 생각을 포기하고 처음부터 성전에 들어가서 앗수르 왕의 전쟁 선포문을 하나님 앞에 펼쳐드리면서 하나님께서 직접 앗수르를 상대해 주시도록 했다. 히스기야 왕의 기도대로 그날 밤에 하나님께서 직접 앗수르를 상대하셔서 18만 5천명이 송장이 되었다.

이러한 승리를 경험한 히스기야 왕은 얼마나 의기양양 했을까?
그런데 갑자기 왕은 몸의 진통을 느끼고 눕게 되었다. 통증은 가시지 않았고 전문의까지 동원되었으나 백약이 무효였다. 그런 상황에서 이사야 선지자가 심방을 왔다. 그리고 하나님의 말씀을 전달해 주었다.
"너는 집을 정리하라 네가 죽고 살지 못하리라"
이에 히스기야는 얼굴을 벽으로 향하고 통곡하며 기도를 드렸다. 얼마나 간절히 기도했던지 하나님께서 집으로 돌아가는 이사야 선지자에게 히스기야 왕의 눈물의 기도를 들었으니 생명을 15년이나 연장해 주겠다는 응답을 주셨다.
15년 생명을 연장 받은 히스기야 왕은 얼마나 기뻐했을까?

15년 연장 받은 세월. 우리가 상식적으로 생각해 볼 때 대단한 감동으로 하루하루 살았을 것으로 짐작된다. 매일 매 순간 하나님의 엄청난 은혜를 되새기면서 살았을 것이다.
그런데 그렇지 못한 것으로 보인다. 그것을 증명하는 것이 그의 아들 므낫세였다.
히스기야는 왕이 되면서 무엇보다도 관심을 기울인 것은 유다국가의 신앙 개혁이었다. 하나님 보시기에 합당한 유다를 세우는데 있었다.

아버지 아하스가 물려주었던 산당을 제거하고 주상을 깨뜨려 버렸다. 아세라 목상을 제거하고 그동안 이스라엘이 분향하였던 모세의 구리뱀 지팡이를 부수어 버렸다. 대단한 신앙 개혁이었다. 과거 어떤 아버지들도 생각 못했던 엄청난 일을 수행해 냈다. 그 누구도 엄두도 못했던 일을 히스기야는 하나님에 대한 순수한 신앙의 열정으로 개혁을 단행했다.

왕은 이러한 개혁을 진행하면서 이사야 선지자를 멘토로 삼고 가르침을 잘 따랐다.

이와 같이 하나님을 의지한 히스기야의 신앙은 그의 전후 유다 여러 왕들 중에 그러한 자가 없었다고 전한다(왕하18:5).

이렇게 평생을 쌓아둔 아버지의 신앙적인 치적이 아들 므낫세가 집권하면서 하루아침에 완전히 무너지게 된다. 얼마나 허망하고 얼마나 마음이 아픈 일인지!

므낫세가 왕이 될 때 나이가 12살이었다. 히스기야가 생명을 연장 받고 3년 후에 생긴 아들로 계산이 된다.

므낫세가 집권하면서 여호와께서 이스라엘 자손 앞에서 쫓아내신 이방 사람의 가증한 일을 따라서 그의 아버지가 헐어버린 산당을 다시 세웠다. 바알 제단, 아세라 목상을 만들어 성전에 세우고 일월성신을 경배했다. 무엇보다 하나님께서 가장 경멸하신 인신제사를 드리기까지 하였다. 자기의 아들을 불 가운데로 지나게 하는 매우 악한 이방 종교방식을 따랐던 것이다. 점치고 사술을 행하며 신접한 자와 박수를 신임하여 여호와 보시기에 악을 많이 행하여 그 진노를 일으켰다.

이러한 므낫세의 악한 행위에 대해서 하나님은 유다 나라의 멸망을 작정하시고 실행하셨다. 유다의 멸망은 므낫세의 악함이 결정적이었다.

아버지 치유

146

우리는 여기서 아버지는 세우고 아들은 헐어버리는 모습에서 국가를 위해서 무엇을 세우는 것이 중요한 것이 아님을 본다. 아버지가 아무리 위대하게 세워도 아들이 하루아침에 헐어버리거나 무너뜨리는 것을 본다. 교회를 크게 세우는 것도 마찬가지이다.

15년 생명을 연장 받은 히스기야는 어떻게 살았을까 무척 궁금하다. 생명을 연장 받은 감동으로 살아간 히스기야. 하나님을 향한 사랑이 얼마나 뜨거웠을까 쉽게 짐작이 간다. 그런 그에게 어떻게 그런 아들이 만들어질 수 있었을까?

아버지 히스기야는 므낫세를 어떻게 양육했을까? 그가 하나님을 신뢰하고 부르짖었던 기도가 왜 아들에게는 물려지지 못했을까?

"보라 자식들은 여호와의 기업이요"(시127:3) 하셨다.

부모의 가장 중요한 사명이요 책임은 자식을 여호와의 기업으로 세우는 것이다. 여호와의 기업으로 세운다는 것은 자식이 하나님의 뜻을 이루는 하나님의 도구로 쓰임 받는 사람으로 세운 다는 뜻이다.

자식의 주인은 하나님이시다. 자식을 주인 되신 하나님의 뜻대로 쓰임 받도록 돌려 드리는 것이 창조주 하나님을 믿는 신앙이다.

나는 나의 자식을 내 것으로 알고 내 가치와 내 관점으로 키우지 않았는지? 세상적인 가치관을 붙잡고 자식을 양육하지 않았는지?

그리고 부모가 이 땅에서 많은 것을 세우려고 애쓰지 않았는지? 세상에서의 성공을 위해 달려오지 않았는지? 많은 것을 소유하려 했고 더 많은 것을 자식들에게 물려 주려고 하지 않았는지?

부모가 고생한 것을 자식에게는 물려주지 않으려는 생각으로 무조건 고생시키지 않으려고만 하지 않았는지?

기억하십시다. 아무리 아무리 쌓아두어도 자식은 그것을 하루아침에 무너뜨리거나 부수어버린다는 사실을!

하나님의 백성된 부모는 보이는 성전보다 자식들의 내면에 예수 그리스도께서 주인 되시는 마음의 성전을 세우도록 평생을 기도하고 삶을 모범을 보여 드려야 할 것이다.

북한 김일성의 아버지 김형직은 숭실 중학교를 다니면서 기독교 교육을 받았다. 또한 선교사에게 공부를 하면서 기독교인으로 살았다. 김일성의 어머니는 강반석 권사인데 신실했으며 새벽기도가 생활이었던 열정적인 신앙인이었다. 강반석의 아버지는 대동군의 장로교회 강돈욱 장로였다.

김일성은 이런 부모의 영향으로 주일학교를 잘 다녔고 중학생 때는 주일학교 교사로 봉사했다. 그런데 김일성은 기독교 신앙과는 정 반대의 모습을 보여 주었다. 북한에 세워진 모든 교회를 없애버렸다.

6.25 전쟁 때는 그리스도인들을 엄청난 숫자로 무참하게 학살하였다.

김일성 한 사람의 잘 못된 가치관이 북한에 피땀 흘려 세워진 교회들이 하루아침에 무너져 버렸다.

국가 발전이 중요할까 자녀들의 신앙 성장이 중요할까?

결론:

1. 기도응답보다 더 중요한 것은 하나님과의 신실한 관계에 있다.

2. 신앙은 무엇을 이루고 세우고 해내는 것 보다 하나님을 신뢰하는 인격적인 관계에 있다.

3. 자식을 하나님의 기업으로 세우는 것이 어떤 유산 보다 중요하다.

4. 유형의 업적이나 건물보다 자식들에게 자신의 마음을 예수 그리스도의 성전되게 하는 것이 부모의 핵심 사명이다. 주님의 도우심을

기도해야 한다.

예수 그리스도를 마음의 성전으로 삼고 살아가는 아들, 딸 하나 키우는 것이 수 백개의 교회를 세우고 국가를 세계 일등 나라로 세우는 것보다 더 중요하다.

성군(聖君) 요시야 왕에게는 여호아하스, 엘리아김, 시드기야 세 아들이 있었다. 여호아하스는 애굽 왕에게 폐위를 당하고 볼모로 잡혀갔다. 그 후 애굽 왕은 그의 동생 엘리아김을 왕으로 세우고 이름을 여호야김으로 개명을 시켰다(대하36: 1~4). 그는 그런 환란 가운데서도 악한 왕으로 하나님께 순종하지 않았다.

바벨론 왕이 여호야김을 볼모로 끌어가고 그의 아들 여호야긴을 왕으로 세웠다. 여호야긴도 바벨론으로 끌려가고 삼촌 시드기야가 왕으로 세움 받는다. 시드기야는 요시아왕의 아들이다. 이렇게 요시아 왕의 세 아들들을 보면 아버지의 신앙이 전혀 물려지지 않은 안타까운 모습을 보게 된다. 셋째 시드기야 역시 두 형들을 그대로 본받아 불순종과 악함을 그대로 보여준다(대하 36:1~10).

시드기야 왕이 11년간 유다를 다스렸지만 하나님 보시기에 악을 행하였고 선지자 예레미야의 권면에도 겸손하지 않았다. 마음을 완악하게 하여 하나님께로 돌아오지 않았다. 제사장들과 모든 백성들도 하나님의 말씀을 멸시하고 선지자를 욕하고 하나님의 진노에서 회복될 수 없게 되어 유다는 바벨론에 의해 멸망을 당한다(대하 36:11~21)

성군(聖君)이라 할 만큼 요시아 왕은 존경을 받는 왕이었지만 그의 세 아들은 한 명도 아버지의 신앙을 이어받지 않았다.

왜 그랬을까?

제5부 아버지 히스기야

제6부

아비의 축복으로
국가적인 아비가 된다

세상 전부를 준다해도
아버지 노릇과는 바꿀 수 없다.
인생을 사업이라 한다면
최고의 흑자로 만드는 비결은
아버지 노릇을 잘 하는데 있다.

아비의 축복으로 국가적인 아비가 된다

이사야 22장 15 ~ 25절

Ⅰ. 조세핀 김의 저서 『아버지 이펙트』에 보면 이런 이야기를 소개합니다. 8남매가 되는 학생이 있었습니다. 그런데 그 학생은 따뜻하고 밝은 표정이 늘 살아있었습니다. 사람들은 그 학생을 보고 '저 학생의 아버지는 어떤 분이신가?' 생각했습니다.

학생의 아버지는 자동차 정비공으로 아침 일찍 집을 나서서 저녁에도 일찍 퇴근 못하는 직장을 다니고 있었습니다. 집에 들어오면 땀 냄새, 기름 냄새가 진동을 했고, 손은 늘 새까맸습니다. 손톱에도 때가 끼어 유난히 검게 보였습니다.

그렇게 고되게 일과를 마치고 집으로 와서는 자녀 여덟 명 중 한 사람, 한 사람과 일주일에 한 번은 개인적인 시간을 가지려고 노력했습니다.

어린 시절 그 학생은 아버지 무릎에 앉아 기름때로 주름진 아버지 손가락을 물수건으로 닦아 주며 오늘 하루 좋았던 일과 안 좋았던 일을 이야기했다고 합니다. 그리고 그 시간이 그의 일과 중 가장 하이라이트였다고 합니다.

아버지 역시 "이렇게 너와 얼굴을 맞대고 이야기하는 것이 내겐 오늘의 하이라이트란다."라고 말해 주었습니다. 아버지의 그 말은 몇 십 년이 지난 지금도 잊을 수 없다면서 그 학생은 눈시울을 적셨습니다.

자녀가 자라면 자랄수록 아버지는 절대적으로 필요합니다. 아버지의 수준이 자녀들의 수준을 결정짓습니다. 아버지는 자녀들의 인격, 성품 형성에 중요한 영향을 줍니다.

Ⅱ. 본문에는 아버지가 있는 아들과 아버지가 없는 아들의 모습을 보여주고 있습니다. 유다 왕 히스기야 왕 때의 사건입니다.

당시 왕 다음으로 최고의 권력을 지닌 '셉나'라는 인물이 있었습니다. 15절에 보면 그는 당시 국가의 재정, 왕궁을 책임지는 역할을 맡은 국가의 중요한 인물이었습니다.

본문 내용은 그런 최고의 관직에 있었던 셉나가 쫓겨나고 그 밑에 있던 엘리아김이 그 자리에 앉게 된다는 말씀입니다.

후에 셉나는 서기관으로 좌천되고, 나중에 그는 결국 모든 공직을 박탈당해 애굽으로 도망치게 됩니다.(사 36:3)

그렇다면 왜 셉나가 쫓겨나게 되었을까요?

첫째, 그는 권력과 재물을 동원하여 호화로운 묘를 조성했습니다(16절). 그의 묘를 살아있을 때 왕족같이 호화롭게 만들었습니다. 당시 묘지는 신분에 따라 달랐습니다. 왕족들은 높은 곳, 반석을 조각해 만든 묘실에 시신을 장례하고 입구를 큰 돌로 막았습니다. 평민의 묘는 낮은 곳에 있었습니다.

그런데 셉나는 자기가 왕족이 아니면서 왕족의 위치에 자기 묘소를 만들었습니다. 그에게는 예루살렘에서 왕의 묘지에 자신의 묘를 화려하게 세울 아무 근거, 자격이 없었습니다.

더구나 그는 이방인으로 애굽 출신 이주민이었습니다. 그는 이스라엘이 앗수르의 공격을 받았을 때 하나님을 의지하지 않고 애굽과 손잡으며 의지하려고 하였습니다.

애굽 출신 셉나가 친 애굽 성향을 가진 권력자로서 철저히 그는 자기 영광, 자기 명예를 위해 값 비싼 돌을 깎아 묘비를 만들었고, 왕족이 아니면서 왕의 자리에 많은 인력을 동원하여 자신의 묘를 화려하게 꾸몄습니다. 그것은 국가 재정과 권력을 개인적으로 착복한 것이며, 남용한 것입니다.

이는 자신에게 권세를 주신 하나님을 외면한 것이며, 백성들을 섬겨야 할 책임을 이행하지 못한 것입니다. 하나님은 그를 광야로 내던져 버렸습니다.

둘째, 왜 셉나는 그렇게 자기 이름, 명예에 집착했을까요? 그에게는 아버지가 보이지 않습니다. 20절에 보면 힐기야의 아들 엘리야김과 대조됩니다. 유대 역사에 보면 그는 애굽에서 이주해 온 사람입니다. 그래서 그는 친애굽 성향이 강합니다.

이방인이 유대 나라에 와서 얼마나 노력했으면 2인자 위치에 올랐을까요? 소위 그는 성공한 사람입니다. 그러나 그의 출세와 성공의 끝은 철저히 자기 욕심과 자기 명예, 자신의 이름을 나타내기에만 집중했습니다. 그는 하나님을 의지하는 부분, 백성들을 섬기는 모습은 전혀 상관없이 살았습니다. 오만함, 교만함, 자기 영광에 도취된 사람입니다.

하나님은 그를 공처럼 내던져 버리겠다고 말씀하십니다(18절).

아버지 부재(不在)의 자녀들이 지닌 배고픔은 무엇일까요? 인정욕구, 성취욕구가 하늘을 찌를 듯이 높습니다. 그런 모습은 예수님을 믿어도 성령을 받아도 달라지기가 어렵습니다. 아버지 부재로 인한 문제 인식이 있어서 변화 되려는 강한 의지가 있어야 가능합니다. 자신은 죽었고 부활한 하나님의 새 생명을 소유한 존재라는 정체성이 확실해야 인정과 성취 욕구를 뛰어 넘을 수 있습니다. 매일 매일 자신이 죽어야 합니다.

나는 어떻습니까? 하나님을 믿어도 여전히 자신의 명예나 소유에 강한 집착이 있습니까? 외적인 성공이나 지위를 통해서 자신의 존재감을 나타내 보이려는 의도가 없습니까?

어린 시절에 받은 아버지에 대한 상처는 없습니까? 아버지를 용서하지 못한 부분은 없는지요?

하나님이 셉나를 공처럼 내던져 버리십니다(18-19절). 그리고 셉나의 관직을 엘리아김에게 넘겨주십니다. 그렇습니다. 사람을 높이시고 낮추시는 재판장은 하나님이십니다(시 75:7).

높은 관직에 올라가게 되었어도 교만하면 하나님이 내던져 버리십니다. 하나님은 우리 마음의 중심을 보시고 심판하십니다.

셋째, 셉나의 관직이 엘리아김에게로 옮겨졌습니다(20-21절).

엘리아김에게는 늘 아버지 힐기야의 이름이 따라 붙습니다. 이것은 유대인의 전통 방식입니다.

"내가 이새의 아들 다윗을 보니 내 마음에 합한지라."

힐기야의 아들 엘리아김은 좋은 아버지의 좋은 아들이라는 뜻입니다. 아들의 이미지에는 아버지의 이미지로 덮여진다는 뜻입니다.

아버지 여러분! 내 자녀들에게 아버지인 나의 이미지가 덮여진다는 사실이 어떻게 보여 집니까?

긴장되지 않습니까? 책임감이 강하게 느껴지지 않습니까? 아버지 역할이 얼마나 중요한지 느껴지지 않습니까?

제6부 아비의 축복으로 국가적인 아비가 된다

155

아버지의 이름이 자녀들에게 영광스러운 이름이 되는 것이 아버지의 사명입니다. 부디 아버지의 이름이 자녀들에게 자랑스러운 이름이 되시기를 축복합니다!

그 아버지를 보면 그 아들을 알 수 있다는 것이 상식입니다. 하나님께서 엘리야김을 나라의 재정, 왕궁의 책임자로 세우신 데는 아버지 힐기야의 영향력임을 보여 주려는 것입니다.

넷째, 엘리아김이 받은 축복입니다.

1. 그의 직위입니다(21~24).

1) 셉나의 옷은 직위와 리더십을 의미합니다.

2) 셉나의 띠는 정권과 힘, 권세를 의미합니다.

3) 그는 예루살렘의 집과 유다 집의 아버지가 될 것이라고 합니다. 가장 바람직한 지도자가 된다는 뜻입니다. 아버지의 마음을 품는 지도자가 된다면 이보다 더 좋은 지도자가 어디 있습니까?

좋은 아버지 밑에서 양육 받은 아들은 역시 좋은 아버지가 될 확률이 높습니다.

아들에게 좋은 아버지가 되면 그 아들은 좋은 아버지가 되고 좋은 남편이 되고 좋은 지도자가 됩니다.

딸에게 좋은 아버지가 되면 그 딸은 좋은 딸이 되고, 좋은 아내가 되고, 또한 그 남편은 좋은 아버지가 되게 합니다. 또 자신은 좋은 어머니가 되어 가정을 영광스럽게 세우게 됩니다.

조시 맥도웰(Josh McDowell)의 『아버지의 열 가지 약속』이라는 책의 서문은 그의 아들 숀 맥도웰(Sean McDowell)이 썼습니다.

"세상 전부를 준다 해도 아버지 노릇과는 바꾸지 않는다. 아버지께서 나에게 가장 감동을 주신 것은 아버지 자신의 고민과 싸움을 정직하게 말해 주셨다는 것이다. 나도 내 아버지처럼 좋은 아버지가 되고 싶다."

그는 아내와 함께 최고의 부모가 되기 위해 힘쓰지만 어떻게 해야 할지 모를 경우에는 "WWJD?"라고 묻는다고 합니다. 그것은 '예수님이라면 어떻게 하셨을까?' (What Would Jesus Do?)의 약자가 아닙니다. 그가 말한 'WWJD'는 '아버지라면 어떻게 하셨을까?' (What Would Josh Do?)였다고 합니다.

좋은 아버지를 둔 자녀들은 아버지를 닮는 것을 영광스럽게 생각합니다. 나의 자녀들은 아버지를 존경하고 좋은 모델로 삼고 싶어 합니까?

2. 22절에서 엘리아김에게 다윗 집의 열쇠를 주신다고 하십니다.

"내가 천국의 열쇠를 주리니 네가 땅에서 무엇이든지 매면 하늘에서도 매일 것이요 네가 땅에서 무엇이든지 풀면 하늘에서도 풀리리라" (마태복음 16장 19절).

천국 열쇠는 교회를 위해 영적인 열쇠를 사용하는 권세를 주신다는 것, 즉 영적인 문을 열고 닫는 권위는 왕적 권세를 말합니다. 특히 다윗집의 열쇠를 주신다는 것은 후손들에게 왕적인 영광, 왕적인 권세를 주셔서 하나님을 대신하여 하나님의 뜻대로 국가를 세우는 권세를 주신다는 약속입니다. 그 시대, 그 나라를 하나님의 뜻대로 세우는 권세를 주시는 명문 가문으로 세우신다는 것입니다.

3. 23-24절에서 엘리아김의 가문을 영광스럽게 하고, 그 가문을 책임지는 최고의 아버지, 최고의 어른, 지도자가 되게 하신다고 약속하십니다. 그 집안의 항아리까지 영광스럽게 하십니다. 참으로 축복의 모델이 되는 가문이 되었습니다.

이렇게 힐기야의 아들 엘리아김이 하나님께 놀라운 복을 받았습니다. 그런 축복의 원인이 아버지로부터 비롯되었음을 이 땅의 아버지들은 깊이 새겨 둬야 할 것입니다.

Ⅲ. 결론입니다.

아버지가 자녀들의 수준을 결정짓습니다. 어떤 아버지가 되어야 합니까? 다윗 집의 열쇠를 자녀에게 물려주는 아버지가 되어야 하지 않겠습니까? 구체적인 방법을 소개합니다.

아버지가 하나님을 사랑하고 이웃을 사랑하는 것입니다. 구체적으로 적용해보면 이렇습니다.

첫째, 일보다 아내를 사랑하고 행복하게 해주는 남편이 되십시오.

둘째, 아버지 노릇에 아내의 도움을 받으십시오.

셋째, 어떤 일, 어떤 사람보다 자녀에게 우선순위를 두십시오.

제7부

아버지를 뛰어 넘으라

아버지들은 딸을 구한다고 하지만
사실은 딸이 아버지의 눈을 뜨게 해준다.
심청이 아버지의 눈을 뜨게 한 것처럼 말이다.

얼마나 많은 딸들이 인당수에 빠져 목숨을 잃어야
눈 먼 아버지들의 눈이 뜨게 될까?

Ⅰ.아버지 이어령의 고백록

이어령 교수의 저서, 「딸에게 보내는 굿나잇 키스」를 읽으며 같이 눈물을 흘렸다. 본인도 아버지 노릇을 잘못한 전과자로 많은 부분이 공감 되었다. 사실 하늘나라로 딸을 먼저 보낸 아버지의 심정이 얼마나 아프고 가슴이 고통스러웠을까? 먼저 하늘나라로 간 딸을 그리워하는 글이지만 딸에 대한 참회록이다.

이 책은 먼저 세상을 떠난 딸을 그리워하면서 남겼던 글을 모아서 딸의 별세 3주기를 기념하면서 책으로 출판 했다.
아버지 치유를 강의하며 사역하는 사람으로 가슴이 짠하다. 같이 울었다. 이 땅에 아버지 노릇 잘 못해서 가슴 아파하고 참회의 마음을 지닌 아버지들은 함께 읽어야 할 필독서이다.
아버지 이어령 교수는 책 말미에 이렇게 고백하는 시를 썼다.

살아 있는 게 정말 미안하다
아무 것도 해줄 수 없다.
네가 혼자 긴 겨울밤을 그리도 아파하는데
나는 코를 골며 잤나 보다.

내 살 내 뼈를 나눠준 몸이라 하지만
어떻게 하나. 허파에 물이 차 답답하다는데
한 호흡의 입김도 널 위해 나눠줄 수 없으니

네가 울 때 나는 웃고 있었나 보다.
아니지. 널 위해 함께 눈물 흘려도
저 유리창에 흐르는 빗방울과 무엇이 다르랴.
네가 금 간 천장을 보고 있을 때
나는 바깥세상 그 많은 색깔들을 보고 있구나.

금을 긋듯이 야위어가는 너의 얼굴
내려가는 체중계의 바늘을 보며
널 위해 한 봉지 약만도 못한 글을 쓴다.

힘줄이 없는 시 정맥만 보이는 시를 오늘도 쓴다.
차라리 언어가 너의 고통을 멈추는 수면제였으면 좋겠다.

민아야.
미안하다 정말 미안하다.
내가 살아서 혼자 밥을 먹고 있는 것이
미안하다. 민아야 너무 미안하다.

　　위의 시에서 아버지는 회한과 그리움의 아픔을 털어 놓았다. 아버지와 자녀들의 만남은 항상 존재하지 않는다. 대개 아버지들은 직장과 자신의 꿈을 이루기 위해서는 아낌없이 시간을 헌신한다. 나름대로의 성취와 지위에 대해서 안정이 될 때 자녀들과 가까이 하려고 한다.
　　그러나 그 때는 이미 자녀들도 왕성한 사회 활동으로 아버지보다 더 바쁘다. 자녀들은 아버지를 기다려 주지 않는다. 자녀와 시간을 보내는 것은 시간이 날 때 하는 것이 아니라 시간을 만들어서 해야 한다는 생각을 가지고 자녀에게 가까이 가야 한다.

일과 접대로 분주하게 살아가는 아버지들이 과연 그런 일들을 통해서 궁극적으로 바라보는 목표가 무엇인지 수시로 점검해 봐야 한다.

자녀들을 불행의 도가니에 가둘 만큼 중요한 일이 있을까? 예를 들어 유괴범이 자녀를 납치한 후 몸 값을 요구한다면 몸 값이 아깝다고 자녀를 포기하는 아버지가 있겠는가?

사실 자녀들은 아버지와의 정서적 거리가 멀어 질수록 점점 고아의식이 형성 되면서 다른 이상한 것들에 의해 납치당할 수 있다. 중독은 사랑에 대한 결핍에서 오는 것임을 아버지들은 잘 알고 있어야 한다. 자녀들이 중독에 납치당하지 않도록 어린 시절에 정서적인 유대감을 충분히 쌓아두는 것이 아버지의 지혜이다

물론 아버지들은 다 자녀를 위한 고생이라고 변명한다. 이어령 교수가 딸을 먼저 하늘나라로 보낸 후에 비로소 자신을 희생해서라도 딸을 살렸어야 했다는 회한을 귀담아 새겨들어야 한다.

사랑은 시간을 먹고 자란다는 말이 있다. 아버지들은 자녀들과 함께 지내야 하는 시간을 보충한답시고 '질적인 시간'을 주장해서 짧은 만남의 시간을 가지면서도 의미 있었다면서 뿌듯해 한다. 하지만 양적인 시간(quantity time)을 함께 해야 질적인 시간(quality time)도 생길 수 있다. 시간은 아버지 역할의 핵심이다. 세상에 그 어떤 것도 아이들과 시간을 함께해 주는 것보다 아버지가 자녀들을 사랑하며 아버지에게 그들이 소중하다는 것을 더 힘 있게 전해 줄 수 있는 것은 없다. 아이들은 사랑을 시간(time)으로 이해한다. 12살 이전에는 함께 놀아 주는 것이 중요하다.

아버지들은 자녀들과 함께 보내는 시간이 많지 않다는 사실을 기억해야 한다. 일과 자녀와의 시간분배를 적절하게 잘하는 것이 후회 없이 사는 비결이다.

이어령 교수의 딸 이민아가 5살 무렵. 아버지와 단둘이 대천해수욕장을 여행하였다. 해변가를 거닐다가 몇 몇 작가들을 만나 문학얘기에 아버지는 흥분하였다. 딸을 임시 건물 안에 눕히고 잠드는 것을 확인한 후 작가들과 술을 나누며 열띤 문학 담론에 빠졌다. 잠시 딸을 잊고 있었다. 한참 뒤에 딸이 생각나서 황급히 일어나 갔더니 딸은 깨어나 울면서 아빠를 찾으러 밖으로 뛰어 나온 것이다. 보이지 않는 아빠를 목이 쉬도록 부르며 찾았다. 무서운 공간에 혼자 벌벌 떨며 얼마나 애타게 아빠를 불렀는지. 아버지는 떨고 있는 차가운 딸의 몸을 끌어안고 눈물을 흘렸다. 잠시 동안 딸을 잃고 친구들과 어울려 이야기 했던 그 문학이 얼마나 엉성하고 보잘 것이 없는 것이지 후회하였다. 세계적인 문학 수준이라 할지라도 딸을 잃어버린다면 무슨 의미가 있겠는가?

다음의 글은 이어령 교수의 뼈아픈 후회를 기록하고 있다.

"어린 시절, 아빠의 사랑을 받고 싶었다는 너의 인터뷰 기사를 읽고 까마득히 잊고 있었던 기억들이 되살아났다. 글의 호흡이 끊길까 봐 널 돌아다볼 틈이 없었노라고 변명할 수도 있다. 그때 아빠는 가난했고 너무 바빴다고 용서를 구할 수도 있다.

무엇보다도 바비 인형이나 곰 인형을 사주는 것이 너에 대한 사랑인 줄로 알았고 네가 바라는 것이 피아노이거나, 좋은 승용차를 타고 사립학교에 다니는 것인 줄로만 여겼다. 하찮은 굿나잇 키스보다는 그런 것들을 너에게 주는 것이 아빠의 능력이요 행복이라고 믿었다.

너는 어느 인터뷰에서 그건 사랑을 표현하는 방식의 차이였을 뿐이라고 날 두둔해주었지만, 아니다. 진실은 그게 아니야. 그건 사랑하는 방식의 차이가 아니라, 사랑 그 자체의 부족함이었다는 사실을 숨기지 않겠다.

아무리 바빠도 30초면 족하다. 사형수에게도 마지막으로 하늘을 보고 땅을 볼 시간은 주어지는 법이다. 어떤 상황에서라도 사랑을 표현하는 데 눈 한번 깜빡이는 순간이면 된다. 그런데 그 30초의 순간이 너에게는 30년, 아니 어쩌면 일생의 모든 날이었을 수도 있겠구나.

만일 지금 나에게 그 30초의 시간이 주어진다면, 하나님이 그런 기적을 베풀어주신다면, 그래 민아야, 딱 한 번이라도 좋다. 낡은 비디오테이프를 되감듯이 그때의 옛날로 돌아가자.

나는 그때처럼 글을 쓸 것이고 너는 엄마가 사준 레이스 달린 하얀 잠옷을 입거라. 그리고 아주 힘차게 서재 문을 열고 "아빠 굿나잇!" 하고 외치는 거다. 약속한다. 이번에는 머뭇거리며 서 있지 않아도 된다. 나는 글 쓰던 펜을 내려놓고, 읽다 만 책장을 덮고, 두 팔을 활짝 편다. 너는 달려와 내 가슴에 안긴다. 내 키만큼 천장에 다다를 만큼 널 높이 들어 올리고 졸음이 온 너의 눈, 상기된 너의 뺨 위에 굿나잇 키스를 하는 거다.

"굿나잇! 민아야, 잘 자라 민아야!"

30초면 족한 시간을 딸에게 주지 못한 아픔을 전해준다. 30초의 공백이 딸을 30년의 고아로 만든다. 이 땅에는 아버지의 사랑에 배고파하는 수많은 고아들이 있고 교회 또한 영적 아버지가 되지 못한 철없는 영적 리더들로 인하여 얼마나 영적인 고아들이 있는지 수를 헤아릴 수 없을 것이다.

하나님 아버지의 사랑을 보여주어야 하는 목회자들이 교회 성장에 목숨을 걸다보니 한 영혼의 고뇌와 아픔을 돌아 볼 여유가 없다. 아버지의 사랑을 찾아 헤매다가 이단의 가짜 사랑에 혹하여 영혼이 유린당하는 현실이 가슴이 아프다.

다음의 글에서는 딸을 잃고 나서 비로소 아버지가 되었다는 글이다.
"유감스럽게도 너를 잃고 난 뒤에야 너를 얻을 수 있었다. 진짜 아버

아버지 치유

164

지가 된 거라고, 아버지가 되려면 어떤 고통을 겪어야 하는지를 몸으로 체험한 거란 말이다. 네가 살아 있을 때 이것을 알았더라면 나는 완벽한 아버지가 되었을 것이고, 너를 완벽한 딸로서 행복을 느꼈을 텐데. 하지만 신이 아니 인간의 세계에 완벽이란 게 어디 있겠니, 희망의 나팔 소리, 구원의 기병대들은 항상 늦게 오는 법이다. 서부 영화에서처럼.

여든이 넘어서야 입덧과 산고의 고통을 겨우 알게 되고, 네가 세상을 떠난 뒤에야 허둥지둥 초(初) 자를 뗀 아버지로서 내가 여기에 있다.

세상 아버지들은 죽을 때까지 '초' 자를 떼지 못하는 초보 운전수일 수밖에 없는가 보다. 아버지들은 딸을 구한다고 믿고 있지만 사실은 딸이 아버지을 구하는 일이 더 많다. 심청이 아버지의 눈을 뜨게 한 것처럼 말이다. 얼마나 많은 딸들이 인당수에 빠져 목숨을 잃어야 눈먼 아버지들이 눈을 뜨게 될까. 그걸 알면 아버지들은 절대로 전쟁 같은 것, 남의 생명을 빼앗는 폭력 같은 것, 숲을 사막으로 만드는 환경을 파괴하는 일 따위는 하지 않을 것이라고 생각한다."

다음의 글들은 이어령교수의 딸 이민아가 쓴 글들이다. 아버지의 사랑과 인정을 받고 이쁨을 받고 싶어 했던 시절의 글들이다. 어쩌면 이 땅의 모든 딸들이 아버지에 대한 배고픔을 보여주는 현실이라 할 수 있다.

"사랑하는 아버지!

어려서부터 저는 늘 아빠가 어려웠어요. 아빠가 늘 바쁘시고, 너무 유명하시고, 너무 모든 것을 아시는 분이라. 저와는 다른 세계에 사는 외계인처럼 멀게 느껴졌어요. 아빠에 대한 저의 사랑은 동경과 그리움 같은 것이었어요. 아빠가 곁에 계셔도 만질 수 없고 먼 곳에 계신 것 같은 거리감이 저를 늘 외롭게 했어요. 아빠의 마음에 들 만큼 똑똑하고 유능한 딸이 될 수 없을 것 같다는 패배감이 늘 제 마음 한구석에 자리 잡고 있었어요. 그래서 제 있는 모습 그대로 사랑해줄 수 있는 아빠가 계셨으면 할 때가 많았어요. 늘 고아처럼 외로웠거든요."

이민아는 이화여대 영문과를 3년 만에 조기 졸업한 수재였다. 그런 그가 1981년 졸업하자마자 무명의 청년 작가 김한길(전 문화부 장관)과 미국으로 떠났다. 걱정하는 부모의 눈길도 뿌리친 채 정말 자신을 사랑해줄 남자와 새로운 삶을 꿈꿨다. 이민아는 자신의 청소년기가 행복하지 않다고 고백한다.

"…. 오늘 눈을 감고 아침에 안 깨었으면 좋겠다는 생각을 많이 했다. 내가 정말 살고 싶은 삶은 어딘가 딴 곳에 있고, 완전히 다른 사람들의 기대와 희망에 맞춰가면서 가상의 인간으로 살고 있는 듯한 회의에 빠졌다 …."〈땅끝의 아이들〉중에서

'이어령의 딸'로 사느라 진짜 이민아의 삶을 살지 못했다고 썼다. 집안 망신 안 시키려고 공부했다. 부모에게 사랑받지 못한다는 생각에 아버지 서재에 숨어들어가 술을 마셨던 얘기도 나온다. 이어령, 강인숙 교수로서는 꽤 당황스러울 것 같다.

첫 결혼의 실패
김한길과의 첫 결혼에 실패했다. 책에는 '부모의 반대를 무릅쓰고 목숨을 걸고 한 사랑이었다'고 썼다. 아버지에게서 얻지 못한 사랑을 첫사랑에서 찾았다고 착각했다. "이것만 있으면 딴 것은 아무것도 없어도 된다고 믿고 미국으로 왔는데 그 남자의 세계 또한 나와는 단절돼 있더라. 스물 두 살, 너무 어리고 철이 없을 때이기도 했다."

이민아의 글에서 아버지부재는 여러 부정적인 감정을 만들게 된다. 두려움, 외로움, 그리움, 고아의식, 열등감, 허무의식, 사람에 대한 집

아버지 치유

착, 배반감, 환멸, 자기부재, 도피, 대물림 등이다.

여기서 아버지와 자녀와의 거리감이 멀면 멀수록 그 빈 공간에는 어둠이 비례하여 차지한다.

이민아의 결혼 실패는 아버지로부터 받지 못한 배고픈 사랑을 남편으로부터 찾으려 했다. 남편은 아버지를 대신 해 줄 수 없다는 사실을 몰랐던 것이다.

이 땅의 수많은 딸들이 이민아처럼 아버지에 대한 배고픔을 다른 남자들로부터 찾으려 한다.

아버지를 대신할 만큼 사랑해 줄 수 있는 남자는 존재하지 않는다. 그런 아버지에 대한 배고픔을 채워 줄 수 있는 존재는 한 분 뿐이다. 바로 참 아버지 되시는 하나님 아버지뿐이시다.

아버지에 대한 배고픔을 느낀다는 것은 하나님 아버지께서 지금 자신을 부르시는 부름으로 알라. 이민아는 하나님의 품에 안긴 후에 아버지의 배고픔을 채우게 된다. 그리하여 육신의 아버지에 대한 이해와 감사와 존경으로 삶을 끝맺는다.

이민아와 아버지 이어령 교수는 각자가 느끼고 깨달은 아픔을 통해 이 땅의 영적 고아들을 품는 영적 아비와 어미로 삶을 살아간다. 이렇게 영적 아비와 영적 어미로 살아가는 것이 우리를 향한 하나님 아버지의 뜻이다.

끝 무렵에 이어령 교수는 아래와 같은 시로 마무리한다.

너는 한 아들을 잃고
세상의 땅끝 아이들을 품었다.

나는 딸 하나를 잃고
더 넓은 세상의 딸들을 품는다.

제7부 아버지를 뛰어 넘으라

167

Ⅱ.왜 아버지 치유인가?

1. 가정은 사회와 국가의 기초이다. 가정의 중심은 아버지이다. 오늘 우리 가정의 위기는 아버지의 위기다. 아버지가 회복되면 교회, 사회와 국가도 회복된다. 아버지가 바뀌면 세상이 바뀐다.

최초의 아버지 아담 한사람이 사람의 범죄로 인류가 범죄하고, 하나님의 독생자 예수님 한 분의 희생으로 인류가 구원받게 되었다(롬 5:16~21). 한 사람의 아버지가 엄청난 영향력을 발휘한다.

2. 아버지는 축복의 통로이다. 아버지와의 긍정적인 관계가 축복받는 비결이다. 아버지의 축복에 의해 하나님께서도 복을 주신다.

야곱의 자녀축복에 따라 하나님께서도 그대로 복을 주셨다(창 49:28) . 노아의 부자관계에서도 아버지가 축복하면 그대로 임했고 저주하면 저주가 그대로 임했다(창9:10~27).

3. 아버지와 자녀간의 마음의 소통이 막히면 자녀들은 망가지게 되고 가정에 저주를 불러들인다. 관계는 항상 상호작용이 유지되고 역지사지(易地思之)로 배려할 때 행복이 자리 잡는다. 불화에는 악한 영이 들어오는 틈을 주게 된다.(말라기 4:4~6)

아버지와의 관계는 자녀에게 평생 동안 영향을 주게 된다. 시련에 대한 도전의식, 자존감에 대해 결정적인 영향력을 주는 존재가 아버지이다.

아버지의 영향력은 하나님 다음에 위치해 있다. 자녀가 자라는 최고의 환경은 좋은 아버지라는 환경이다.

4. 아버지는 모든 권위자를 대표한다. 아버지와의 관계가 권위자와의 관계를 결정 짓는다. 권위자로는 부모, 선생님, 지도자, 남편, 상사, 어른, 높은 지위자 등이다. 권위자에 대한 하나님의 뜻은 순복하는 것이다(벧전2:13~17, 롬13:1~7, 딛3:1~4).

권위자와의 풀리지 않는 문제의 뿌리는 아버지에 대한 깊은 상처가 자리 잡고 있다(부모공경의 열매는 형통과 생명이다, 엡6:1~3).

5. 하나님은 불량한 권위자를 다루시기보다 그런 권위자에 대한 우리 자신의 태도를 다루신다. 권위자에 대한 태도는 권위자를 세우신 하나님에 대한 태도로 직결된다. 권위자에 대한 심판을 하나님께 위임할 줄 알고 존중과 순종으로 대하는 것이 영적 분별력이 있는 태도이다. 하나님은 이 부분에서 하나님의 뜻에 합당한 태도를 갖추기까지 우리를 기다리신다. 문제 있는 사울 왕에 대해 하나님은 다윗의 태도를 다루셨다. 사울에게 쫓겨다닌 기간과 북 이스라엘과의 통일 이스라엘 기간까지 약 22년간 다윗을 다루셨다. 하나님은 그의 태도를 다루셨다.

6. 아버지와의 관계회복의 궁극적인 목표는 하나님 아버지와의 친밀한 소통과 연합이다. 그리하여 하나님 아버지의 마음을 품는 영적 아버지로 살아가는 것이다. 아브라함을 열국의 아버지로, 사라를 열국의 어머니로 살게 하시는 하나님의 비젼이 말해 준다(창17:4,16).

7. 자녀들이 배우자를 선택할 때 아버지를 기준으로 하는 경우가 많다. 딸들은 아버지를 닮은 배우자 또는 아버지와 정 반대인 배우자를 선택할 가능성이 많다. 그리고 남자들은 보고 아버지를 보고 배운대로 닮게 된다. 자녀들의 신앙의 계승이 잘되게 하려면 아버지가 온전한 모델이 되면 된다.

아버지가 온전치 못하면 지도자나 권위자들이 좋은 멘토 역할을 해주어도 된다.

1) 부모가 갈등이 많은 경우에는 자녀들이 부모와 불경건한 혼의 묶임이 발생하게 된다. 이로 인하여 자녀들은 성 정체성이 건강해지지 못하게 된다. 동성애가 발생할 가능성이 많아 진다.

2) 부모와 똑같은 인생을 살아갈 가능성이 많게 된다. 자녀 역시 부모와 같은 갈등을 못 뛰어넘게 된다.

이 시대 최고의 변화는 아버지에 있다. 아버지가 온전해지면 가정, 교회, 사회, 국가가 회복 된다. 아버지, 참으로 중요한 존재이다. 핵심은 아버지에게 있다. 아버지 노릇 잘하는 것이 최고로 잘 사는 길이다. 최고로 하나님을 기쁘게 해드리는 것이다. 최고로 하나님을 영화롭게 해드리는 길이다.

8. 우리는 다른 사람에 대한 비판과 판단에 익숙해 있다. 그러나 더 중요한 것은 자기 눈에 있는 들보를 제거하는데 더 우선 순위에 두어야 한다. 장차 주님 앞에 섰을 때 주님은 나를 평가하시지 다른 사람을 평가하시지 않으신다.

자신을 평가하는 최고 핵심이 있다면 부모와의 관계에 대한 부분이다. 이 부분은 반드시 짚고 가야 할 부분이다. 나의 아버지는 어떤 분이신가? 나는 어떤 자녀로 살았는가? 나와 아버지와의 관계는 어떠했나? 거기에서 회개할 부분은 어떤 것인가? 감사할 부분은 어떤 것인가?

결국에는 아버지와의 관계가 긍정적인 관계로 세우고 유지해 나가는 것이다. 아버지에 대해 화해, 감사, 존경으로 결론 지으면서 하나님과의 관계로 연장해 나가는 것이다.

9. 우리는 머리가 되는 것을 좋아한다. 하나님께서도 우리에게 머리가 되고 위에 있으라고 복을 부어 주신다. 그런데 머리가 되려면 머리와의 관계가 좋아야 한다. 머리를 치거나 거부하면 머리와는 거리가 먼 인생을 살게 된다. 결국 가난의 영향력에서 벗어나지 못한다.

머리는 아버지와 같은 권위자를 말한다. 최고의 머리는 하나님 아버지이시다. 머리와의 관계가 하나님의 관점에서 잘 풀어질 때 하나님께서 부어주시는 생명의 풍성함이 이루어진다.

얼핏 보면 아버지와의 관계가 좋다고 얘기하지만 그 실체가 드러나는 곳은 자신의 아버지 노릇, 남편 노릇, 그리고 권위자와의 관계에서 드러난다. 또한 어머니 노릇, 아내 노릇에게서도 드러난다.

머리와의 관계는 교회, 사회. 공동체에서 잘 드러나고 있다. 내가 머리를 심판하려하면 하나님께서는 내게 맡기시지만 하나님의 권위 아래 권위자를 위임하고 내가 권위 아래 서게 되면 하나님께서 직접 권위자를 심판하신다. 하나님께서 바라보시는 주인공은 권위자가 아니라 나를 주목하신다.

이런 부분에 승리한 사람이 사라, 요셉, 유다, 다윗, 아비가일, 요셉과 마리아 등이 있다.

10. 우리 교회에 진정한 아비가 얼마나 될까? 스승은 일만이나 넘지만 진정한 아비는 찾아보기 힘든 이유가 아버지 부재가 준 영향 때문이다(고전 4:15~16).

우리 교회에서 특별히 영적 지도자들이 아비가 아니라 많은 지식으로 가르치는 교사가 대부분이다. 이런 지도자의 챠일드(child)는 성도들 역시 챠일드 신앙인으로 만든다. 챠일드의 핵심은 분열과 이기심, 교만이다.

지도자 이상 양무리들의 수준이 성장하지 못한다. 이러한 영적 지도자들이 챠일드의 뿌리가 되는 아버지와의 관계에서 상처가 치유되어야 한다.

오늘 우리 사회의 모든 문제의 뿌리에는 아버지 문제가 연관되어 있다. 아버지 문제가 풀어져야 총체적인 문제도 하나씩 풀려진다.

아버지가 회복되기 위해서는 아버지 치유가 이루어져야 한다.

III. 아버지는 가족의 중심

A. 말라기 4:5~6
질문:
우리는 아버지와의 관계에서 마음의 교류가 있었는가 아니면 형식적인 관계에 있었는가?

패트릭 몰리는 「거울 속의 아버지」란 책에서 말한다.
"아버지는 자녀들의 행동만 다룬다. 그 결과 자녀들은 아버지의 관심에 부합하려고 외식, 형식, 율법적인 삶에 익숙해진다."

한국의 체면문화는 이런 외식을 한층 더 뿌리 깊게 만들었다. 자녀들과 부모는 마음의 대화, 마음의 교류가 필요하다. 부모가 자녀들에게 마음을 열지 않는다고 불편해하지 말고 부모가 먼저 자녀들에게 마음을 열려고 할 때 비로소 자녀들도 마음을 열게 된다.

B. 오늘 우리 시대에 아버지가 존재하는가?

오늘의 시대는 경제력으로 아버지를 평가하는 시대이다. 인간은 일과 성공을 위해 창조되지 않았다.

하나님은 사랑이시다. 그래서 사랑과 친밀함을 위해 창조되었다. 인간은 기본적으로 사랑과 인정, 칭찬과 격려에 대한 욕구가 많다. 사탄은 세상을 친밀함보다 생산성을 더 가치 있게 여기는 성취지향적 사회로 만들었다. 일과 물질로 사람을 판단하게 한다.

아버지와 아내와 자녀들의 필요에 민감하지 못할 정도로 직장과 일에 빠지면 어둠이 틈을 타고 가족 간의 친밀함은 파괴된다.

아버지에게 아무리 중요한 일이 있을지라도 아내보다, 자녀보다 더 귀한 일이 있는가?

아버지가 존재하는 최고의 우선순위는 아내를 사랑하고 자녀를 잘 양육하는 일이다.

C. 아버지, 남편에 대한 평가기준이 경제력인 것을 통해 우리 사회에 하나님이 주신 축복의 질서는 혼란스러워졌다.

＊성경에서 말하는 아버지의 존재는 남자를 편애하시는 뜻이 아니다. 하나님의 창조의 질서에서 아버지의 역할과 책임이 여자나 아내와

는 다른 입장에서 보여주시려는 것이다.

1) 아버지는 가정에서 하나님의 사랑을 보여주는 종이다.

2) 자녀들에게 하나님 경외 신앙, 하나님의 말씀을 전수해주는 하나님의 통로, 하나님의 종이다.

3) 하나님 아버지의 축복을 부어주고 임하게 해주는 축복의 통로요, 전달자이다.

＊그러므로 육신의 아버지는

① 공경할 대상이다. 공경(恭敬, honor)이 축복의 통로이다.

② 하나님의 말씀을 전수해주는 하나님의 종이다. 자녀들은 아버지를 통해 하나님의 말씀을 잘 배우고, 잘 양육된다(엡6:4).

부모공경을 통하여 신앙의 계승이 이루어진다. 그런 의미에서 아비들은 자녀를 노엽게 하지 말고 오직 주의 교양과 훈계로 양육하여야 한다. 이를 위해서 부모는 먼저 자녀들과의 관계에 신뢰 관계를 맺는 것이 중요하다.

③아버지의 자녀에 대한 평가와 축복의 기준에 따라 하나님께서도 복을 부어 주신다.

(창 49:28, 아버지가 그들에게 축복하였으니 곧 그들 각 사람의 분량대로 축복하였더라). 그러므로 아버지가 받은 영감을 갑절로 받기 위해서는 아버지의 마음을 기쁘게 해 드려야 한다.

＊아버지를 기쁘게 해드리는 방법은?

1) 야곱의 넷째 아들인 유다가 장자가 된 이유에서 보여 진다. 그는 12자녀 중 가장 아버지 야곱의 마음을 대변해 드렸다. 아버지의 마음이 그의 마음, 아버지의 아픔이 그의 아픔, 아버지의 고통이 그의 고통으로. 아버지 야곱의 마음을 가장 알아주고 이해했다. 창 44:18~34에서 유다는 '아버지'에 대한 언급을 17번이나 언급한다. 여기서 유다는

배다른 동생 베냐민을 대신하여 자기를 희생하려 한다. 비록 배다른 형제이나 아버지와 같은 마음으로 그를 살리려 자신을 희생하려 했다. 이 마음이 요셉과 아버지 야곱을 감동시켰다.

유다의 중심에는 아버지에 대한 존중이 있었다. 유다가 아버지의 마음으로 위기상황을 멋지게 해결함으로 아버지를 감동케 했다. 이것이 유다가 영적 장자가 된 이유다.

아버지의 마음을 감동케 한 유다는 결국 하나님 아버지의 마음도 가장 감동케 해드렸다. 장차 유다는 다윗 왕과 메시아의 조상이 된다.

2) 다윗은 하나님 아버지의 마음에 합한 자였다. 그는 육신의 아버지와의 섭섭한 마음을 뛰어넘어 하나님 아버지와의 친밀함으로 나아갔다.

또한 다윗 왕은 권위자 사울 왕과의 관계를 하나님의 영적 질서로 잘 풀어 갔다. 하나님의 뜻 위에 선 그에게 이스라엘 나라를 맡기셨다.

하나님은 하나님의 마음과 통하는 사람에게 하나님 나라의 일을 맡기신다. 세우신다.

우리의 비전, 소망은 하나님 아버지의 마음을 품는 것이다. 우선은 예수 그리스도의 마음을 품으라(빌 2:5).

D. 르우벤은 아버지의 침상을 더럽힘으로 장자권을 상실했다(창 49:3~4).

르우벤은 서모 빌하와 동침하였다. 이런 일은 모세 율법에서 금지된 바요(레 18:8에서는 사형, 신 27:20에서는 저주), 극악한 패륜으로 간주되었다(고전 5:1).

르우벤의 행위는 아버지의 아내를 빼앗는 것이요, 아버지를 무시하는 것이요, 거부하는 것이요, 아버지를 욕되게 하는 행위였다. 아버지에 대한 존중이 없었다. 아버지 야곱을 깊은 슬픔과 좌절, 분노에 빠뜨렸다. 그 결과 장자 권은 넷째 아들인 유다에게 넘겨졌다(창 49:8).

압살롬은 아버지의 후처들을 강간하고 아버지를 대적한 결과로 비참하게 나무에 달려 죽었다. 그가 자랑하는 머리가 나무에 걸림으로 죽었다. 그의 머리는 아버지가 아니었던가(삼하 18:9).

E. 아버지의 권위를 무시하는 자녀

아버지 상처가 있는 자녀들 거의 대부분이 아버지의 권위를 신뢰하지 못하고 존중하는 마음이 약하다.

또한 아버지의 권위를 무시하는 그 뿌리에는 어머니의 아버지에 대한 거짓 메시지도 한 몫을 한다. 부부갈등이 심해지면 어머니는 자녀들과 연합한다. 아버지에 대한 어머니의 부정적인 메시지는 대부분 상한 감정에서 나온 화풀이용 말이 많다. 이 과정에서 어머니는 아버지(남편)를 못된 남자, 못난 아버지로 자녀들에게 묘사한다. 자녀들은 순진하게 어머니가 심어주는 부정적인 아버지의 이미지를 그대로 받는다. 아버지에 대한 판단, 정죄, 그리고 왜곡된 사고가 자리 잡는다. 이것이 모든 권위자를 판단하고 정죄하는 뿌리가 된다. 이때 자녀들은 어머니와 정서적인 동맹, 연합(soul tie)을 만들 가능성이 많다.

이 부분에서 어머니는 거짓 예언자 역할을 한 것에 대해 회개해야 한다.

"주님, 나는 거짓 예언자입니다. 자녀들에게 아버지에 대한 부정적인 이미지를 심어주었습니다. 자녀들을 나의 정서적인 파트너로 삼았습니다. 주님 제가 회개합니다!"

자녀들 또한 어머니의 거짓 예언을 분별없이 수용하고 아버지를 비난, 판단한 죄를 회개해야 한다.

"주님! 제가 어머니의 말만 믿고 아버지를 판단하고 정죄했으며 마음으로 아버지를 무시한 것을 회개합니다!"

아버지와의 마음 교류가 부정적이 되고 관계가 차단되면 자녀의 영혼에는 독버섯이 꽃 피게 된다(말 4:5~6).

－경건한 자가 끊어질 때 아들이 아비를 멸시하며 딸이 어머니를 대적하며, 며느리가 시어머니를 대적하리니 사람의 원수가 자기 집안 사람이로다(미7:6)

F. 아버지의 권위는 모든 권위자의 뿌리

아버지에 대한 부정적 이미지는 모든 다른 권위자(선생님, 교수님, 영적 리더, 지휘관, 상사, 사장, 국가 지도자 등)에게 전가된다.

형 또는 선생님에 대한 부정적 경험도 권위자에 대한 부정적 이미지에 깊은 영향을 준다.

초등학교 저학년 아이가 잠자던 중에 나이 차이가 많은 형한테 머리가 발로 차여 기절하면서 경험한 충격과 두려움이 있었다. 그 아이가 성장한 이후에도 영향을 미쳐서 그가 교회 사역을 할 때 목회자와 갈등이 생기면 스스로 도망 나오듯 나와 버린 일이 자주 있었다. 그 뿌리를 찾아보니 형에 대한 뿌리 깊은 상처 때문이었다. 그 사람은 형에 대한 상처를 치유 받으면서 어릴 적에 울지 못했던 울음을 한 시간씩 두 번을 통곡하며 울었다.

권위자에 대한 두려움, 부정적 이미지를 벗어나려면 아버지를 비롯한 권위자에 대한 상처를 치유 받고, 용서하고, 두려움을 떠나보내야 한다.

*요압 장군의 비극

다윗의 충신 요압장군의 비극은 권위자를 앞지르고 무시하는데서 왔다. 그는 다윗을 무시하고 자기감정, 자기 원한에 끌려 아비새(사울왕의 충신)와 아마샤(압살롬의 충신)를 무저항 상태에서 죽임으로 다윗의 마음을 아프게 했다.

그리고 다윗이 모든 병사들에게 부탁했음에도 불구하고 압살롬을 잔인하게 죽였다. 나중에 그는 아도니야와 모의하여 그를 왕을 세웠다. 이 일은 다윗을 거역하는 행위였다. 평생 다윗의 충성된 장군이었음에도 불구하고 마지막엔 비참하게 죽는다.

권위를 무시하거나 거부하는 경우엔 하나님에게 거부당하고 버림받는다.

성경에서 다단, 아비람을 르우벤의 후손이라고 밝힌 것은 권위에 대한 거역은 부모로부터 유전될 수 있음을 시사해 준다(민16:1). 권위자를 거역하고 대적한 부모의 자녀들은 부모를 대신해서 회개할 수 있기를 바란다. 부모들의 거역에 대한 진노가 자녀들에게 대물림 되지 않도록 매우 조심해야 한다. 다단, 아비람은 하나님에 의해 심판을 당했다.

하나님과 다투는 자는 화 있을진저! 부모에게 대적하는 자는 화 있을진저! (사45:9-10)

*사울 왕의 비극

영적 리더 사무엘과의 관계에 금이 가면서 사울 왕에게 악신이 들렸다.(삼상 16:) 권위자와의 틈에는 악한 영이 개입할 수 있음을 보여 준다.

여기서 권위자는 울타리, 보호벽 역할을 한다는 것을 보게 된다.

사무엘과 사울의 관계가 무너지게 된 이유들을 살펴보자.

1) 사울 왕이 사무엘이 드려야 할 번제를 월권하여 사무엘이 오기 전에 먼저 자신이 번제를 드렸다(삼상 13:).

2) 사무엘이 아말렉 족속을 진멸하라는 하나님의 뜻을 전했는데 사울 왕은 자기 임의로 그 뜻을 순종하지 않았다(삼상 15:).

사울 왕의 리더에 대한 불순종을 하나님에 대한 불순종으로 받아들였음을 보여 준다. 공동체에서 권위자에 대한 하나님의 뜻은 공경이다. 그 공경에 대한 하나님의 응답은 형통과 생명의 윤택함이다.

G. 아버지의 축복권과 저주권

창세기 49장에서는 아버지 야곱이 죽기 전에 12아들에게 선언한 축복이나 저주는 그대로 임하였다. 르우벤에 대한 아버지 야곱의 저주는 그대로 임했다. 유다에게 축복한 그대로 메시아가 그의 혈통에서 출생했다. 자녀들의 축복의 분량을 결정짓는 존재는 아버지이다. 그러므로 자녀들은 아버지와의 관계를 공경과 순종의 관계를 이루어가야 한다. 노아가 함을 저주한대로 그대로 임했다.

＊머리가 된 모녀(이세벨과 아달랴)

유다의 여호사밧 왕은 자기의 아들인 여호람을, 북이스라엘의 아합왕과 이세벨 사이에서 태어난 딸인 아달랴와 결혼시킨다. 결혼 후 이들 사이에서 아들 아하시야가 태어나고, 아하시야에게서 아들 요아스가 태어난다(왕하11:2). 여호람은 왕위에 있던 8년(32세~40세) 동안 아무런 업적을 이루지 못한다. 오히려 선왕이 정복해서 물려준 땅들을 빼앗기고 만다.

여호람왕이 무능했던 이유는 무엇인가?

그의 집이 아합의 집과 같이 하나님 보시기에 악을 행한 가정이 된 이유는 무엇인가? 이는 아합의 딸, 아달랴가 그의 아내가 되었기 때문이다(왕하 8:18). 아합의 딸은 어머니 이세벨과 똑같이 남편을 조종하고 통제하며 주도하였다.

아하시야 왕(여호람의 아들)은 예루살렘에서 1년을 통치한다. 그도 역시 아합의 집 길로 행하여 아합의 집과 같이 여호와 보시기에 악을 행하였다. 이는 그가 아합의 집의 사위가 되었기 때문이다.

아하시야 왕이 외삼촌인 이스라엘의 왕 요람(아합과 이세벨 사이에서 태어난 아들)을 도와 길르앗 라못을 탈환하기 위해 연합작전을 편다. 이때 요람 왕이 예후에 의해 죽는다(왕하 9:24). 아하시야 왕도 예후에 의해 죽임을 당한다(왕하 9:27). 요아스가 왕이 될 때 제사장 여호야다가 힘을 쓰고, 계략을 써서 아달랴를 죽인다(왕하17장).

이와 같이 아내가 남편의 머리가 되어 남편을 좌지우지하고, 조종·통제하고, 주장하면 하나님께서 머리에 기름 부어주시는 축복이 차단된다.

남편들은 아내의 영향보다도 하나님의 영향 아래에 있어야 한다. 아내의 권면이나 가르침보다 하나님의 권면, 가르침이 우선이 되게 해야 한다.

*삼손의 비극

들릴라가 삼손에게 집요하게 집착하면서 얻어내려 한 정보는 삼손이 지닌 힘의 근원이었다. 이에 삼손은 들릴라의 끈질긴 요청을 견디다 못해 힘의 근원을 털어놓는다. 삼손의 힘의 근원은 머리(카락)에 있었다는 것. 이에 들릴라는 온갖 말로 삼손을 유혹하여 술을 잔뜩 먹여 취하여 잠들게 만든다. 그리고 삼손의 머리카락을 다 잘랐다. 힘의 근원이 단절된 삼손은 완전히 무력한 존재가 되어 블레셋의 꼭두각시가 되어 두 눈이 뽑히고 몸은 쇠사슬에 묶였다. 끄는 대로 끌려 다녔다.

힘의 근원되신 하나님과 단절된 인간(人間)의 모습을 그대로 보여준다. 하나님과의 관계가 단절된 존재는 이렇게 세상과 마귀에게 끌려다는 인생이 된다는 것을 보여준다. 그리스도인도 마찬가지이다.

삼손의 머리, 힘의 근원은 바로 하나님이시다. 하나님과 단절된 삼손은 무능한 존재로 전락하게 되었다. 그 이전에 이미 삼손은 부모의 권면을 무시하고 순종하지 않았다. 삼손에게는 이미 권위자나 멘토가 존재하지 않았다(삿17:6).

사사기 시대의 특징은 왕이 없어서 사람들이 자기 소견에 옳은 대로 행하였다. 왕이 없었다는 것은 권위자, 멘토, 지도자가 없었다는 것이다. 삼손에게는 머리가 없었다. 자신이 왕이 되어 마음대로 살았다. 그것이 그 시대의 불행이요 저주의 원인이 되었다. 사탄은 나와 권위자 사이를 갈라놓으려 한다. 왜냐하면 모든 힘, 축복의 근원이 하나님과 권위자로부터 오는 것을 알기 때문이다.

권위자는 내 머리이다. 힘의 근원이다. 생명의 뿌리이다. 머리와의 단절은 치명적이다. 하나님은 머리를 통해 복을 부어주신다. 그러므로 머리되는 권위자와의 관계는 긍정적이고 화목한 관계를 이루어 나가야 한다.

사울 왕이 악신에 들려 괴로움을 겪었다. 악신이 들린 때는 영적 리더요 아비였던 사무엘과의 관계가 단절되면서 부터였다. 그는 계속 두려움과 불안에 사로잡혀 극복해 내지 못하였다. 결국 그와 세 아들이 전쟁터에서 함께 죽는다.

＊남편의 머리 위에서 아내가 주장하면

1) 하나님의 기름부음이 차단된다. 축복이 없다. 가난의 세력이 임한다.

2) 남편이 남성적 리더십을 발휘하지 못하게 된다. 자연히 아내를 의존하게 된다. 아내에게 지시, 통제 받는 것을 편안하게 생각한다. 수동적이 된다. 죄와 악에 대해 적극적으로 싸우거나 거부를 못한다. 아내가 고생한다. 아내가 물질적인 책임을 지게 된다.

3) 아들의 남성성이 약화된다. 그러다 보니 아들은 강한 여성, 리더해주는 여성을 선호한다. 연상의 여성을 선호한다.

4) 아들은 아버지 같은 남자를 그리워하고 동경한다. 동성애자가 될 가능성이 많다. 딸들은 자연히 어머니의 강함을 보면서 아버지의 무능함이 각인이 되어 남자를 신뢰하지 못한다. 결혼하면 남편을 조종하고 통제하려는 성향이 강해진다.

5) 딸은 어머니와 같은 인생을 살아가는 대물림이 진행된다.

＊남편이 아내를 무시하고 단독으로 가정의 일을 처리한다면

1) 실수와 시행착오를 많이 하게 된다. 반쪽의 도움을 얻지 못하기 때문이다.

2) 별꼴이 반쪽인 인생으로 산다. 선택과 판단이 우둔해진다.

그러므로 지혜로운 남편은 항상 아내의 도움, 협력을 통해 두 사람이 연합함으로 온전한 인생을 살고, 자녀들도 그 행복과 축복을 물려받는다.

남편들이 사업에서 재정 사고 나는 경우 거의 아내와 상의 없이 단독으로 추진했을 가능성이 크다. 부부는 원래 둘이 하나 된 존재이다. 마귀는 항상 부부를 분리시키려 호시탐탐 기회를 노린다. 조심할 일이

다. 그러므로 지혜로운 남편은 항상 아내의 도움, 협력을 통해 두 사람이 함께 온전한 인생을 살고, 자녀들도 그 행복과 축복을 물려받는다.

본디오 빌라도가 아내의 권면을 들었더라면 저주받는 이름이 되지 않았을 것이다.아내의 말을 하나님의 음성으로 들을 수 있다면 지혜로운 남편이다. 나는 아내의 권면을 얼마만큼이나 주님의 음성으로 듣는가?

사단의 인간 유혹은 하와가 혼자 있을 때 찾아왔다. 하와는 남편과 의논 없이 선악과를 먹었다. 아담은 하나님의 뜻을 분별하지 못하고 아내의 뜻을 받아들여 선악과를 받아먹었다. 남편은 아내보다 하나님의 뜻을 잘 알고 아내를 하나님의 뜻 위에 세워 나가야 하는 리더십의 책임을 잘 감당해야 한다. 결국 아내에 대한 책임을 하나님께서는 남편에게 물으신다.

아내는 남편과의 정서적 유대관계에 틈이 생기지 않도록 조심해야 한다. 정서적인 틈이 영적인 틈으로 이어지게 된다. 미세한 틈이 자리를 잡게 되면 점점 커지면서 부부관계가 무너지고 신앙까지도 무너지는 불행을 초래하게 된다.

부부는 서로 간에 정서적 공백을 만들지 않기 위하여 인격적 연합을 유지하는데 노력해야 한다.

IV. 아버지를 뛰어 넘어라(Pass Father)

1. 아버지의 마음을 품어라

이 시대에 아버지는 살아있는가? 20세기 초에 니체는 "신은 죽었다"고 선언했다.

니체가 4살 때 아버지는 병약한 모습으로 살다가 죽었다. 어린 니체는 목사였던 아버지가 그렇게 무능하고 병약하게 살다가 죽은 원인에는 아버지가 믿은 하나님의 무능함 때문이라고 보면서 그런 하나님도 죽었다고 선언했다. 그 뿌리에는 어린 아들을 전혀 돌봐주지 못하고 죽은 아버지에 대한 실망감이 있었다. 그런 의미에서 "신이 죽기 전에 먼저 아버지가 죽었다"고 할 수 있다.

현대 사회에서 가정이 몰락하는 가장 심각한 원인은 아버지의 위기에 있다.

교회에는 영적 아비가 존재하는가? 교회 문제의 뿌리에도 영적 아비가 부족한데서 왔다. 일만 스승은 있으되 아비는 드물다. 영적 지도자가 아비의 마음으로 교회를 돌보고 섬기지 못하고 있는 것이 교회 성숙을 이루지 못하고 있다. 성도들의 성품이 여전히 영적 갓난아이, 유아기에서 벗어나지 못하고 있는 실정이다.

말라기 선지자가 예언하기를 장차 엘리야가 나타나 아비의 마음을 자녀에게로, 자녀의 마음을 아비에게로 돌이킬 것을 외쳤다. 아비와 자녀지간 마음의 단절이 이 시대의 근원적인 고통이요, 가뭄이다. 곳곳에서 수많은 자녀들이 자신의 마음을 알아달라고 간절히 아비에게 부르짖는다. 그러나 아비 역시 그런 경험이 없었기에 자녀들의 호소를 이해하지 못한다.

이 시대의 가장 큰 아픔은 아버지의 부재이다. 이 세대는 거의 고아의 영이 지배하고 있다고 해도 과언이 아니다. 자녀에게 가장 큰 저주는 아버지 없는 상태에 처해지는 것이다(시109:9,10).

아버지의 부재는 이 시대의 가장 파괴적인 흐름이다. 아버지가 없음으로 인해 끔찍한 사건들이 사회에서 계속 발생하고 있다. 사회 과학자들은 마약 중독, 실업, 자살, 정신병, 아동학대 등과 아버지의 부재와 매우 연관되어 있음을 발견했다.

아버지 없는 이 시대에 "아비의 마음을 자녀에게 돌리는 것"은 가장 긴급한 부르심이다. 건강한 아버지는 가정의 미래와 사명을 지켜내는 상상 할 수 없는 능력이 있다. 오늘날 영적 아버지의 부재는 그리스도의 몸인 교회를 허약하게 한다. 그런 의미에서 목회자들이 가장 먼저 건강한 아버지가 되어야 한다. 목회자가 먼저 아버지 치유가 되어야 한다.

현대인들에게 가장 확실한 희망의 메시지를 전할 수 있는 것은 하나님 아버지의 사랑을 대변해 주는 목회자들이다.

예수님의 가장 큰 열망은 자신을 따르는 자들에게 자신의 아버지이며, 그들의 아버지이신 하나님께로 이끄시는 것이었다. 예수님께서 우리에게 아낌없이 주는 아버지 하나님을 소개해 주셨지만 우리도 모르는 사이에 행위중심의 율법주의로 변질되어 가고 있다. 하나님의 사랑에 대한 확신이 부족하기에 일 중심, 성공과 성취 지향적이고 업적 중심주의로 살아가고 있다.

우리 삶의 동기가 하나님의 사랑에서 벗어난다면 우리 인생의 기반은 금이 가고 결국은 무너지게 된다. 목회는 힘들어지고 가족들은 고통을 당하며 하나님과의 관계에서 친밀함은 사라진다.

오늘날 세상이 알아야 할 가장 중요한 메시지는 하나님 아버지의 사랑에 대한 것이다. 그 사랑은 하나님과 한 인간이 맺는 관계의 핵심이다. 또한 한 인간이 다른 이와 관계를 가질 때도 핵심이 된다. 그 사랑은 세상에서 가장 큰 치유와 회복의 능력이 있다.

제7부 아버지를 뛰어 넘으라

2. 나와 아버지: 나의 아버지 부재는 여러 가지 문제를 만들었다.

나와 아버지는 대화가 거의 없었다. 아버지는 오직 일에 바빴다. 그래서 친밀한 경험이 없었다.

아버지와의 대화에서 기억나는 장면이다. 28살 때 결혼하기 전날이었다. 내일이면 결혼하는 날인데 아버지께 무언가 의미 있는 훈계를 기대했다. 그래서 무릎을 꿇고 아버지를 바라보았다. 그때 아버지는 머리를 손질하고 계셨다.

"아버지! 내일이면 제가 결혼하는데 덕담 한마디 해 주세요!"

그때 아버지는 굉장히 어색해하셨다. 머리를 손질하시면서 한마디 해 주셨다.

"잘 살아라!"

짧고 간단한 한마디였다. 지금까지 기억되는 아버지의 덕담이었다.

나이가 오십이 넘어 아버지 치유를 받으면서 아버지께서 나에 대해 표현은 없으나 마음으로는 사랑하고 자랑스러워 하셨다는 마음을 알게 되었다.

아버지께서 '잘 살아라'는 덕담에 세 가지의 당부를 마음으로 들었다.

첫째, 건강하게 살아라는 마음의 소리를 들었다. 왜냐하면 나는 질병으로 수년을 고생했기 때문이었다.

둘째, 아내와 싸우지 말고 행복하게 사이좋게 살아라는 마음의 소리를 들었다. 왜냐하면 부모님은 자주 싸우면서 살았기 때문이었다.

셋째, 가난하게 살지 말고 경제적으로 넉넉하게 살아라는 뜻이 담겨져 있음을 알게 되었다. 왜냐하면 부모님은 가난하게 고생하면서 살았기 때문이었다.

아버지치유를 진행하면서 아버지의 역사를 탐색하면서 고모를 통해 과거의 얘기를 들었다. 아버지께서는 일제시대, 6.25전쟁, 가난으로 평생 살아오시면서 아버지 역시 아버지부재를 겪으면서 나 자신보다 더 열악한 환경에서 살아오셨음을 들었다.

아버지 역시 아버지의 모델이 없이 외롭고 곤고한 삶을 살아오셨다.

나의 아버지부재는 내면을 매우 허약하게 했다.

낮은 자존감, 일 중독, 하나님과의 친밀함이 없이 종교적 활동에 지나치게 몰입, 강한 인정욕구, 완벽주의, 분노와 좌절감, 지나친 헌신으로 탈진 되는 것, 자신감이 부족한 것, 사람들의 말에 휘둘림, 외로움, 돌파력이 약함, 수동성, 여성성이 강함, 하나님에 대한 신뢰가 약함, 거절감에 대한 두려움, 죽음의식 등으로 살았다.

목회에 대한 목표가 하나님의 나라 확장이라기보다 교회성장과 교세 증가를 통해 자신의 존재감을 드러내려는 의도가 강했다. 소위 성공하려는 강한 열정 안에는 자신을 숭배하는 우상숭배가 자리 잡고 있음을 깨닫게 되었다.

주님으로 만족하기보다 외적 결과인 교인 숫자, 교회 크기에 더 마음의 중심이 기울어져 있었다.

3. **나와 자녀들**: 아버지 부재의 삶은 또 다시 나의 자녀들에게 아버지 부재를 만들었다. 자녀들에게 나타난 문제들 역시 나의 문제와 동일했다.

아버지와 권위자에 대한 두려움, 자녀들의 마음을 알아주지 못하고 지적하고 책망함으로 인한 좌절감과 죄책감, 부부 싸움으로 불안해함, 목회자인 아버지의 과도한 긴장감이 자녀들에게도 동일시됨, 학교 성적에 대해 과민함으로 아버지 부재의 삶이 그대로 대물림이 되었다.

오십이 넘어서 아버지 치유를 통해 최선을 다해 아버지 노릇을 잘 해 보려고 매일 적용했다. 잘못 살았던 과거가 회자되면 무조건 사과를 하고 용서를 빌었다. 무릎도 자주 꿇었다. 자녀들과의 정서적인 교감을 위해 경청과 공감에 힘을 썼다. 기회가 되는대로 운전기사 노릇을 자원했다. 용돈을 쥐어주는 일, 자주 시간을 내어 카페에서 차도 마셨다. 주일 저녁에는 말씀을 서로 나누고 기도회도 아들이나 딸들이 인도해 주도록 했다. 나는 지는 해요 조연이고 자녀들은 떠오르는 해요 주인공으로 세웠다.

무엇보다 자녀들의 엄마를 행복하게 하는 일에 집중했다. 아내와의 친밀함을 추구했고, 마음의 대화를 수시로 가졌다. 아내와의 연합이 이루어지니까 가족의 하나됨은 자연스럽게 이루어졌다.

시간이 지나면서 가정은 점점 평안이 넘치고 웃음이 그치지 않았다. 자녀들과의 관계가 친밀해지면서 하나님과의 관계도 좋아졌다. 과거엔 아빠의 설교 때 마다 졸았는데 아빠의 설교가 마음에 들어 은혜 받았다고 고백을 했다. 부모와의 관계가 회복되면서 자녀들의 삶에 형통의 복과 건강의 복이 임했다.

이제는 각자의 부르심을 받으심대로 열심히 살고 있다. 주님의 은혜이다. 행복한 가정, 행복한 목회가 진행 중이다.

4. 아버지에 대한 정서적인 굶주림에서 나타나는 현상들

아버지에 대한 굶주림 때문에 내면에는 공허감을 가지고 있고 이 위장된 굶주림이 살아가는데 엄청나게 영향을 끼치고 있다고 제임스 셀러는 말했다.

다음 설명들 가운데 나에게 해당되는 것들은 어떤 것들이 있는가?

*아버지에 대해 생각할 때 정서적으로 불확실하고 슬퍼하거나 분노를 느낀다.
*아버지와 함께 있을 때 나는 나 자신처럼 행동하지 못한다. 나는 어린애처럼 되거나 응석받이가 된다.

＊나는 아버지에 대해 무감각하다.

＊나는 늘 경쟁에 시달린다.

＊나는 지쳐 있고 나의 동기(動機)는 형편없다.

＊나는 인간관계에 어려움이 있고 관계 장애가 있다.

＊나는 나의 정체성에 관해 매우 부정적이다. 아버지는 한 번도 나
  자신에 대해 좋은 감정을 갖게 해 준적이 없다.

＊나는 존중받아야 할 사람이라는 느낌을 갖지 못한다.

＊나는 나의 여성다움에 대한 확신이 없다.

＊나는 자신이 매력 없는 존재로 느낀다.

＊나는 능력이 없는 사람이다.

＊나는 나의 성적인 부분에 대해 문제가 있다.

＊나는 나 자신의 의견을 주장하는 것이 힘들다.

＊사람들은 내가 그들의 영역을 침범한다고 느끼는 것 같다.

＊나는 다른 사람들에게 접근하는 것을 두려워한다.

＊나는 버림받는 것이 두렵다.

＊권위(자)는 나를 불편하게 만든다. 불편하거나 두렵다.

＊나의 아버지의 비판은 내게 너무 혹독하다. 나는 비판을 수용하는
  일에 장애를 가지고 있다.

＊나는 때때로 하나님이 나에게서 멀리 떨어져 계심을 느낀다.

＊나는 영성(靈性)에 관해 거의 무관심하다.

＊어머니는 나에게 아버지가 필요로 하는 정서적인 후원을 제공해
  주기를 원한다.

＊아버지는 나를 지나치게 신뢰하고 의지한다.

＊아버지는 나와 삶에 대해 정직하게 지지하게 대화하지 않는다.

＊나는 모든 사람들 특히 아버지 같은 사람이나 정신적인 지도자나
  멘토를 즐겁게 하려고 줄곧 노력한다.

제7부 아버지를 뛰어 넘으라

＊나는 강압적인 방법으로 나 자신을 돌보려고 일이나 사람들에게 막 뛰어든다.
＊나는 좀처럼 만족을 모른다. 아무래도 완벽주의 같다.
＊나는 모호하고 혼돈스런 두려움을 갖고 있다.
＊나는 나와 나의 아버지와 할아버지가 저지른 실수들을 되풀이 하고 있다.
＊때때로 나는 고아 같다는 느낌이 든다.

　성숙한 아버지와 자녀 관계의 부재(不在)는 영혼의 공백과 "아버지에 대한 굶주림"의 후유증을 만든다. 아버지에 대한 굶주림은 아동기나 청소년기에 질적으로 너무 낮은 부성애(父性愛)를 받은 결과이다. 이런 현상은 60대 70대에 있는 사람들도 부성애에 대한 굶주림과 그리움이 여전히 남아 있다.

　아버지에 대한 갈증(father hunger)이 점점 심리적인 갈증을 만든다. 인간의 아버지 부재는 일을 통해 메우려 하고 일중독이 된다. 딸들은 일찍 가장이 되고 엄마의 남편이 된다.

　또한 아버지 결핍증의 보편적인 원인은 아버지의 과도한 일 중심의 생활인데 일들로 인해 자녀들과 가져야 할 친밀한 관계에서 자신들을 고립시킨다.

5. 아버지는 회개하라

　아버지의 모습을 아들은 그대로 닮는다. 지금 아들의 모습을 보면서 아버지인 나의 잘못된 모습을 회개한다.

　남편과의 갈등, 풀리지 않는 관계는 아버지와의 관계에 있다. 아버지에 대해 판단하고 비판했던 부분을 회개한다. 내적 맹세에 대해서도 회개한다.

아내와의 갈등, 풀리지 않는 관계는 어머니와의 관계에 있다. 어머니에 대해 판단하고 비판했던 부분을 회개한다.

또한 아버지에 대한 판단과 정죄에서 자신에게 아버지 또는 남편의 역할을 긍정적으로 해낼 수 있는 모델이 깨어져 있기에 좋은 남편, 책임있는 아버지가 못된다. 이 부분을 회개한다.

내적 맹세에 대해서도 회개한다.

2011년 6월 영국에서는 대단히 충격적인 사건이 있었다. 박지성 선수가 뛰었던 잉글랜드 프리미어리그 맨체스터 유나이티드의 라이언 긱스(Ryan Giggs) 선수의 충격적 이중생활이 폭로가 되었다. 그는 아버지의 폭행과 외도에 실망하여 아버지의 성(姓)을 버리고 어머니의 성으로 이름을 바꾸었다. 영국에서 클린맨(Clean Man)축구선수로 존경받았던 그가 여러 여성과의 동거, 모델과의 외도, 동생의 아내와의 외도가 밝혀지면서 충격을 주었다.

아버지와의 해결되지 않았던 분노는 본인도 역시 아버지와 똑같은 삶을 반복하는 모습을 보여 주었다.

데일 카네기가 지은 『나의 멘토 링컨』에서 나오는 내용이다. 정규 수업을 받지 못했던 링컨이 15세 때 매일 6.4km를 걸어 다니면서 학교를 다녔다. 이 때 배운 글 읽기와 글쓰기는 링컨에게 대단한 꿈을 꾸게 하였다. 본격적으로 독서를 하면서 그는 웅변술과 웅변술에 관한 책을 읽고 흉내를 내기도 하였다. 책에 너무 빠지다 보니 자연히 일에는 게으르다는 말도 듣게 되었다. 웅변과 목사님의 설교를 흉내 내던 링컨을 보고 아버지 토마스 링컨은 바보 같은 짓을 그만두라고 단호하게 말했다. 하지만 링컨은 그만두지 않았다. 링컨은 계속 연설과 농담을 연습했다.

그러던 어느 날 사람들 앞에서 아버지는 링컨의 얼굴에 주먹을 한 방 날렸고, 그는 그 자리에서 쓰러졌다. 소년 링컨은 눈물을 흘렸지만 아무 말도 하지 않았다. 죽을 때 까지 지속된 아버지와 아들 사이에 단절은 그때부터 자라나고 있었다. 1851년 아버지의 임종이 가까워지자 링컨은 "아버지를 뵈면 서로 즐겁기보다는 고통스러울 것 같다"라고 말하면서 아버지의 장례식에 찾아오지 않았다.

링컨의 아버지 부재는 고아의식, 외로움, 슬픔, 자살충동, 죽음의식으로 인생을 살게 했다. 링컨의 외로움은 아버지와의 풀지 못했던 고통스러운 감정에서 온 것으로 보인다.

링컨 대통령이 서거하시던 날 그가 몸에 지닌 물건들은 'A. Lincoin'이라고 수를 놓은 손수건 한 장, 펜을 깎을 때 쓴 소형 문구용 칼 한 개(당시는 깃털 펜으로 글을 썼다), 실로 묶어서 고쳐놓은 안경집, 그리고 5달러 지폐 한 장이 든 지갑이 나왔다.

그러나 마지막으로 공개된 유품이 가장 주목을 끌었다. 그것은 어떤 신문 기사를 스크랩한 조각이었다. 그 신문 기사는 존 브라이트의 연설문이었는데 내용인즉 '링컨은 역대 대통령 중에서 가장 위대한 대통령이다'라고 연설한 내용이었다.

오늘날 미국 국민들에게 설문조사로 물어보면 미국 역대 대통령 중에서 가장 존경받는 분은 단연코 아브라함 링컨이다. 지금은 링컨 대통령을 미국 민주주의의 표이라고 모든 사람들이 떠받들지만 미국 역사상 재임 중 그토록 논란과 시비의 표적이 되었던 대통령은 없었다고 한다. 남북전쟁이 일어났던 상황이 오죽했었을까. 국민의 절반 이상은 그 전쟁을 반대했고 그래서 링컨 대통령을 원수로 여겼다. 그 외에도 링컨이 심하게 비난받았던 이유 중에 그의 못생긴 외모도 한 몫 했었다. 그래서 그의 외모만 보고도 사람들은 원숭이, 바보, 괴물, 허풍쟁이, 사기꾼 이런 별명을 붙이면서 대통령을 욕을 했다.

남부 사람들은 자기를 뽑아준 유권자들을 배신했다고 그를 욕했고, 북부 사람들은 남북 분리주의적 행동을 엄단하겠다고 선언한 링컨을 싫어했다. 그런데 이례적으로 링컨을 칭찬해 준 존 브라이트의 연설문 한 장(신문 스크랩)은 링컨에게 얼마나 큰 힘과 격려가 되었을까? 그래서 링컨은 그 신문기사를 오려서 자기 호주머니에 넣고 다니면서 수많은 비난을 들을 때마다 그것을 꺼내 읽으면서 그 고통을 극복하려고 혼자 몸부림을 쳤을 것이다. 링컨 대통령은 "그 신문 기사를 오려서 자기 주머니에 넣고 다닐 정도"로 칭찬과 격려에 목말라 했던 것이다.

6. 아버지를 이해하고 용서하라
육신의 아버지로부터 받은 상처가 있는가? 아버지도 인간이다. 아버지도 수치와 약점이 있다. 그런 아버지를 비난하지 않고 이해해 보라. 이해가 되면 용서가 된다. 이 과정은 시간이 꽤 걸린다. 적게는 5~6개월 길게는 평생이 될 수 있다. 이유는 자신의 감정에 계속 묶여 있기 때문이다. 진리는 감정보다 지적인 동의가 필요하다. 그리고 주님의 도우심을 솔직하게 구하고 용서를 할 수 있도록 긍휼을 구하면 주님께서 도와주신다.

아버지와 화해하라. 어머니와 화해하라. 권위자와 화해하라. 그들을 사랑하고 축복하라! 그러면 하나님의 마음에 합한 사람이 되어 하나님께 쓰임 받을 수 있게 된다. 아버지를 비롯한 권위자는 하나님이 세우셨다. 그들은 나의 머리이다. 머리를 상하게 하면 내 몸이 온전치 못하게 된다. 머리되는 아버지와 권위자와 화해하고 친밀을 쌓아라. 그러면 하나님과의 친밀함을 이루게 된다. 더 거룩한 빛으로 들어가게 된다. 하나님 아버지의 마음은 복수가 아니라 용서와 화해다.

사울 왕이 다윗을 죽이려고 14-5년간 쫓아다녔다. 끊임없이 다윗을 괴롭히는 사울 왕에 대한 다윗의 태도는 "미친 놈 사울, 돌대가리 사울, 웬수같은 사울"이 아니라 "하나님의 기름부음 받은 자 사울 왕"으로 보았다. 여섯 번이나 그렇게 불렀다. 다윗은 하나님의 마음으로 본 것이다.

결국 하나님은 사울을 폐하시고 다윗의 손을 들어주셨다. 다윗은 이스라엘 최고의왕이 되었다.

용서하면 하나님은 내 편이 되어 주신다. 하나님이 내게 사랑의 불을 부어주신다. 더 큰 은혜를 부어주신다. 주님이 나를 용서하심같이 나도 용서를 베풀라. 그러면 하나님께서 내 편이 되어주시는 축복의 주인공이 된다.

7. 아버지는 어떤 존재일까?

주기도문 서두에 "하늘에 계신 아버지여! 이름이 거룩히 여김을 받으시오며", 십계명에 "여호와의 이름을 망령되이 일컫지 말라"고 언급한다. 왜 아버지의 이름일까? 아버지는 육체가 아니다. 정신적인, 영적인 존재이다. 육체의 정신이다. 존재의 중심이다. 육체의 머리이다. 하나님 아버지의 존재는 이름을 통해서 존재한다. 예수 그리스도의 존재도 이름을 통해서 존재한다. 육신의 아버지의 존재도 이름을 통해서 존재한다. 이름이 아버지의 존재이다. 이름이 없으면 아버지의 존재도 없는 것이다. 아버지의 존재는 이름을 통해서 나타나는데 그 이름이 존경스러우면 아버지의 존재도 존경스럽다. 아버지의 이름이 그 자녀의 뿌리가 된다. 아버지의 이름이 자녀의 자존감이다.

아버지의 이름이 명예스런 이름이면 자녀의 자존감은 매우 긍정적이 된다. 하나님 아버지의 이름은 여호와 하나님이시다. 여호와 하나님의 이름이 최고의 이름이기에 하나님의 자녀인 우리의 존재도 최고의 존재라는 자부심을 갖게 된다.

미국의 발달 심리학자인 칼데라(Caldera)는 아빠가 양육에 많이 참여할수록 아이의 자존감이 높아진다는 사실을 발표한 바 있다. 또 영국의 국립 아동발달연구소 자료를 바탕으로 옥스퍼드대학교가 발표한 연구 결과에 따르면 아빠와 교류가 많은 아이들일수록 학업을 비롯해서 사회성, 인성, 성취 등 다양한 분야에서 두각을 나타냈다. 아이의 인생을 성공적으로 바꿔놓을 수 있는 열쇠가 아빠에게 있다는 것을 단적으로 보여주는 증거들이다. 그런 면에서 자녀 양육을 엄마에게 전담시키는 것은 바람직하지 않다.

오늘 우리 사회는 황금만능주의에 깊이 빠져있다. 관계보다 일에 너무 집착해 있다. 사랑보다 성공에 더 매달려 있다. 그로 인하여 우리의 자녀들은 점점 마음이 황폐한 사막같이 되어가고 있다.
하나님아버지께서는 나의 자녀를 천하보다 귀한 존재로 바라보고 계신다. 이 땅에 내 자녀를 하나님 아버지의 마음으로 바라볼 수 있기를 간절히 기도한다.

8. 아버지는 아들과 함께하는 시간을 만들라.
시편 127:3~5에서 아버지와 자녀들과의 관계를 아주 중요하게 보고 있다.
물질과 일보다 자녀를 먼저 돌볼 줄 아는 아버지가 되라는 의미이다. 우리 자녀가 하나님이 만드신 존귀한 작품이라는 것을 부모의 양육에서 보여 져야 한다. 아들이 남성다운 아들이 되게 하는 노력을 정리해 본다.

1) 아버지는 일주일에 한 시간씩 18세까지 함께 시간을 보낸다고 해도 총 39일뿐이다. 아이들이 집에서 만족을 못 찾으면 가정 밖에서 찾게 된다. 여기서, 술, 혼전 성관계, 중독에 빠지게 된다.

아버지 부재에서 자녀들은 인정과 칭찬에 목마르게 된다. 그 배고픔을 채우기 위해 찾게 되는 것이 중독으로 빠지게 된다.

한국 사회의 중독 증세는 심각한 상황에 있다. 중독포럼에 의하면 알콜 중독자 155만 명, 도박 중독자 220만 명, 인터넷 중독자 233만 명, 마약 중독자 10만 명, 합계 618만 명의 중독자가 된다. 국민 8명 중 한 사람이 중독자이다. 이렇게 4대 중독으로 인한 사회적 손실이 109조원이 넘는다고 한다.

2) 아들이 아버지에게 가까이 할 수 있는 환경을 만들어 주어 아들로 하여금 문제가 있을 때 아버지와 대화하고 의견을 나눌 수 있게 해 주라.

3) 아들의 실수에 너그럽게 대하고 노력과 잘한 점은 칭찬해주라

4) 남자들끼리 할 수 있는 일을 아들과 함께 정기적으로 하라

5) 아버지가 느끼는 감정을 야들에게 숨김없이 이야기하고 표현해주라.

6) 남자친구, 여자 친구들의 중요성을 이야기해 주고 사귀도록 도와주라.

ㄱ. 여자 친구에게 호감을 갖도록 아버지는 아내를 사랑해주고 예뻐해 주고 행복하게 해주라.

ㄴ. 아버지도 남자친구들을 아들에게 보여주라.

7) 자기 행동에 책임을 지도록 가르치라.

8) 약속을 잘 지키는 아버지가 되어 본을 보이라.

9) 아들에게 운동, 재능을 발견할 수 있는 기회를 만들어 주라. 자신

이 무언가를 할 수 있다는 자신감을 심어주는 가장 좋은 방법이다

2006년도였다. 이스라엘 군대에서 복무 중이던 열 아홉 살 길리드 샬리트(Gilad Shalit)가 적군인 팔레스타인의 강경 무장세력 하마스에게 납치 되었다. 이스라엘군은 대대적인 구출작전에 나섰지만 샬리트 병사를 찾지 못했다. 그의 생사도 불확실했다. 납치 1년 후에야 샬리트 병사의 아버지 노암 샬리트는 테이프 를 통해 아들의 목소리를 들을 수 있었다. 이스라엘 총리는 아들의 석방 협상에 나섰지만 결과는 없었다. 이스라엘이 샬리트 상병의 석방을 요구하자 팔레스타인 은 이스라엘에 수감된 포로 1000여명과 맞교환을 조건으로 내세웠다. 이스라엘 정 부는 팔레스타인 재소자 대부분이 테러범이라 들어줄 수 없다며 협상을 미뤄 왔다.

다급한 아버지는 머뭇거릴 수 없었다. 2008년 4월 지미 카터 전 미국 대통령이 이스라엘을 방문했을 때 아버지는 아들의 석방을 도와달라고 무작정 매달렸다. 2010년 6월에는 아들사진이 새겨진 티셔츠를 입고 아내와 12일간 국토 횡단 행진을 했다. "이스라엘의 아들은 아직 살아있다" 고 국민들에게 알리기 위해서였다. 국토 횡단의 종착지는 예루살렘의 총리 관저였다. 무려 200km를 걸어 이곳에 도 착한 부부는 총리 관저 앞에서 천막농성에 돌입했다. 그는 당시 "총리가 아침에 집을 나설 때나 밤에 들어올 때 우리를 볼 것입니다. 그러면 그는 절대 우리 아들을 잊을 수 없을 겁니다"라고 말했다.

팔레스타인의 마음을 얻기 위해서도 노력했다. 이스라엘군 공격에 다친 팔레스타인 병사를 직접 찾아 병문안을 했다. 그리고 수감 중인 팔레스타인 군인의 부모를 만나 자식과 헤어진 고통을 서로 위로했다.

모든 장년이 3년간 의무 복무를 해야 하는 이스라엘에서 아버지의 정성은 국민들의 마음을 사로잡았다. 마침내 이스라엘 내각은 표결 끝

에 포로 교환을 승인했다. 2011년 10월 11일 하마스와 이스라엘은 샬리트 상병 1명과 팔레스타인 재소자 1027명의 맞교환에 극적으로 합의 했다.

불구대천의 원수여서 어떠한 협상도 불가능해 보였던 이스라엘과 하마스, 샬리트 병사의 아버지는 양측의 마음을 모두 움직였다. 샬리트의 석방이 이스라엘과 팔레스타인 간 평화 정착에 좋은 계기가 되었다. 아버지의 아들 사랑이 원수된 국가를 사이좋은 이웃으로 만들었다.

9. 아버지다움을 보여주라

아버지다움이란?

1) 아가페, 하나님의 무조건적인 사랑을 보이는 사람이다.

2) 한 알의 밀알로 희생하는 사랑을 보여 주는 사람이다.

3) 아내와 자녀를 책임지는 사람이다.

4) 그는 사람들을 끊임없이 격려하고 멘토링하여 하나님의 사람으로 세워주는 사람이다.

참고) 아버지 십계명, 부모(권위자) 십계명

5) 그리스도다움이다: 죄와 악을 거부하고, 하나님 아버지의 뜻에 순종하는 순종의 본이 된다. 설교나 가르침이 아니다. 삶의 본이 된다.

6) 하나님의 나라와 의를 먼저 구하는 킹덤 비젼(Kingdom Vision), 킹덤 패밀리(Kingdom Family)를 세운다.

10. 아버지 십계명

1) 말보다 삶의 본보기를 보여주라.

2) 자녀의 말에 경청하는 아버지가 되라.

아버지 치유

3) 성공보다는 신실함을 가르쳐 주라.

4) 끊임없이 칭찬, 인정, 격려, 지지해 주라.

5) 약속한 것은 반드시 지키라.

6) 하나님과 이웃을 사랑하는 모습을 보여주라.

7) 용서를 빌 줄 알고 용서하고 기다려 주라.

8) 아내와 행복한 모습을 보여 주라.

9) 같이 놀아 주라.

10) 꿈과 비전을 자주 나누라.

11. 1,2,3 대화법 = 1분 이야기하고, 2분 듣고, 3번 이상 맞장구 쳐주기 대화법

80:20 대화법= 이해와 공감, 칭찬해 주는 것이 80% 라면 교훈과 훈계를 하는 것이 20%가 되는 비율을 유지하면 좋다. 들어주고 공감해 주고 이해해 주는 것이 대화의 중요한 요인이다. 훈계를 하기 전에 먼저 사랑의 관계를 돈독히 쌓아두는 것이 훈계의 효과를 발휘한다.

12. 아버지 되기 점검표

1) 매주 4시간 이상 자녀와 대화의 시간을 갖는가?

2) 아내의 얘기를 잘 들어주며 경청하는가?

3) 아버지의 존재가 일보다 가정에, 외부 사람보다 가족에게 더 우선 순위를 두고 있는가?

4) 자녀들의 최근 고민 3가지 이상 알고 있는가?

5) 자녀들의 친구 이름 3명 이상 알고 있는가?

6) 일주일에 한 번 이상 가정예배, 가족 간의 대화 시간 있는가?

7) 부모가 하나 되고 행복하게 산다고 자녀들이 인정하고 있는가?

8) 하나님보다 더 사랑하는 것이 없는가? 배우자보다 더 깊이 대화

하는 사람은 없는가?

9) 내 자신이 순종의 모델이 되고 있는가?

10) 내 자녀 역시 나와 똑같이 살아도 좋다고 생각하는가?

13. 아버지 치유 사역

전문 사역자를 통하여 아버지 치유 사역을 받는 것이 안전하다.

처음에는 사역자의 도움을 받다가 익숙해지면 자가 치유 사역도 무방하다. 그럴 때는 반드시 성령님의 임재 가운데 진행되도록 성령님께 의탁기도를 드린다.

그럼에도 전문 사역자의 도움을 받는 것이 좋다.

"오 하나님 아버지여!

성령님께서 우리 위에 임재하시고 통치하옵소서. 치유의 은혜로 충만케 하여 주옵소서. 부족한 저희에게 은혜를 베풀어 주옵소서!

이 시간, 이 장소에 십자가에서 흘리신 예수 그리스도의 보혈로 충만하게 덮습니다!

성령님 이 시간 이 장소에 임재하여 주옵소서!

나의 아버지를 보게 하옵소서! 아버지의 자녀인 나를 보여 주옵소서!

오 주님!

저를 긍휼히 여겨 주옵소서! 저를 도와주옵소서. 이 시간 아버지와 묶여 있었던 모든 것이 풀어지게 하여 주옵소서!

아버지의 뜻이 하늘에서 이루어진 것같이 저에게도 이루어지게 하여 주옵소서!........"

ㄱ. 어린 시절 아버지나 권위자에 대한 아픔과 상처, 고통을 떠 올려 보라.

ㄴ. 그의 직책이나 호칭, 이름을 불러보라.

ㄷ. 그때의 아픔을 토설해 보라. 하고 싶었던 말, 응어리졌던 마음을
털어 내어 보라. 울음이나 분노를 토해보라.

이 시간에는 현재 존재하는 아버지의 인격에 대해 직접 공격하는 것
이 아니다. 어린 시절 내가 마음에 상처를 입었던 나의 내면에 새겨진,
그 당시의 기억 속에 있는 아버지의 이미지(inner image)에 대해 토해
내고 감정을 쏟아내는 것이다.

반드시 말로 쏟아내는 것이 중요하다. 이때 수용 받는 대상, 수용 받
는 상황, 수용 받는 방식 안에서 감정을 표현하는 것이 중요하다. 당사
자에게 직접 풀지 않도록 조심해야 한다. 응어리진 마음을 표출 한다
고 해서 직접 당사자에게 한다면 관계에 해로움을 줄 수 있다. 왜냐하
면 당사자는 이해를 못하고 있고 준비가 되어 있지 않기 때문이다.

당시의 스토리만 말하는 것은 효과가 없다. 반드시 분노, 슬픔, 좌절,
고통, 아픔, 억울함, 절망, 무기력, 수치심, 죄책감, 등의 감정을 입 밖
으로 분출하고 표현해 내면 상한 감정들이 줄어들게 된다.

이 과정에서 상한 감정이 회복되고 묵었던 감정들이 사라지기까지
계속 감정을 쏟아놓는 것이 반복 될 수도 있다. 내면의 상처를 회복하
는 데는 시간이 걸린다. 인내가 반드시 필요하다. 치유의 과정에서 묵
묵히 사역자나 멘토의 돌봄을 얻으면 효과가 훨씬 빠르다. 그리고 개
인적으로 묵묵히 성령의 감동을 통해 그 때 그 때 기억나는 대로 자가
치유(self healing)를 통해 자신을 세워나가는 과정은 일생을 통한 성
화(sanctfication)의 과정이다.

ㄹ. 아버지에게 왜 그때 그렇게 했는지 물어보라.
ㅁ. 아버지의 삶을 탐색해 보라. 아버지의 어린 시절, 살아온 환경,
　　아픔을 살펴보고 느껴보라.

제7부 아버지를 뛰어 넘으라

아버지도 어린 시절 상처 입은 아이로 존재하고 있다.

ㅂ. 아버지의 마음을 느껴보라. 이 때는 내면에서 들려지는 소리를 들어 보는 것이다.

아버지가 이해되었으면 용서해 드려라. 하나님 앞에서 화해하라.

ㅅ. 아버지를 통해 나에게 주시는 하나님의 음성을 들어보라.

ㅇ. 아버지 상처를 하나님의 관점에서 바라보라. (창 50:20)

ㅈ. 아버지에 대해 긍정적인 부분을 떠 올린다.

감사합니다! 사랑합니다! 존경합니다! 축복합니다! 아버지를 공경(honor)하는 삶으로 나아간다.

ㅊ. 자신이 아버지에 대해 내적으로 맹세했던 것을 취소하고 무효화를 선언한다.

ㅋ. 아버지에 대해 나의 잘못된 부분도 점검하여 회개하고 예수 그리스도의 보혈로 씻어 버리라.

ㅍ. 귀한 시간을 주신 하나님께 감사를 드리고 온전한 하나님의 사람으로 살도록 주님의 도우심을 구한다. 계속적인 성령님의 치유와 회복을 간구한다.

아버지 부재(Fatherless) 는 하나님 부재(Godless)를 이룬다. – 아버지 부재는 무종교 사회를 이루고 결국 도덕성과 윤리의 상실을 가져온다. 가족 간의 결속이 없어지고 국가의 몰락은 서서히 이루어진다.(『무신론의 심리학』, (폴 비츠,Paul Vitz)

14. 아버지 치유의 결과
1) 하나님 아버지의 마음을 품게 된다. 사랑, 희생, 책임지는 마음이다. 그런 마음을 품은 하나님의 사람을 세운다.

2) 아내를 사랑하는 남편, 존경받는 남편이 된다.

3) 참 아버지로 살게 되어 아내가 행복해 하고 자녀들이 당당해지고 자신감이 넘친다.

4) 참 남자가 된다. 그리스도와 같이 죄와 악을 이기고 유혹에 당당히 맞서고 시련 중에 잘 인내하며 돌파하는 힘이 강해진다.

5) 유다같이 장자의 기업을 받는다.

6) 왕의 기름 부으심이 임하게 되고 지역과 도시, 나라를 대표하는 축복의 통로요, 영적 아버지가 되고 하나님의 나라를 왕성하게 한다.

7) 온전하신 하나님 아버지처럼 온전한 아버지가 되고, 영적 자녀들을 영적 아버지로 세우고 온전한 하나님의 사람이 된다.

제7부 아버지를 뛰어 넘으라

V. 왜 유다가 장자인가?

넷째 아들 유다가 야곱의 장자가 된 신비로운 내용은 아버지와의 관계가 얼마나 중요한지를 보여준다. 창세기 44장14절~34절 내용에서 자세히 살펴본다.

본문에는 야곱의 넷째 아들 유다가 등장한다. 그런데 나중에는 그가 야곱의 장남이 된다. 왜 그랬을까? 그는 야곱의 열두 아들 중에 가장 아버지의 마음에 들었던 아들이었다. 열두 아들 중 가장 아버지 야곱과 같은 마음을 품었던 아들이었다.

창세기 37장에는 요셉의 이야기가 나온다. 그의 이야기가 진행되는 도중 갑자기 유다의 이야기가 개입된다. 그런 후 39장은 다시 요셉의 이야기가 계속 된다. 성경의 의도는 요셉만 보지 말고 유다를 주목해 보라는 의도를 보여주려는 것이다.

야곱에게는 두 아내 레아, 라헬이 있었다. 야곱은 라헬을 더욱 사랑하였다. 그녀에게서 난 아들이 요셉, 베냐민이었다. 야곱은 요셉을 너무 사랑했다. 지나치게 편애했다. 그러다보니 다른 형들에게 요셉은 미움을 심하게 받았다. 나중엔 요셉이 형들에 의해 애굽에 노예로 팔리게 된다. 울부짖는 요셉을 외면하고 형들은 멀리 애굽으로 팔아버린다. 애굽에 팔린 요셉은 고생고생하며 지낸다. 요셉은 하나님이 주신 꿈을 간직하고 시련을 이겨내어 애굽의 총리가 된다.

총리가 된 요셉은 7년 풍년을 보내며 식량을 비축하여 7년 기근을 맞이하게 된다. 기근 2년째, 애굽에 곡식을 사러 온 요셉의 형들. 요셉은 한 눈에 알아보았다. 22년 전 자신이 애굽에 팔려 고생하며 지냈던 시간이 한 순간에 떠올랐다. 요셉은 자신의 상처를 깊이 숨기고 형들이 지금도 그 마음을 가지고 있는지 알아보기로 했다. 그것은 가족애, 형제애 같은 것이었다. 고향에 있는 베냐민을 데리고 오게 하는 일이었다. 요셉은 형들이 베냐민을 데려왔는데 그를 볼모로 잡고 보내지 않으려고 했다. 이때 등장한 형제가 유다였다.

　본문에서 유다는 무엇보다 아버지 야곱의 마음을 대변하였다. 아버지 야곱의 마음을 품고 아버지의 마음을 깊이 헤아렸다. 그는 아버지의 마음을 가장 뛰어나게 대변한 아들이었다. 이와 같은 유다의 마음은 곧 아버지 야곱의 마음이었다.

　유다의 호소는 창세기 44장16절~34절에서 아버지 명칭이 17번 등장하게 된다. 이 내용에 대해서 여러 학자들이 언급한다. "이는 구약성서 중 가장 장엄하고 설득적인 웅변이다(Skinner.J. 국제성서주석)" "구약성서에서 볼 수 있는 가장 장엄하고 가장 아름다운 장면의 하나이다(Lange)", "어떤 웅변가의 말보다 더 감동적인 웅변이다. 세계의 자연적 웅변에서 가장 아름다운 표본이다(이상근)".

　또한 유다는 자신 앞에 있는 애굽의 총리에게 주(主)라는 호칭도 17번이나 사용한다. 권위자에 대한 그의 존경심은 아버지와 같은 권위자인 총리에게도 동일하게 존중하는 모습에서 유다의 권위자에 대한 공경심을 보여준다.

　여기에 나온 유다의 모습은 대속자 예수 그리스도의 모습을 보여 주고 있다. 겟세마네 동산에서 예수님의 "아버지"에 대한 부르짖음도 요한복음 17장에서 40회나 언급하신다.

　창세기 44장 20절, 아버지가 베냐민을 사랑함을 강조했다.

　22절, 베냐민이 아버지에게 없으면 아버지는 죽게 된다고 했다.

　27~29절, 베냐민에 대한 아버지의 애틋한 사랑을 말한다.

　31절, 베냐민이 없으면 아버지는 죽은 목숨과 다름 없음을 말한다.

32절, 자신이 베냐민에 대해 아버지에게 책임지겠다고 한 사실을 말한다.

33절, 절정을 이루는 유다의 마음을 보여준다. 베냐민 대신에 자신을 노예로 삼아달라고 간청하며 베냐민을 살려달라고 한다. 예수님의 모습과 흡사하다.

34절, 베냐민과 함께 가지 않으면 유다는 아버지를 볼 수 없다고 하며 또한 베냐민이 없음으로 받는 아버지의 재해를 도저히 볼 수 없다는 것이다. 참으로 감동적인 제안이고 그리스도의 대속을 가리키는 제안이다.

이러한 유다의 아버지에 대한 변호는 아버지에 대한 뜨거운 사랑, 존경, 배려를 보여주고 있다.

내 자신이 살아오면서 나의 아버지에 대한 마음을 이렇게 헤아려 본 적 있는가? 아버지가 돌아가신 분들은 아버지가 생존해 계실 때 이렇게 아버지의 마음을 깊이 헤아려 본 적이 있는가?

그리고 더욱 감동적인 사실이 나온다. 사실 유다와 베냐민은 배다른 형제이다. 그런 문제를 유다는 전혀 개의치 않고 베냐민을 동복형제같이 생각하고 그를 살리기 위해 자신의 생명을 기꺼이 희생하려 했다.

이것이다. 아버지의 마음이 이것이다. 아버지에게는 배가 달라도 자식 사랑은 똑같다. 아버지와 똑같은 마음으로 유다는 배다른 동생을 배다르다고 생각지 않고 자신을 희생하려 한 것이다. 이것이 아버지 야곱의 마음을 감동하게 했다. 요셉을 감동케 했다. 사실 아버지 야곱의 베냐민에 대한 사랑은 유다 자신도 두 아들을 잃어본 아픔이 있었기에 공감할 수 있었던 것으로 보인다.

그 뒤 아버지는 유다를 가족의 대표로 앞세워 나가게 했다(창46:28). 유다에게 장자권을 부여한 것이다.

야곱이 죽기 직전에 12아들을 불러 축복해 준다. 창세기 49장 8~12절을 세밀히 살펴보시면 알게 된다.

유다가 아버지의 마음을 대변하고 변호하며 헤아리는 마음이 결국엔 하나님 아버지의 마음을 품고 경외하는 자리에까지 이르게 된다. 이것이 아버지의 마음이 회복되어야 할 목표이다. 결국엔 성품이다. 아버지는 자녀들에게 성공보다 공경하는 좋은 성품을 물려주어라.

반면에 실제 장자였던 르우벤은 아버지의 침상을 더럽힘으로 장자권을 박탈당하였다(창49:3~4, 잠30:17, 20:20, 15:20. 노아의 둘째 아들 함은 아버지의 수치를 드러냄으로 저주받음-창9:22)

요셉도 야곱에게는 매우 훌륭한 아들임에는 틀림없다. 그런데 야곱의 장자권이 유다에게로 이어지는 신비로운 하나님의 섭리는 아버지의 마음을 품은 유다에게 얼마나 강한 감동을 지니셨는가를 보여준다.

시79:67~68 "또 요셉의 장막을 버리시며 에브라임 지파를 택하지 아니하시고 오직 유다 지파와 그가 사랑하시는 시온 산을 택하시며"

중요한 것은 성공이나 성취가 아니라 예수 그리스도와 같은 성품이다. 그러므로 부모는 자녀들에게 성공보다 좋은 성품을 물려주라.

유다와 베냐민이 죽고 약 900여 년이 지나서 솔로몬이 죽은 후에 이스라엘이 분열될 때 남쪽에 위치한 유다 지파와 함께한 지파가 베냐민 지파이다. 베냐민은 형 유다의 아버지 같은 사랑을 자손대대로기억하고 있었던 것이다.

그리스도인의 가장 성숙된 마음은 하나님 아버지의 마음을 품는 것이다. 그런데 그 이전에 그런 마음을 가질 수 있는 가능성은 육신의 아버지 마음을 헤아리고 공경하는 일에 있다.

육신의 아버지로부터 받은 상처가 있는가?

아버지도 인간이다. 아버지는 전능한 하나님이 아니다. 권위자는 완전한 존재가 아니다. 아버지도 수치와 약점이 있다. 그런 아버지를 비난하지 말고 이해하라. 용서하라. 그리고 사랑하고 축복하라. 아버지의 장점이 물려진 것에 대해 감사하고 하나님께서 주신 아버지이시기에 하나님을 생각하며 공경하라.

아버지는 나를 이 땅에 보내시기 위해 세우신 하나님의 종이다. 하나님의 관점에서 아버지를 보고 공경하라.

아무리 아버지에게 문제가 있을지라도 하나님께서는 아버지와의 관계를 하나님의 관점에서 풀어가는 것을 주목하고 계신다. 주인공은 아버지가 아니라 내 자신이다. 아버지를 공경하라. 그리하면 나는 더 멋진 아버지 노릇을 할 수 있다. 후손들에게 하나님을 경외하는 아름다운 신앙을 물려주는 믿음의 명문가를 든든히 세울 것이다.

아버지 상처를 뛰어 넘으면 반드시 하나님 아버지의 축복동산에 오르게 될 것이다.

Ⅲ. 아버지의 이름이 거룩히 여김을 받으시오며

(마태복음 6장 9절)

Ⅰ. 2014년 동계올림픽이 러시아 소치에서 개최되었습니다.

단연 올림픽에서 주목을 받은 선수는 김연아였습니다. 일본 아사다 마오 선수의 추격을 받고 있어서 굉장히 긴장하고 있었습니다. 그때 김연아 선수가 금메달을 획득했더라면 그것은 김연아 개인의 영광도 되지만, 대한민국(korea)라는 이름이 높임 받게 되는 것입니다. 경기는 김연아 선수가 하지만 이름은 대한민국의 이름이 영광을 받습니다.

"하늘에 계신 우리 아버지여, 이름이 거룩히 여김을 받으시오며"
아버지라는 존재는 이름으로 존재합니다. 우리 그리스도인들이 믿음으로 잘 살고 빛과 소금의 역할을 잘하면 하나님의 이름이 영광스러운 이름이 될 것입니다. 만약에 그리스도인들이 덕을 끼치지 못하고 비난을 듣고 손가락질을 받는다면 하나님의 이름이 업신여김 당하고 천대받게 될 것입니다.

1. 왜 예수님께서 하나님을 아버지라고 칭하였을까요?

예수님은 하나님을 부를 때 항상 "아버지여!"라고 불렀습니다. 구약에서도 하나님을 '아버지'로 묘사되는 부분이 많습니다. 출애굽기 4장

22절, "이스라엘은 나의 장자라" 이사야 63장 16절, "주는 우리의 아버지시라" 예레미야 31장 9절, "나는 이스라엘의 아버지요" 예수님께서 가르쳐주신 기도에도 '하나님 아버지'라고 하셨습니다. 마태복음 5장 16절에서는 "하늘에 계신 너희 아버지"라고 하셨습니다. 십자가에서 운명하실 때에도 줄곧 하나님을 '아버지'로 부르셨습니다. 요한복음 17장에서 겟세마네 동산 기도에서도 '아버지'라는 칭호를 마흔 번이나 부르셨습니다. 예수님은 하나님을 '나의 아버지'라고 부르셨지만 우리에게는 '너희 아버지'라고 하셨습니다. 요한복음 1장 12절에 의하면 예수님을 나의 구주, 나의 주님으로 영접하고 믿으면 하나님의 자녀가 된다고 합니다. 예수를 구주로 믿는 나에게 당연히 하나님은 '나의 아버지가' 되십니다!

2. 이렇게 하나님과 우리를 아버지와 자녀의 관계로 묘사하는 의미는 무엇일까요?

1) 분리가 불가능한 관계가 되기 때문입니다. 시편 27편 10절, "내 부모는 나를 버렸으나 여호와는 나를 영접하시리이다" 이사야 49장 15절, "여인이 어찌 그 젖 먹는 자식을 잊겠으며 자기 태에서 난 아들을 긍휼히 여기지 않겠느냐. 그들은 혹시 잊을지라도 나는 너를 잊지 아니할 것이라. 내가 너를 손바닥에 새겼고"

육신의 부모와 자녀의 관계는 끊어지거나 단절될 수 있지만 하나님과의 관계는 어떤 육신의 부모보다 절대적으로 끊어질 수 없는 불변의 관계임을 강조하고 있습니다. 부모와 자녀의 관계는 평생입니다. 더 나아가 아버지라 이름하는 하나님 아버지와 택함 받은 하나님의 자녀와의 관계는 영원합니다.

2) 사랑과 친밀함으로 교제하는 관계가 되기 때문입니다. 아버지와

자녀관계는 사랑의 관계, 친밀한 관계로 존재합니다. 한국의 아버지들은 자녀들을 위해 학비를 조달하고, 가족을 부양하기 위해 물질적인 지원을 잘 해주고 또 그것을 위해 열심히 일하는 것이 아버지의 역할인줄 아는데 그렇지 않습니다. 아버지는 자녀에게 사랑을 부어주고 자녀와의 친밀한 교제를 이루는 것이 제일 중요한 책임입니다. 하나님은 아버지로서 하나님의 자녀들과 사랑의 친교를 원하십니다. 일, 물질이 아닙니다. 하나님은 사랑이십니다. 하나님은 요한복음 3장16절의 말씀대로 사랑으로 우리를 낳으셨습니다. 하나님 아버지는 우리에게 하나님을 사랑하기를 무척 원하십니다. 하나님 사랑을 갈수록 깊이, 더 깊이 해보시기 바랍니다. 천국에 가면 그 사랑으로 영생의 삶을 살게 됩니다. 일이 아닙니다. 성공도, 출세도, 부자 되는 것도 아닙니다. 하나님을 사랑하는 그 중심만 남게 됩니다. 하나님과 우리의 관계는 사랑의 관계로 존재합니다.

3) 신뢰와 순종의 관계가 되기 때문입니다. 하나님을 온전히 믿는다면 순종도 온전히 잘 할 겁니다. 믿음이 부족하기에 의심합니다. 의심하기에 순종도 안 됩니다. 예수님은 아버지 되신 하나님을 온전히 100퍼센트 신뢰하셨습니다. 그래서 "아버지여! 내 영혼을 아버지 손에 의탁합니다."라고 말씀 하셨습니다.

우리의 하나님 아버지에 대한 진실한 신뢰는 우리가 숨을 거두는 순간 하나님께 영혼을 부탁하는 고백에서 평가될 것입니다. 아버지와 자녀는 신뢰와 순종의 관계입니다.

부모 여러분! 자녀들이 순종하지 않는다고 속상해 하시기 전에 먼저 점검할 부분은 있습니다. 나는 자녀들에게 순종의 본이 되고 신뢰를 주는 인생을 살고 있는가를 먼저 점검해 보시기 바랍니다.

바울은 고린도 교회 성도들에게 "나를 본 받는 자가 되라(고전4:16)"

고 권합니다. 아버지, 어머니는 가르치기 전에 나를 본받으라고 할 수 있어야 합니다. 부모 자신이 먼저 주님에게 순종의 본이 되는데 힘써야 합니다.

우리 하나님 아버지는 자녀 된 우리에게 지속적으로 말씀하십니다. "너희는 나를 믿으라! 두려워 말고 믿기만 하여라! 네가 믿으면 하나님의 영광을 보리라!" 육신의 부모들이 자녀들에게 신뢰감을 줄 때 자녀들은 하나님 아버지에 대한 믿음도 건강해집니다. 그리고 하나님 아버지께 순종도 잘하게 됩니다.

4) 영광과 축복의 관계이기 때문입니다. 아버지가 영광스러우면 자녀도 영광스럽습니다. 아버지는 자녀들에게 영광, 축복을 부어주는 존재입니다. 수치와 재앙을 심어주지 않기를 바랍니다. 자녀들의 머리에 손 얹고 축복기도를 많이 해주십시오. 축복기도를 통해서 자녀는 긍정적인 자존감이 생성되고 이로 인해서 긍정적인 사람이 되어 갑니다. 그래서 어떠한 시련과 역경도 긍정의 힘으로 이겨낼 수 있고, 사람이나 환경에 대해서도 긍정적 마인드로 훌륭하게 대처해 나아갈 수 있습니다.

예수님이 고난 주간에 기도하셨을 때 요한복음 12장 28절, "내가 너를 통하여 영광을 받았고 또 영광을 받으리라. 제자들이 천둥소리같이 들렸다"고 합니다. 자녀들에게 천둥소리 같은 칭찬과 격려, 그리고 지지를 많이 해주세요.

123대화법이 있습니다. 1분 이야기기하고, 2분 들어주고, 3번 이상 맞장구쳐 주는 것입니다. 자녀들과 대화로 소통하시고 축복함으로 아버지의 영광을 자녀에게 물려주는 부모가 되어야 합니다.

5) 존재가 닮은 관계이기 때문입니다. 하나님 아버지와 예수 그리스

도는 닮으신 관계입니다. 자녀의 미래는 부모의 삶을 그대로 복사하게 됩니다. 보이는 부분도 복사하지만 보이지 않는 영적인 부분, 내적인 인격적인 부분, 성품도 복사합니다. 겉모습도 복사되고 속모습도 복사됩니다.

예수 그리스도는 하나님 아버지와 같이 완전하시고, 거룩하시고, 사랑이 충만하신 아들이셨습니다. 내 자녀의 모습 역시 우리 부모의 모습을 그대로 이어 받습니다. 그러므로 부모들은 조심해야 합니다. 부모의 장점이나 좋은 부분도 복사되지만 약점이나 불행도 복사되고 있음을 유의해야 합니다. 드러난 부분도 흘러가지만 드러나지 않는 비밀스러운 부분도 흘러갑니다. 자녀들을 생각하면서 부모들은 거룩한 삶을 물려 줄 수 있기를 힘써야겠습니다.

6) 영적이며 환경적으로 보호자의 관계이기 때문입니다. 영적 아버지인 사무엘과 사울 왕의 관계가 소원해져서 분리되자 사울에게 보호막이 없어지게 됩니다. 그때부터 사울 왕은 악신이 들려 평생 두통으로 시달렸습니다. 늘 불안해했고 두려움 가운데서 살았습니다.

"하나님 아버지!"라고 부를 때 아버지라는 이름이 따뜻하고 신뢰할 만한 믿음이 되려면 육신의 아버지와 친밀하고 육신의 아버지를 신뢰하고 존경할 수 있어야 합니다. C. S. 루이스는 "우리의 최고 관심사는 아버지 노릇 잘 하는 것이다. 이것이 잘되면 인생은 행복하고 영광스럽게 된다"고 말했습니다.

자녀들에게 어린 시절에 많은 상처를 준 아버지라면 자녀들에게 자신의 잘못한 과거에 대해 사과할 줄 알고 용서를 빌 수 있어야 합니다. 자녀에게 부활생명으로 살게 하려면 아버지는 과감히 자신을 십자가에 못박을 줄 알아야 합니다. 이것이 십자가의 진리입니다. 아버지의 자존심을 세우기보다 자녀의 자존감을 높여 주는 것이 아버지의 관심이 되어야 합니다. 자녀를 주인공으로 세우려면 아버지는 조연의 위치에 서면됩니다. 즉 아버지가 자신의 주장을 내려놓고 자녀의 말에 귀기울여 주면 됩니다. 아버지가 자녀들의 말에 귀를 기울여 들어 줄 때 자녀들은 자신이 귀중한 존재라는 사실을 인식하게 됩니다.

아버지의 말은 법적인 효력이 있습니다. 민수기 30장에 의하면 아버지의 권위는 아내와 딸의 서원을 무효화할 수 있습니다. 그러므로 아버지는 아들에게 자랑스럽다는 말을 할 때 아들은 자신의 존재가 자랑스런 존재임을 인식하게 됩니다. 아버지가 딸들에게 아름답다는 말을 들려 줄 때 딸은 자신이 아름다운 존재임을 인식하게 됩니다. 아버지의 말은 하나님의 권위를 대신합니다. 그러므로 아버지는 자녀들에게 충분히 자신을 귀하게 느낄 수 있도록 칭찬과 인정, 격려를 아끼지 않아야 합니다.

또한 자녀들은 부모를 용서하고 존경할 수 있어야 합니다. 이것이 아버지의 이름을 거룩하게 해드리는 길이 됩니다.

II. "아버지의 이름이 거룩히 여김을 받으시오며"

지상의 아버지가 무너지면 하나님 아버지도 무너집니다. 오늘 우리 사회는 아버지의 존재가 어머니 중심의 가정, 여성 중심의 사회로 인해 변해가고 있습니다. 아버지의 자리가 원래의 자리에서 밀려나고 있습니다. 이런 현상과 교회의 쇠퇴는 서로 연관됩니다. 하나님 아버지께서 참으로 경배 받으시는 사회가 되려면 아버지가 반드시 존중받는 사회가 되어야 합니다.

1. 아버지는 이름으로 존재합니다.

어머니가 몸으로 존재한다면 아버지는 이름으로 존재합니다. 이름이 곧 존재입니다. 하나님의 이름은 곧 하나님 자신입니다. 내 이름은 곧 나 자신입니다. 우리는 아버지의 성(姓)씨를 물려받습니다. 이름을 바꾸면 내 인생의 정체성도 없습니다.

라이언 긱스(Ryan Giggs)는 왼발의 달인으로 한 때 영국 프로축구 구단인 맨유의 대표적인 선수였습니다. 그는 어려서 늘 외도하는 삶을 사는 아버지에 대한 분노로 인해서 자기 성을 어머니 성으로 바꾸었습니다. 아버지의 그런 삶을 증오했습니다. 하지만 그는 성인이 되어서 아버지보다 더 외도를 많이 했습니다.

아버지와의 불화를 화해하고 아버지의 이름을 존중하고 감사하며 사랑해야 합니다. 그것은 아버지를 위한 것이면서도 자기 자신을 위해서라는 사실을 명심해야 합니다. 자신의 삶을 영광스럽게 하는 비결이기도 합니다.

2. "아버지의 이름이 거룩히 여김을 받으시오며"

우리 그리스도인의 삶이 하나님께 영광 돌리는 삶이 될 때 아버지 하나님의 이름이 거룩히 여김을 받으십니다. 어떻게 하면 좋을까요?

첫째, 예배를 통해 공식적으로 하나님께 영광과 경배를 드리세요. 그 분께 영광을 돌리는 목표로 그 분께만 집중하는 예배를 드리십시오. 예배를 통하여 하나님의 영광을 경험하도록 갈망하세요.

둘째, 예레미야 10장 3절, "나는 나를 가까이 하는 자 중에 내가 거룩하다함을 얻겠고" 라고 말씀 하십니다. 범사에 항상 하나님을 가까이 하십시오. 범사를 하나님의 관점(창50:20)으로 해석하고 묵상해 보세요. 그리할 때 그분의 영광이 드러나게 됩니다.

셋째, 항상 기도하세요. 기도할 때 하나님이 가까이 하십니다(신 4:7). 모든 일을 기도로 풀어 가시면 됩니다. 기도로 해결 될 때 하나님의 영광이 드러납니다. 하나님을 의지하고 가까이 할 때 하나님의 영광이 드러납니다.

넷째, 첫 열매로 하나님을 공경하십시오(잠3:9,10). 처음 것을 드림으로 하나님을 최고로 존경하는 표현이 됩니다. 하나님을 내 인생의 첫 번째로 경배하고 존귀하게 해 드릴 때 하나님의 영광이 드러납니다.

다섯째, 모든 영광은 하나님 몫이니 기회가 주어질 때 마다 "하나님께 영광을 올려 드립니다"

"주님이 잘하셨습니다." 고백하며 살아가면 됩니다.

육신의 아버지와의 화목한 관계로 하나님 아버지와의 온전한 연합을 이루셔서 범사에 하나님의 영광이 나타나는 삶이 되기를 기도합니다.

아버지여, 아버지의 이름이 거룩히 여김을 받으시옵소서!

Ⅳ. 아버지와 아들은 하나이다

인간은 타자와의 관계를 뛰어 넘어 혼자만의 존재로 살아갈 수 있는 존재가 아니다. 타자 가운데 가장 가깝고 가장 중요한 관계를 맺는 존재가 가족이다. 이런 타자와의 관계에서 받은 영향은 고스란히 자녀들에게 또다시 흘려보내고 있다.

그중에서도 아버지는 가장 중요한 타자이다. 아버지는 자신이 얼마나 부족하고 어른스럽지 못한 존재임을 알고 계속 공부하고 아버지다워지기 위해 노력해야 하는 존재임을 알 때 가족 간에 변화와 성장을 안겨줄 수 있다.

아버지가 자녀를 양육하고 키우는 경우도 있지만 그와 반대로 자녀가 아버지를 아버지답게 만드는 경우도 많다. 예를 들어 심청이가 아버지의 눈을 뜨게 하기 위해 공양미 삼백석에 자신의 몸을 팔게 된다. 딸 심청이의 몸 바친 헌신을 통해 심봉사는 나중에 눈을 뜨게 된다. 아버지의 인생이 비로소 눈을 뜨게 된다. 딸의 희생이 아버지를 존재케 했다.

자녀가 아버지를 아버지 되게 할 수도 있다.

1. 아들이 아버지를 아버지 되게 한다.

아브라함이 하나님의 부르심을 받고 모리아 산으로 아들 이삭을 번제로 바치기 위해 집을 나섰다. 모리아 산에 도착하여 언덕을 오를 때 아들 이삭이 아버지에게 묻는다. "아버지, 불과 나무는 있는데 번제로 드릴 어린양은 어디 있습니까?"

그때 아버지는 이렇게 대답한다. "내 아들아, 번제할 어린양은 하나님이 자기를 위하여 친히 준비하시리라"

이윽고 도착한 목적지에서 아브라함은 아들을 번제로 바치기 위해 밧줄로 묶어 제단나무 위에 놓고 칼을 들고 아들을 잡으려 했다.

이 장면을 우리가 생각해보면 당시 이삭의 나이는 늙은 아버지 정도는 쉽게 제압할 수 있는 청년이었다. 그런데도 나이든 아버지의 움직임에 자신을 온전히 맡기고 있었다. 요새 같으면 아버지는 쉽게 청년 아들에게 두들겨 맞고 길거리에 쓰러졌을 것이다. 아들 이삭이 아버지에게 자신의 몸을 온전히 맡길 수 있었던 것은 그도 역시 하나님을 경외하고 아버지를 온전히 신뢰한 아들이었기에 가능했던 것이다.

아들을 번제로 잡으려 하는 순간에 하나님은 아브라함을 급히 부르시면서 "아브라함아 그 아이에게 네 손을 대지 말라. 네 아들 네 독자라도 아끼지 않았으니 이제야 네가 하나님을 경외하는 줄 아노라"

아브라함이 믿음의 조상, 열국의 아버지가 될 수 있었던 것은 혼자의 작품이 아니었다. 아버지와 그 아들의 신뢰와 순종이 만든 합작품이었다. 하나님께로부터 인정받는 믿음의 조상이 될 수 있었던 것은 아들의 순종도 한 몫을 한 것이다. 아들의 순종이 아버지를 훌륭한 아버지가 되게 하였다. 아버지는 결코 혼자 잘해서 아버지가 되는 것이 아니다. 자녀와 합작으로 이루어진다는 것을 보여준다.

그런 의미에서 자녀들이 아버지를 철들게 하고 성숙하게 한다. 아버지는 스스로를 완성된 존재로 확신을 하면서 아들을 항상 어리숙한 철부지로만 보고 일방적인 지시와 가르침만 베풀려고 할 때 아버지는 정신병중의 정신병, 가장 커다란 광기의 표현이라고 말한다. 자기를 완성된 존재라고 보는 아버지는 정신병자이다. 우리는 '타자'에 의해 만들어지고 '타자'로부터 유래하는 존재이다. '타자'의 공기를 마시는 우리는 '타자' 없이는 존재하지 않는다.(버려진 아들의 심리학: 마시모 레 칼카티, 208)

2. 아버지와 아들은 하나이다

하나님의 아들, 예수 그리스도 역시 아들로서의 헌신으로 하나님 아버지의 영광이 드러나게 하셨다. 예수님이 겟세마네 동산에서 땀을 핏방울같이 흘러내리시면서 절규하는 기도를 드렸다.

"내 아버지여 만일 할 만하시거든 이 잔을 내게서 지나가게 하옵소서. 그러나 나의 원대로 마옵시고 아버지의 원대로 하옵소서"

아들 예수님의 순종과 헌신으로 하나님 아버지께서 아버지다워지셨다. 아버지다움은 결코 혼자 이룰 수 없다.

그런 의미에서 아버지와 자녀의 관계는 서로 함께 하는 존재이다. 서로를 세워주는 존재이다.

예수님은 항상 아버지와 아들이 함께 하나이신 것을 강조하셨다.

"아버지여 아버지께서 내 안에 내가 아버지 안에 있는 것같이 그들도 다 하나가 되어(특히 아버지와 아들이 하나가 되듯이, 부부가 하나 되듯) 우리 안에 있게 하사 세상으로 아버지께서 나를 보내신 것을 믿게 하옵소서"(요한 17:21)

아버지가 아들 안에 있고 아들이 아버지 안에 있다. 아버지를 거부하는 것은 나를 거부하는 것이고 자신을 고아로 만드는 것이 된다. 아버지가 아들을 거부하는 것 역시 아버지 자신의 존재를 거부하는 것이 된다. 그런 아버지는 아들을 아버지 없는 아들을 만든다. 아버지와 아들은 서로 독립된 존재가 아니다. 한 몸으로 존재한다. 그러므로 아들이 아버지의 영광을 나타내게 하는 것은 자신의 영광을 나타내는 것이 된다. 아버지 역시 아들의 영광을 나타내는 것이 아버지 자신의 영광을 나타내는 것이 된다. 아버지와 아들은 하나이다.

3. 아버지는 아들을 주인공으로 세워라

아버지는 때가 되면 아들을 주인공으로 세우기 위해 주인공 자리에서 물러날 줄 알아야 한다. 언제까지 주인공 노릇하면서 아들을 지배하고 통제하고 억압하면서 아들의 의견을 무시하고 아들로만 존재하게 할 것인가? 물질이나 권위로 아들의 인생을 통제만 한다면 그 아들은 평생 아들로만 존재하고 아비가 되지 못한다. 아비가 못되는 그 아들의 아들 역시 평생 아들로 살게 되는 대물림이 진행된다. 어머니도 아들을 아비가 되게 하기 위해서는 더 이상 아들을 정서적인 남편으로 붙들어 두어서는 안된다. 또한 출가한 아들을 아비 없는 사회는 이기심과 철들지 못한 아이들의 철없는 늙은 아이들의 가정, 사회, 교회가 되어 정신병이 만연한 미래 사회로 변해갈 것이다.

아들에게 주인공 자리를 물려주기 위해 할 수 있는 아버지의 할일은 간단하다. 더 이상 아버지 자신의 권리와 욕심에 집착하지 않고 아들의 인생에 깊은 사랑과 관심을 가지고 격려하면서 친구같은 멘토가 되어주는 것이다. 때로는 아들의 의견을 지지해 준다. 지극한 사랑을 보여주며 아들을 독립된 인격자요 어른으로 세워준다. 그의 의견을 존중해 주며 따라 주는 것이다. 과거 자신이 존중받고 세움을 받았듯이 말이다.

다윗은 아들 압살롬을 세워주지 못했다. 친 여동생 다말이 이복 오빠 암논에게 강간당한 사건에 대해 아버지 다윗이 적절히 개입하여 암논의 문제에 대한 정의롭게 다스리지 않았다. 또한 다말의 정서적인 아픔과 억울함을 해결해 주지 못했다. 자녀들의 인격을 무시하고 독립된 인격자로 세워주지 않게 되자 이에 압살롬은 아버지에 대한 분노를 터트리면서 군대를 동원하여 왕궁의 아버지를 내쫓는다. 죽이려고도 했다. 아버지가 가족들의 정서적인 고통을 풀어주지 않고, 정의로운 개입을 외면할 때 가정에는 저주가 온다.

이에 대해 말라기 선지자는 언급했다. "아버지의 마음을 자녀에게로 돌이키게 하고 자녀의 마음을 그들의 아버지에게로 돌이키지 아니하면 두렵건대 내가 와서 그 땅을 칠까 하노라"(말라기 4:5~6)

이 땅에 아버지들이 자녀를 주인공으로 세워주지 않고 계속 독재자로 살아가는 한 자녀들은 평생 철이 들지 못한 늙은 아이로 살아가게 될 것이다. 그런 늙은 아이들은 또다시 애늙은이를 양산하게 된다. 자연히 가족과 사회는 이기적이면 철처한 자기중심에 머무는 유아기적인 사회에서 벗어나지 못한다.

4. 아버지는 아들에게 배워라

요나단이 블레셋과 전쟁 때였다. 궁지에 몰린 이스라엘. 요나단은 상황에 압도되지 않고 부하 한명과 블레셋의 진지로 진입한다. 그때 고백한 신앙은 두려움에 떨고 있는 아버지를 능가하는 모습을 보여주었다. "우리가 이 할례 받지 않은 자들에게로 건너가자 여호와께서 우리를 위하여 일하실까 하노라 여호와의 구원은 사람이 많고 적음에 달리지 아니하였느니라(삼상 14:6)". 그리고 요나단은 이 싸움에서 하나님의 징표를 구하는 영적 통찰력을 보여 주었다. 결국 이스라엘 군대는 적진을 혼란에 빠뜨린 요나단의 공격으로 블레셋을 격퇴하였다. 두려움에 사로잡혀 공격할 엄두도 못 내었던 아버지 사울과는 판이하게 다른 모습이었다.

나이든 아버지도 때때로 아들에게 배워야 할 때가 있다. 아버지가 자신은 온전하여 배울 것이 없으니 아들은 무조건 아버지를 따라야 하고 아버지의 의견에 무조건 복종해야한다고 생각하는 아버지는 훗날 자신의 아들로부터 완전히 무시당하고 외면당하는 불행을 겪게 될 것이다.

아버지가 아들에게 귀를 기울이고 아들의 의견에 경청하는 모습은 지혜로운 모습이다.

아버지가 아들의 의견을 무시하고 업신여기면 그 아들 역시 자신의 아들을 무시하고 돌보지 못하는 잘못을 범할 수 있다. 다윗이 그러했다. 다윗이 전쟁터에 있는 형들을 만나기 위해 찾아왔을 때 형들은 다윗에게 집에서 양들이나 돌보지 왜 전쟁터에 와서 돌아다니느냐고 야단을 친다. 그러나 그 전쟁터에서 다윗은 누구도 해결 못한 골리앗을 쓰러뜨리고 이스라엘 군대를 역전시킨다. 아버지는 아들을 우습게 보지 않아야 한다. 내 아들이 국가적인 문제인 골리앗을 쓰러뜨리는 주인공이 될 수도 있다. 아버지는 아들을, 형들은 동생을 우습게 여기지 말고 기대하고 믿어주라. 기회를 주어보라.

민수기 16장에는 모세를 대적하는 무리들이 나온다. 르우벤 자손 다단, 아비람 그리고 고라이다. 이 죄로 인하여 그들은 심판을 받아 죽는다. 그런데 고라의 자녀들은 아버지의 허물을 따르지 않고 하나님을 경외하고 모세의 권위를 존중했다. 시편에는 고라자손의 시가 9편이나 기록되어 있다. 자녀들이 아버지보다 분별력이 뛰어난 것을 보여준다.

아버지가 자녀들에게 배울 수 있는 넉넉한 마음을 소유할 때 그 집안은 축복의 통로로 귀하게 쓰임 받을 수 있다.

〈적용〉
1) 자녀들에게 아버지 노릇에 최선을 다하고 있는가? 자녀들의 고민 3가지 이상 알고 있는지 점검해 보라. 그렇지 못하면 오늘 당장 대화하

면서 알아내고 기도해 주면서 공감해 주라.

2) 아버지는 아들을 있는 그대로 받아드리고 존중하고 있는가? 자꾸 가르치려고 하지 않는가?

3) 자녀는 아버지만큼 성장한다. 아버지는 자녀에게 "나를 본받으라!"고 할 수 있는 부분과 할 수 없는 부분을 정리하여 본받지 말아야 할 부분을 회개하고 결단한다.

4) 아버지는 자녀와의 대화에서 지지해 주고 경청하는 모습을 보여 주고 있는가?

자녀에게서 배울 점을 5가지 이상 찾아보고 칭찬해주고 지지해 주라

제7부 아버지를 뛰어 넘으라

V. 네 부모를 용서하라

(사무엘하 14장 25절 - 33절)

Ⅰ. 19세기 세계에서 가장 유명한 무신론적 철학자 니체는 "신은 죽었다!" 라고 유명한 선언을 했습니다. 신(하나님)이 죽었다고 한 이유는 니체가 4살 때 아버지가 일찍 질병으로 죽었기 때문이었습니다.

니체의 아버지는 루터교 목회자였고 36세 때 뇌질환으로 인한 통증으로 힘들게 살았습니다. 니체는 일찍 세상을 떠난 아버지를 보고 엄청난 충격을 받았습니다. 아버지를 존경하면서도 아버지가 약하고 병들어 있고 생기 없는 모습을 보면서 아버지의 무력함을 느끼고 자신이 고아같이 느꼈습니다.

아버지 장례식 때 사랑하는 아버지와 영원히 헤어지게 되었다는 사실에 서럽게 울었답니다. 어린 니체에게 비추어진 병약하고 무능한 아버지는 바로 병약하고 무능한 하나님으로 각인되었습니다.

그는 평생 동안 약하고 병들고 생기 없는 하나님, 그런 기독교를 맹렬히 비판했습니다. 힘없이 죽은 아버지는 죽은 하나님으로 표출되었던 것입니다.

거의 비슷한 시기, 염세주의 철학자 쇼펜하우어는 그가 17세 때 사업하던 아버지가 자살했습니다. 아버지가 죽은 그날을 쇼펜하우어는 자기 생애 가장 어두운 날로 기록하였습니다.

어머니는 쇼펜하우어를 사랑으로 돌봐주지 않았기에 평생 혐오하고 멀리하였습니다. 어머니에 대한 미움은 여성을 거부하게 했고 평생 독신으로 살게 했습니다. "젊었을 때 나는 항상 우울했다. 18세 때였던 것으로 기억하는데 하나님이 이 세상을 만드셨다고? 아버지 없는 세상? 차라리 마귀가 만들었다고 하는 편이 더 옳을 것이다."라고 말했습니다.

윌리암 윌버포스는 영국 하원의원이었습니다. 영국의 노예제도를 폐지한 하나님의 일꾼이었습니다. 9살 때 아버지가 돌아가셨습니다. 어머니는 그를 자녀가 없는 삼촌 댁으로 보냈습니다. 삼촌 댁은 온정이 넘치고 신앙의 열정이 있는 집이었습니다. 그는 삼촌 내외를 부모처럼 존경했습니다.

여기서 그는 초기 감리교의 영성을 경험하게 됩니다. 그리고 "나같은 죄인 살리신"(Amaging Grace)을 작사한 존 뉴톤을 삼촌 댁에서 만났습니다. 뉴톤의 설교와 이야기에 푹 빠졌습니다. 후에 그는 "내가 어렸을 때 존 뉴톤을 부모처럼 존경했다"고 증언하기도 했다. 그후 이십대 중반 때에 하나님의 소명을 받들고 평생 국회의 복음화, 영국사회의 경건 사회를 위해 힘쓴 복음의 거장으로 살았습니다.

이 세상에 완벽한 부모는 없습니다. 그러나 완벽한 자녀는 존재할 수 있습니다. 부모의 영향력이 자녀에게 미치는 비중이 크지만 그 부모의 영향력에 어떻게 반응하느냐는 것은 자녀의 몫입니다. 육신의 아버지를 뛰어넘어 하나님 아버지와의 연합으로 나아갈 수 있기를 축복합니다.

Ⅱ.본문을 살펴봅니다. 압살롬과 아버지 다윗의 관계에서 갈등을 어떻게 풀어나가느냐 하는 것이 핵심입니다.

우선 아버지와의 갈등을 자녀의 입장에서 어떻게 풀어가야 할까를 살펴보려고 합니다. 다윗에게는 부인이 여럿 있었습니다. 그러다보니 배다른 형제들이 서로 섞여서 살았습니다.

다말이라는 딸이 있었는데 예뻤습니다. 이복오빠 암논이 그 여동생 다말을 짝사랑하였습니다. 어느 날 암논이 아픈 척 누워 있다가 다말이 음식을 가지고 방에 왔을 때 다말을 억지로 강간을 하였습니다. 자기 욕심을 채운 암논은 다말을 무책임하게 집밖으로 내팽개쳐 버렸습니다. 강간을 당하고 버림까지 받은 다말은 슬픔이 이루 말할 수 없었습니다. 그때 다말의 친오빠 압살롬이 여동생을 자기 집에 데리고 위로해주었습니다. 이 소식을 들은 다윗은 겉으로 크게 화는 내었지만 아무런 조치를 취하지 않았습니다(13장 21절).

아무 조치를 취하지 않는 아버지를 보고 압살롬은 2년간 복수할 계획을 하였습니다. 2년 후 양털 깎는 축제 때 이복형 암논을 잔치에 초대하여 술을 잔뜩 먹입니다. 술이 취했을 때 압살롬이 부하들에게 신호를 보내자 대기하고 있던 부하들이 암논을 죽였습니다. 이 소식이 다윗왕에게 들렸습니다. 다윗왕은 아들이 죽은 소식, 압살롬이 도피한 소식, 자녀들이 피 흘린 사건에 슬퍼하였습니다(13장 37절). 이때도 다윗은 아무런 조치를 취하지 않았습니다.

압살롬이 외가댁으로 도망 간지 3년이 되어서 아버지 다윗은 압살롬을 너무나 보고 싶어 했습니다. 왕이 아들을 보고 싶어 하는 모습을 눈치 챈 사람이 요압 장군이었습니다. 그가 지혜를 짜내어 왕의 심기를 상하지 않게 하면서 압살롬을 데리고 오겠다고 했을 때 다윗이 허락합니다. 그렇게 해서 압살롬이 다시 예루살렘 궁전으로 되돌아옵니다.

정상적인 아버지 같으면 불러서 밥이라도 먹이고 지난 사건들을 정리하면서 교통정리를 잘 했을 것입니다. 책망할 일이 있으면 책망하고, 마음 아픈 일이 있으면 위로해주고 또 앞으로 어떻게 할 것인지 계획도 했을 것입니다. 그러나 다윗의 처신은 모든 일을 알고 있었음에도 아무런 조치나 행동을 취하지 않았습니다(14장 24절). 사람이 말을 해야지 일이 해결되지 않겠습니까? 다윗은 그렇게 하지 못했습니다.

다윗이 압살롬을 보지 않겠다고 한 이유는 이렇습니다.

첫째, 아직 압살롬이 형을 죽인 사건을 용서하지 않았기에 둘째, 자기 같은 자식들의 모습을 보며 자괴감을 느꼈을 것입니다.

Ⅲ. 그리고 지금 읽은 본문 내용으로 이어집니다. 아버지의 얼굴을 2년 동안 못 보게 되니까 압살롬이 더 불안했겠지요(28절). 중간에 요압장군을 통해서 압살롬이 아버지 앞에 가서 뵙게 됩니다(33절). 아버지와 만남은 있었으나 전혀 대화가 없었습니다. 아들입장에서는 아버지가 무슨 말씀이라도 해주길 기대했는데 전혀 말이 없었습니다. 자! 어떻게 이 사실을 받아들여야 합니까? 오늘 본문의 핵심 입니다. 사실 아버지가 지난 사건들을 잘 교통 정리해 주고 아들을 끌어안아 주었으면 문제는 끝이 났을터 터인데 그러지 못했습니다.

그러면 아들 입장에서 어떻게 하면 좋겠습니까? 압살롬이 취한 행동은 형과 아버지를 용서치 않고 복수로 대응한 것입니다. 나중에 4년 후 압살롬은 반란을 일으켜 아버지를 내쫓았고, 아버지의 군대와 싸우다가 비참하게 죽는 비극을 맞이했습니다.

Ⅳ. 완전한 부모는 세상에 존재하지 않습니다. 그러나 완벽한 자녀는 존재할 수 있습니다. 부모가 문제 있을 때 자녀는 그 갈등을 어떻게 풀어가야 하나요? **문제 있는 부모에 대해 어떤 반응을 보일 것인가?** 이것이 내 인생을 결정짓는 기준이 됩니다.

갈등상황에 대해 내가 어떻게 반응을 할 것인가? 그 반응이 내 인생을 복되게 할 수도 있고, 비극을 만들 수도 있습니다. 갈등상황에 대한 나의 반응은 용서하는 것입니다. **갈등을 하나님의 처분에 맡기는 것입**

니다. 그리고 나는 하나님의 부르심에 집중하면 됩니다.

미국 조지아주 애틀랜타에 있는 제일침례교회 찰스스탠리목사. 그는 출생 9개월 때 아버지가 돌아가셔서 아버지 없는 인생을 살았습니다. 누가 아버지에 대해 물으면 "난 아버지가 없어요. 내가 아기였을 때 돌아가셨어요. 나는 아버지에 대해 전혀 몰라요"라고 했습니다. 그러면서 그는 하나님께 항의했습니다. "왜 아버지를 일찍 제게서 빼앗아가셨나요?" 하나님께 화를 냈습니다.

그러다가 40세 때 교회에서 기도 중 갑자기 할아버지와 아버지가 숲속에 앉아 얘기하시는 모습이 선명하게 떠올랐습니다. 자신도 그 대화 가운데 있었다는 것이 느껴졌습니다. 그때부터 생각이 바뀌었습니다.

"내게도 아버지가 계셨다. 그 아버지와 계속 관계를 맺고 있었다. 나는 더 이상 아버지의 존재를 부인할 수가 없었다. 내게 아버지가 계셨다." 이 사건이 찰스 스탠리 목사님의 인생에 위대한 돌파구가 되었습니다. 14,000명의 교회로 일구는 전환점이 되었습니다.

이 세상에 완벽한 아버지는 존재하지 않습니다. 내 아버지도 하나님 앞에서는 "어린양"입니다. "상처 입은 한 소년"의 모습입니다. 아버지도 실수 할 수 있습니다. 허물과 죄가 있습니다. 미성숙합니다. 때로는 자녀보다 철없는 모습을 보여 줄 수도 있습니다. 그러나 아버지라는 위치 때문에 아버지는 존중받아야 합니다. 아버지라는 위치는 하나님이 주신 위치입니다.

여러분은 부모님을 용서하셨습니까? 화해하셨습니까? 자라오면서 이런 생각한 적 없습니까? "나는 아버지처럼 안 살거야! 나는 어머니처럼 안 살거야! 나는 아버지 같은 남편 안 만날거야! 나는 어머니 같은 아내 안 만날거야!" 이런 생각은 아직 부모님을 용서하지 않고 있다는 것입니다.

V. 압살롬이 겪은 갈등은 어떻게 풀어야 했을까요?

첫째, 여동생 다말이 이복오빠에게 강간당한 사건은 칼로 복수해서는 안 됩니다. 원수 갚는 일은 하나님께 속해 있습니다. 압살롬이 기회를 봐서 그 복수를 아버지 다윗 왕에게 맡겨야 했습니다. 그리고 성폭행을 당한 다말은 더 자신을 하나님께 거룩하게 단장하고 하나님께서 원수 갚아주실 것을 의뢰했어야 했습니다. 하나님의 위로와 치유를 기대하고 하나님께로 더 가까이 나아갔어야 했습니다.

둘째, 압살롬은 아버지가 자신을 불러주지 않음과 또 자신을 만났을 때 교통정리해 주지 않았다고 아버지를 내쫓고 반란을 일으켰습니다. 이것은 하나님의 진노를 사는 행위입니다. 하나님과 싸우는 행위입니다. 압살롬 군대 2만 명이 죽었고 자신도 비참하게 죽었습니다. 복수, 정죄, 분노는 자신을 죽입니다. 용서하고 복수는 하나님께 맡기는 것이 승리하는 길입니다. 그것이 하나님께서 내 편이 되어주시는 비결이 됩니다. 갈등이 있을 때 분노, 감정적 대응은 자신을 죽입니다. 자기 후손들도 죽입니다. 가족 전체를 파괴합니다.

십자가에 못 박힌 예수님 옆의 강도들이 처음엔 예수님을 비난했습니다. 그런데 한 강도는 예수님이 자신을 십자가에 못 박은 군병들을 위해 기도하시는 소리를 들었습니다. "아버지 저들을 사하여 주옵소서. 자기들이 하는 것을 알지 못함이니이다"(누가복음 23장 34절)

그 기도소리에 강도는 깊은 감동을 받아 회개하고 예수님께 구원을 요청하여 구원받았습니다. 십자가의 강도를 회개시킨 것은 천군천사를 동원하는 권세가 아니었습니다. 용서의 기도였습니다. 부모의 허물을 용서하십시오! 내 인생에 하늘이 열립니다. 내 인생에 부활의 영광이 임합니다. 내 인생에 승리의 영광이 임합니다. 내 인생에 하나님이 내편이 되어 주십니다.

부모도 연약한 주님의 어린양입니다. **부모를 용서하십시오!** 그리하여 부모라는 언덕을 뛰어넘어 영원한 하나님 아버지의 축복 산에 우뚝 서는 승리자로 서기를 축복합니다.

Ⅵ.부모와 자녀간의 소통–왕의 기름부으심

(창세기 44장 18 ~ 34절)

Ⅰ. 한국 외대 진미경 교수와 아버지 진승록 교수에 대한 이야기입니다. 1961년 아버지는 서울대 법대의 학장이었습니다. 그는 1961년 5.16 직후에 중앙정보부에 끌려갔습니다. 북한 간첩에게 대학생 동향 정보를 알려주고 금괴를 받았다는 혐의였습니다. 1심 군법회의에서 진승록 교수는 간첩죄로 사형을 선고받았습니다. 1963년 2심과 대법원에서는 간첩 방조죄만 인정되어 징역 10년형을 확정 받았습니다. 그때 아버지는 57세였습니다. 그 후 2년간 옥중 생활을 하던 중 대법원 판결로 2개월 뒤에 형 집행정지로 풀려났습니다. 풀려나면서 강의도, 책 출판도 금지 당했습니다.

1978년에 와서 사면을 받고 1985년 79세의 나이로 아버지는 질병으로 세상을 떠났습니다. 아버지는 평생 "억울하다... 너무나 원통하다." 고 가슴 아파하며 사셨습니다. 딸은 아버지의 억울한 고통을 마음 깊이 느꼈고, 그 억울함을 풀기위해 지난 5년간 남편과 함께 법정 싸움을 했습니다.

아버지의 재판 기록이 남아있는 육군 본부에서 판결문을 찾아냈고, 전국을 다니면서 수사 관련자들을 만났습니다. 그 과정에서 아버지의 혐의가 전혀 없음을 밝혀주는 결정적 증거가 발견되었습니다.

800장 분량의 증거자료와 판결문을 비교하면서 잘못된 부분을 찾아

냈습니다. 그 5년의 과정은 아버지의 삶을 되짚는 긴 여행이었습니다. 드디어 아버지의 간첩 혐의는 무죄로 판결이 내려졌고, 아버지의 억울함은 해결될 수 있었습니다.

진미경 교수는 돌아가신 아버지께 부칠 편지도 써서 아버지의 묘지에 최종 판결문과 함께 전해드릴 계획입니다. 아버지께 드리는 편지 내용은 이렇습니다.

"아버지! 드디어 58년 만에 무죄를 받았습니다. 살아생전 잠 못 이루시고 억울하다 하셨는데, 이제 누명을 벗으셨으니 부디 천국에서 안식을 누리소서. 막내딸 미경 올림."

혹시 나의 아버지는 평생 어떤 고민, 고통을 안고 살았는지 생각해 보신 적이 있으신지요? 진미경 교수처럼 아버지의 고통이 스며들었던 그 삶의 현장들을 다시 짚어보는 여정을 한 번쯤 살펴보는 것은 어떨까요?

아버지는 가족을 미소 짓게 하는 희망입니다. 아버지의 고통이 자녀들의 평생 고통으로 남겨집니다. 아버지의 행복이 자녀들의 평생 행복으로 남겨집니다. 때로는 자녀들이 아버지의 고통을 잘 풀어드릴 수 있다면 아버지의 행복이 자녀들의 행복으로 남게 될 것입니다.

Ⅱ. 본문에는 유다가 애굽의 총리 요셉에게 아버지 야곱에 대한 감동 깊은 호소를 하는 장면입니다. 이 본문에 대해 주석 학자들은 "구약성서 중 가장 장엄하고 설득력이 있는 웅변이다.", "어떤 웅변가의 말보다 더 감동적인 웅변이다. 세계에서 가장 아름다운 웅변의 표본이다."라고 극찬을 합니다.

아버지 야곱에 대해 아들 유다가 총리 요셉의 마음을 감동케 하여 가족 간에 완전한 화해를 이끌어 내는 모습입니다.

본문 내용에 앞서 22년 전으로 거슬러 올라가 봅니다. 야곱에게 열두 아들이 있었습니다. 야곱은 예쁘고 사랑스런 아내 라헬에게서 낳은 아들 요셉을 굉장히 사랑했습니다. 형들보다 편애하였습니다. 점점 편애가 심해지니까 형들은 어느 날 기회를 엿보다가 동생 요셉을 애굽의 노예로 팔아버립니다. 그리고 집에 와서 형들은 요셉이 짐승에게 물려 죽었다면서 요셉의 옷을 찢어 짐승의 피를 묻혀 아버지에게 보여드렸습니다. 아버지는 대성통곡하였습니다. 그렇게 하여 요셉은 애굽의 노예로 팔려갔고, 나중에 요셉은 하나님의 인도하심 속에서 애굽의 국무총리가 되었습니다.

숨겨진 죄는 때가 되면 다 드러납니다. 요셉이 형들과 22년 만에 만나게 된 것입니다. 요셉은 열 명의 형들을 한 눈에 알아보았습니다.

"당신들 간첩이지?" "아닙니다. 저희는 식량을 사러 온 것뿐입니다." "아버지와 가족들은 어디에 있느냐?" "가나안에 있습니다. 열 두 형제 중 한 명은 죽고 나머지 한 명은 아버지와 함께 있습니다." "너희가 간첩이 아니라면 그 막내를 데리고 와봐라!"

그들은 다시 가나안에 돌아가 막내 베냐민을 데리고 옵니다. 그 때 요셉은 꾀를 내어 막내 베냐민을 잡아 억류시켰는데, 그 때 유다가 나서서 요셉을 설득하는 내용이 오늘의 본문입니다.

핵심 내용은 넷째 유다가 아버지 야곱의 마음을 대변 하면서 아버지를 깊이 위하는 마음을 보여줍니다. 아들 유다가 아버지 야곱의 마음과 같이 연결되어 있었고, 아버지의 마음이 유다의 마음에 그대로 새겨져 있습니다. 아버지의 마음과 아들 유다의 마음이 동일합니다(빌립보서 2장 5절 찾아 읽기).

20절, 유다는 아버지 야곱이 동생 베냐민을 지극히 사랑하고 있음을 그대로 수용하고 인정했습니다. 그도 두 아들을 잃어 본 경험이 있습니다. 동생에 대한 시기와 질투가 없습니다. 그냥 아버지의 그런 마음을 있는 그대로 인정하고 있습니다.

22절, 베냐민이 없다면 아버지도 죽게 될 정도로 사랑한다고 말합니다. 29절, 베냐민이 없는 아버지의 인생은 지옥 같은 고통이라고 말합니다.

유다는 아버지의 지나친 막내 동생을 사랑하는 마음을 심판하지 않았습니다. 그리고 33절, 배 다른 동생 베냐민을 위해 자신을 희생하려는 모습을 보여줍니다. 아버지에게는 배 다른 자녀의 구분이 없습니다. 유다는 그런 마음을 지니고 있습니다. 하나님에게는 남녀노소, 인종과 국적의 구분이 없습니다(요 3:16). 유다는 온 가족이 위기를 맞이했을 때 제일 먼저 자신을 희생하려고 뛰어들어 위기를 해결합니다. 가족과 형제를 살리기 위해 자신을 희생하는 것, 이것이 아버지의 마음이지 않습니까?

나는 평생 살아오는 동안 아버지의 마음을 이렇게 헤아려 본 적이 있나요?

결국 요셉은 통곡하고 자신이 22년 전 노예로 팔린 요셉임을 형들에게 고합니다. 나중에 아버지 야곱은 이 얘기를 듣고 가족의 대표로 유다를 세웁니다(창 46:28). 이 사건을 통해 비록 유다는 넷째 아들이었지만 아버지 야곱의 마음을 가장 잘 이해한 아들이 되어 가족의 대표로 세움을 받게 됩니다.

출애굽 광야 행진에서도 유다 지파를 선두에 세웁니다(민 2:3-9, 10:14).

이버지 야곱이 임종할 때 유다의 가문을 왕의 가문이요 메시아가 탄생하는 지파로 축복합니다(창세기 49장 8-12절). 유다의 가문을 통하여 다윗이 출생하였고, 예수님이 이 땅에 오셨습니다.

아버지 치유

장자의 마음은 아버지의 마음을 품을 줄 아는 사람입니다. 이는 사랑과 책임, 희생입니다. 아버지가 자녀들 중 어떤 자녀를 장자로 축복해 주고 싶을까요? 외모나 실력보다 그의 중심(태도)을 살펴봅니다.

말라기 4장 6절, "그가 아버지의 마음을 자녀에게로 돌이키게 하고 자녀들의 마음을 그들의 아버지에게로 돌이키게 하리라 돌이키지 아니하면 두렵건대 내가 와서 저주로 그 땅을 칠까 하노라"

아버지의 마음과 자녀의 마음이 잘 통할 때 가정 천국이 이루어집니다. 교회가 교회다워집니다. 하나님 나라가 확장됩니다. 교회의 사명은 가정 천국을 통한 하나님 나라의 확장입니다.

Ⅲ. 10년 전 일본 문화 기행을 했던 이미도 기자는 『문명의 우울』을 쓴 작가 히라노 게이치로를 만나 질문했습니다.
"미래엔 무엇이 문맹입니까?"
"마음을 읽지 못하는 것이 아니겠습니까?"
머리에서 가슴까지 가는 길이 가장 멀다는 말이 있습니다. 머리와 가슴의 심장이 잘 통할 때 소통이 잘 된다고 합니다. 소통의 심장은 산소 통입니다. 심장이 막히면 혈관에 산소가 막힙니다. 가슴이 잘 소통이 안 될 때 우리는 "숨 막혀 죽을 것 같아!"라고 말합니다.
소통에서 가장 중요한 것은 상대가 말하지 않는 것, 즉 마음의 말을 듣는 것입니다. 부모와 자녀간의 소통은 하늘의 문을 열게 합니다. 자녀가 부모로부터 공감 받으려고만 애쓰지 말고 때로는 유다와 같이 자녀가 아버지의 마음을 공감해 주는 것도 좋습니다. 독생자 예수님도 아버지 하나님의 마음을 공감하여 십자가의 길을 묵묵히 인내하시며 걸어가셨습니다. 하나 되심으로 하늘의 권능, 영광과 충만을 얻게 됩니다.

Ⅳ. 마칩니다. 인생에서 중요한 것은 성공하거나 부자가 되고 명예를 얻는 것이 아닙니다. 관계입니다!

마음의 소통입니다. 부모와 자녀간의 소통이 행복을 만들고 가정천국을 이루어 갑니다. 더 나아가서는 그런 마음의 소통이 아버지 하나님과의 마음의 소통으로 연결 됩니다!

소통이 있어 공감이 이루어지는 곳에 왕의 기름 부으심이 흘러 이 땅을 복되게 합니다.

Ⅶ. 남자다움의 회복

A. 서론

유명한 염세주의자인 아르투르 쇼펜하우어(Arthur Schopenhauer, 1788~1860)는 아버지 플로리스와 어느 정도 긍정적인 관계를 가졌다. 하지만 1805년 그의 아버지는 건물 3층에서 운하로 뛰어들어 자살하고 만다. 플로리스는 부유한 국제적인 상인이었고 볼테르를 존경한 자유사상가였다. 아버지가 돌아가시던 날을 아르투르는 "나의 인생에서 가장 어두웠던 날"로 기억하고 있었다. 103)

반면에 쇼펜하우어와 어머니의 관계는 아주 부정적이었다. 유아기나 아동기에도 어머니의 사랑은 빈약하거나 아예 없었다. 애초부터 어머니는 쇼펜하우어를 낳을 마음이 없었고 자기 아들에 대해서 개인적인 자유를 잃게 된 원인이자 "자신을 포기하는 상징"으로 간주했다. 자라면서 쇼펜하우어는 어머니를 혐오했으며 평생 동안 소원하게 지냈다. 아버지와 짧았지만 행복했던 유년기가 지난 후 쇼펜하우어에게는 그와 같은 시간이 다시는 돌아오지 않았다. 그는 평생 결혼하지 않았고 누이동생과도 결별했으며 누구와도 정서적으로 지속적인 관계를 맺지 않았다. 어린 시절에 대한 그의 기억은 외로움과 두려움으로 점철되었다. 그는 어린 시절 보모와 하인들에 의해 양육을 받는데 그 때 자신은 부모에게 영원히 버림을 받았다고 믿게 되었다. 열일곱 살 때 겪은 아버지의 죽음은 쇼펜하우어가 하나님을 거부한 것과 관련이 되었다. "젊었을 때 항상 나는 매우 우울했다. 열여덟 살 때였던 것으로 기억하는데 한번은 어린 나이에도 이런 생각을 한 적이 있었다. '하나님이 이 세상을 만드셨다고? 아니다. 차라리 악마가 만들었다고 하는 편이 옳을 것이다.'"

쇼펜하우어는 아버지와 심각한 갈등을 경험한 적이 있었다. 아버지는 그가 상인이 될 것을 고집했다. 그래서 쇼펜하우어는 아버지가 돌아가실 때까지 마지못해 아버지의 명령에 순종했다. 따라서 아버지의 자살은 의무감에서 쇼펜하우어를 해방 시켰으며 결국 그를 철학자로 성장하도록 허용한 셈이 된다. 쇼펜하우어는 극심한 외로움을 겪었다. 이 외로움은 어린 시절 유기에 대한 두려움에서 비롯되었다. 그에게는 모든 것이 헛되고 공허하며 무의미했다. 따라서 그의 철학은 공(空)과 무(無) 강조한 불교적인 무신론에 가까웠다. 그의 철학은 종교와 초월성에 대한 형이상학적인 추론을 거부한다. 그는 삶을 이해하는 핵심으로 무엇보다 고통과 인간의지를 중시했다.

쇼펜하우어의 무신론적인 철학에 결정적으로 영향을 준 대상이 그의 아버지였음을 살펴보았다.

유명한 무신론자인 프리드리히 니체(Friedrich Nietzsche, 1844~1900)가 4살 때 아버지는 36세의 젊은 나이에 세상을 떠났다. 니체의 기억 속에 남아있는 아버지의 모습은 항상 병으로 고생하는 병약한 아버지였다. 아버지로서의 역할을 제대로 하지 못한 니체의 아버지는 목회자였다. 니체의 친가, 외가는 목회자들로 둘러 쌓여 있었다. 어린 시절 경험한 병약한 아버지를 보면서 니체는 그런 아버지를 고쳐주지 못한 하나님도 병약한 하나님으로 인식이 되었다. 아버지의 죽음은 곧 하나님의 죽음과 동일시되었던 것이다. 신은 죽었다는 니체의 말 속에는 "아버지는 죽었다"는 진실이 담겨져 있다.

아버지가 죽었다는 것은 남성성, 남성다움, 남성적 정체성이 죽었다고 할 수 있다.

현대 사회에서 가정이 몰락하는 가장 심각한 원인은 남성의 위기에 있다. 즉 남자가 남자답지 못한 것이 큰 문제이다. 그 원인으로 서로 소외를 느끼는 부부, 파탄위기에 처한 가정들, 급증하는 동성연애, 청소년 범죄의 증가, 마약·알코올중독의 증가, 국가의 위기가 발생된다. 남자의 남성성이 회복되면 여자들의 여성성은 자연스럽게 회복된다.

B. 남성다움

남자의 창조는 하나님에 의해 이루어졌다. 하나님께서 남자를 창조하실 때, "하나님의 형상대로 남자와 여자를 창조하셨다"고 성경은 말한다. 남자는 하나님의 형상대로 지음 받았다. 하나님의 남성다움이 남자의 뿌리이다. 하나님의 인격, 성품에 진정한 남성다움이 있다. 그 하나님께서 육신을 입고 이 땅에 오신 분이 예수 그리스도이시다. 그렇다면 진정한 남성다움은 예수 그리스도에게서 찾아볼 수 있다. 진정한 남자다움은 자신을 아낌없이 내어주신 그리스도처럼 자녀에 대한 헌신과 다음세대를 위해 자신들의 전부를 내어 주는데 있다.104)

첫째, 남자다움은 그리스도다움이다. 그리스도다움이란 하나님의 뜻인 진리 위에 굳건히 서는 강인함, 결단력, 추진력을 말한다. 요셉이 보디발 장군 부인의 성적인 유혹에 대해 단호히 거절한다. 하나님의 뜻이 아니면 "노(NO)" 할 줄 아는 강인함이 남성다움이다. 성적인 유혹 뿐만 아니라 진리에서 벗어나게 하는 온갖 유혹들을 거절하고 진리 위에 자신을 세울 수 있는 남성성이 발휘된다면 가정은 평안해진다. 직장과 사회는 든든히 서 가게 될 것이다.

둘째, 참된 남자는 영적인 남자이다.

영적인 남자는 항상 하나님 앞에서 자신의 변화와 성숙을 추구한다. 영적인 남자는 나라와 세계를 정복하기보다 자신을 정복하는 사람이다. 하나님의 뜻에 자신을 잘 다스리는 사람이다. 아버지는 자녀를 다스리기 전에 먼저 자신을, 아내를 다스리기 전에 먼저 자신을 다스려 온전케 할 수 있어야 한다(골 1:28).

영적인 남자는 하나님 앞에서 자신의 신앙을 견고하게 세운다. 불의와 우상숭배의 환경에서 철저히 하나님을 경외하는 신앙을 선포하며 흔들리지 않는다.

다윗 왕이 이스라엘 통일을 위해 헤브론에서 7년 6개월을 기다렸다. 하나님의 때를 기다린 것이다. 자신을 세워주신 하나님의 약속을 붙잡고 묵묵히 기다렸다. 그는 영적인 남자였다. 그런 다윗 왕은 이스라엘 최고의 전성기를 구가했고 가장 복된 나라를 이루었다.

셋째, 진정한 남자는 사랑의 사람이다.

1. 하나님 아버지의 인류를 위한 사랑은 독생자를 십자가에 죽게까지 하셨다. 십자가에 못 박히신 예수님은 하나님이셨다. 참다운 사랑은 자기희생적인 사랑이다. 남자의 자기희생적인 사랑이 갖추어지면 아버지가 되어도 자녀를 위한 희생적인 사랑을 베풀 수 있다. 또한 남편이 되어도 아내를 희생적으로 사랑할 수 있다.

그런데 문제는 이런 자기희생적인 사랑을 어떻게 실천할 수 있느냐에 있다. 가능하다. 그것은 사랑의 원천이신 하나님 아버지로부터 공급받을 수 있다. 어른스러운 남자, 영적인 남자, 사랑의 남자가 되려면 하나님 아버지의 사랑을 끊임없이 공급받아야 한다. 그러기 위해 엎드려 기도할 수밖에 없다. 말씀을 묵상하면서 자신의 내면을 하나님의 사랑으로 채우면 된다. 하나님께 엎드리면 된다. 부단히 엎드리고 그분의 공급하시는 생명으로 채워나가면 하나님의 사랑을 공급할 수 있다.

바울은 디도에게 "각처에서 남자들이 분노와 다툼이 없이 거룩한 손을 들어 기도하기를 원하노라"(딤전 2:8)고 말하면서 기도로 남자 노릇을 해나갈 것을 당부하였다.

고뇌하는 남성, 압박받는 남성의 탈출구는 하나님께 부단히 엎드리는 길 외에는 없다. 하나님께 늘 엎드리라. 그러면 진정한 남자의 생명력을 공급받게 된다.

2. 현대의 남자들에게서 두드러지게 나타나는 부분이 있다. 남자들의 마음이 점점 약해져 가고 있는 모습이다. 남성이요 아버지들이 겪고 있는 심리상태는 어떠할까?

불안을 느낀다. 무능함을 느낀다. 열등감을 느낀다. 두려움을 느낀다. 소외감을 느낀다. 상처에 민감하다. 좌절감을 느낀다. 울고 싶어 한다. 쉬고 싶어 한다.

그럼에도 불구하고 오늘 우리 사회가 그런대로 지탱하고 발전한다는 소식을 들을 수 있는 것은 남성, 남편, 아버지들이 최선을 다해 책임을 다하고 가정을 충실히 보살피고 있기 때문이다.

여성의 경제활동 증가로 남성의 역할을 여성들이 대신하려고 하지만 남성, 남편, 아버지의 역할과 책임을 여성이 대신할 수 없다. 따뜻한 어머니 100명이 있어도 아버지 한명의 역할을 해낼 수 없다. 아버지는 아버지이다.

남성의 위기, 아버지의 위기는 가정, 교회, 국가의 위기이기도 하다. 그러므로 남성이 살아야 하고 아버지가 아버지다워야 한다. 이를 위해서 가족들의 도움은 필수적이다. 아버지 노릇하는데 아내의 도움은 절대적이다. 그래서 아버지들은 아내의 말을 귀담아들을 줄 알아야 한다.

3. 어느 직장인이 부부지간에 별거하고 있었다. 그 남편이 고민하던 중 자신이 어릴 적에 부모님이 별거한 사실이 생각났다고 한다. 부모의 모습이 자녀들에게 무의식적으로 흘러간다.

과거 엘 고어 전 미국 부통령 부부가 40년 결혼생활을 접고 이혼을 발표해 온 세상을 놀라게 했다. 그들은 그동안 잉꼬부부로 소문난 부부였다. 그런데 일주일 만에 큰 딸 부부가 이혼했다.

어떤 가정에서 두 아들이 알코올 중독이 되어 부모의 속을 무척 썩였다. 상담 중 아버지도 과거에 알코올 중독이었음이 드러났다. 아버지의 삶을 자녀가 그대로 이어받는다는 사실을 보면서 참으로 두려움을 느끼게 한다. 귀한 아들이 남편의 삶을 이어받는다. 예쁜 딸이 아버지 같은 남편을 만나서 엄마가 겪은 불행을 답습하고 살아갈 가능성이 많다.

사울 왕이 아버지의 삶에 실패하게 되자 아들 삼형제가 전쟁에서 아버지와 함께 죽었다. 딸 미갈도 평생을 불행하게 살았다. 아버지가 먼저 살아야 자녀들도 산다. 그러기 위해 남자다움이 회복되어야 한다. 여기에 남성치유가 필요하다. 치유를 통해 하나님의 형상대로 지음 받은 긍정적 자존감이 회복 될 수 있다.

남자다움이 회복되면 남편과 아버지, 또 리더로서의 세 기능을 잘하게 된다.

첫째는 안내자(guide) 역할이다. 진리의 말씀으로 가족과 사회를 잘 이끌어 간다. 사랑과 정의로 가정과 사회, 나라를 이끌어 간다. 책임 있는 아버지는 "나를 본받으라, 나를 따르라"고 할 수 있다.

둘째는 보호자(guard) 역할이다. 가족을 죄와 악, 세속주의, 향락, 이 세상 풍조의 흐름에서 차단 할 수 있어야 한다. 아버지가 집안에 존재하면 가정의 울타리와 보호의 기능을 하게 되어 함부로 공격 받지 않는다. 아무리 아버지가 병환 중에 있더라도 아버지가 계시는 집은 이웃도 함부로 대하지 않는다.

셋째는 다스리기(govern)이다. 하나님의 사랑과 공의로 가정과 사회를 잘 다스린다. 아버지는 하나님의 말씀으로 훈계하고 잘 가르치는 사명을 지니고 있다. 가정을 잘 다스릴 줄 아는 아버지라야 교회, 사회, 국가도 잘 다스리는 리더가 될 수 있다.

이러한 남자다움의 모델은 예수 그리스도이시다. 부족하지만 꾸준히 그분을 바라보고 그분과의 친밀함을 지속하게 되면 그분의 생명이 내 안에 넘쳐서 남성다움이 이루어지게 될 것이다. 남자다움을 이루기 위해 예수 그리스도와 친밀함을 이루어 가는 것은 필수적이다. 일과 사람보다 그분과의 교제를 충실히 하는 것에 우선순위를 둘 때 하나님의 나라와 뜻이 이 땅에 이루어지게 된다.

리차드 필립스(Richard D. Phillips)는 「남자의 소명」에서 남자의 소명을 몇 가지로 정리 했다.105)

첫째는, 아내를 사랑하고 둘째는, 자녀를 제자화하고 징계하며, 셋째는, 진실한 우정을 나누고, 넷째는, 하나님의 나라를 위해 열심히 헌신하는 것으로 정리했다. 남자들은 이러한 사명을 잘 수행하기 위해서는 하나님의 도우심을 위한 기도가 반드시 필요하다. 하나님의 도우심을 얻지 못하면 남자답게 사는 일은 불가능하다.

그래서 바울은 디모데에게 간절히 요청했다. "그러므로 각처에서 남자들이 분노와 다툼이 없이 거룩한 손을 들어 기도하기를 원하노라"(딤전 2:8)

예수 그리스도께서도 인류구원의 대속적인 삶을 위해 사역과 군중을 떠나 홀로 한적한 곳에서(막1:36) 기도의 시간을 가지셨음을 보여 주셨다. 남자다움은 성실한 기도에서 완성이 된다고 볼 수 있다.

C. 아버지의 남성다움

첫째는 아내를 사랑하는 일이다. 하나님이 아내를 보시는 눈으로 아내를 보는 것이다. 자녀들의 마음에 행복한 마음, 긍정적 자존감을 심어주는 최고의 교육은 부모가 사랑하며 살아가는 모습이다. 그런데 경제적 가치관을 으뜸으로 삼는 현대 사회에서 가정도 점차 경제활동 중심으로 존재하고 있다.

현대의 아버지들은 사업과 아내를 맞바꾸어 살아가고 있다. 아버지가 물질 지원의 최전방에서 땀 흘리며 살아가다보니 일 중심, 일중독으로 빠져 들어가고 있다. 성취 지향적 존재로 살아가는 것이 가족과의 친밀함을 뒤로 밀쳐내고 있다. 남편들이 승진하지 못하는 진정한이유는 아내를 함께 유업을 얻을 자로 대접하지 않기 때문이다.106)

인간은 일과 성공을 위해 창조되지 않았다. 사랑과 친밀함을 위해 창조되었다. 인간은 기본적으로 사랑과 인정, 칭찬과 격려에 대한 욕구가 많다. 하나님은 사랑이시다. 그래서 우리의 조건에 상관없이 사랑을 베푸신다.

사탄은 세상을 친밀함보다 생산성을 더 가치 있게 여기는 성취지향적 사회로 만든다. 일과 물질은 사람을 판단하게 만든다. 아버지가 아내와 자녀들의 필요에 민감하지 못할 정도로 직장과 일에 빠지면 어둠이 틈을 타고 가족 간의 친밀함을 파괴한다.

아무리 중요한 일일지라도 아내 사랑과 자녀 돌보는 일보다 귀한 일이 있을까? 아버지가 존재하는 최고의 우선순위는 아내를 사랑하고 자녀를 잘 양육하는 일이다. 자신의 몸인 아내를 사랑할 줄 모르는 남편이 어찌 다른 사람을 사랑한다고 할 수 있을까?

둘째는 자녀들과의 마음의 교류를 통해 신앙의 유산을 계승시켜 주는 일이다. 구약성경 말라기 4장 5,6절에는 아버지와 자녀 간에 마음의 교류가 없는 사회는 저주가 임한다고 했다. 형식적인 관계가 아니라 내면의 대화를 나누는 관계가 되면 신앙적인 비전도 자연스럽게 공유하고 계승할 수 있다. 아버지는 자녀의 행위를 다루기보다 마음을 다룰 수 있어야 한다. 마음이 변화되면 행동은 자연히 바뀌게 된다. 마음의 변화를 위해 자녀들의 마음을 만져주는 아버지가 되어야 한다. 이를 위해서는 공감하는 습관, 격려하는 습관, 자녀들의 말에 주의 깊게 경청하는 습관, 관심을 기울이는 습관이 활성화되면 아이들에게 안정감이라는 뿌리를 제공해 줄 수 있게 된다.

그리고 하나님 아버지의 모습을 보여주는 존재가 육신의 아버지이다. 아버지의 진실한 신앙이 삶으로 보여 질 때 자녀들은 신앙을 잘 계승받고 하나님과의 친밀함을 더 깊이 이루어나갈 수 있다.

아버지들은 힘들겠지만 하나님 아버지의 마음을 갖도록 하나님께 요청하라. 이를 위해 애쓰는 아버지들을 하나님 아버지께서도 이해하시고 넉넉히 도우시고 지지해 주신다. 치열한 경쟁사회에서 아버지는 가정과 일터를 돌보기 위해 많은 고뇌를 겪는다. 아버지의 삶은 고단하다. 때로는 주저앉고 싶다. 그러나 아버지의 책임과 역할을 다 할 때 가정의 행복이 이루어진다. 다음 세대에 더 나은 축복이 부어진다. 사회가 건강하고 국가가 든든히 서게 된다. 하나님의 나라가 이루어진다. 아버지이기 이전에 하나님의 아들인 아버지들에게는 하나님의 동행하심이 있다. 하나님의 도우심이 항상 부어지고 있다.

어느 날 밤 한 아버지가 꿈을 꾸었다. 그는 꿈속에서 주님과 함께 해변을 거닐고 있었다. 그 때 하늘에 스크린을 펼쳐 놓은 듯 지금까지 자신이 살아온 발자취가 전개되었다. 매 장면마다 모래 위에 두 사람의 발자국이 찍혀 있는 것이 보였다. 하나는 자기의 것이고 또 하나는 주님의 것이었다.

마지막 장면이 전개되고 있을 때 그는 모래 위에 찍힌 발자국을 되새겨 보았다. 지금까지 살아오는 동안 한 사람의 발자국만 찍혀 있던 때가 많았음이 생각났다. 그때는 무척 힘들고 슬픈 순간들이었다. 궁금하게 여긴 그는 주님께 여쭈었다.

"주님, 제가 일평생 주님을 따르겠다고 말씀드렸을 때 주님은 항상 저와 동행하겠다고 약속하셨습니다. 그러나 제 인생에 있어 가장 어려웠던 동안에는 모래 위에 단 한 사람의 발자국밖에 찍혀 있지 않았습니다. 주님이 절실히 필요할 때 왜 저를 홀로 내버려두셨는지 이해할 수 없습니다."

그러자 주님은 대답하셨다. "나의 사랑하는 아들아, 나는 결코 너를 홀로 내버려 둔 적이 없단다. 네가 시련을 당해 힘들어 하는 동안 모래 위에 한 사람의 발자국만 찍혀 있었던 까닭은 그때 내가 너를 업고 갔기 때문이란다."

D. 나는 진정한 남자입니까?

우리는 진정한 남자다움이 제대로 정리되어 있지 않은 세상에서 살고 있다. 우람한 근육이나 능력이 뛰어난 리더십을 남자다움으로 알고 있다. 참된 남성다움은 다음과 같은 내용을 지니고 있다.

1. 남자다움은 예수님다움이다.

진리에 서서 죄와 악을 저항할 힘이 있는 사람이다. 악한 영들을 향해 영적 전쟁을 수행할 수 있는 사람이다. 진정한 남자는 거룩한 사람이다. 경건한 사람이다.

모든 것을 하나님 앞에서 행하고 살아간다.

2. 남자는 용서할 줄 알고 용서를 빌 줄도 알아야 한다.

끊임없이 용서한다. 용서의 대가(大家)가 될 때 대장부다움을 지닌 사람이다. 더 좋은 친구가 되는 것은 용서를 더 잘하는 사람이 되는 것이다. 용서는 습관화 되어야 한다. 용서는 생활의 방식이다. 그것을 매일 실행하기 위해 매일 새롭게 결심해야 한다. 우리는 관계적인 존재로 살아간다. 다른 사람과의 신뢰, 사랑의 관계를 이루어 가는 것이 삶을 풍요롭게 한다. 무엇보다 자기중심적인 사고에서 타인 중심적이며 하나님의 관점에서 볼 수 있는 통찰력을 지닌 사람이다. 부부관계에서도 역지사지(易地思之)로 볼 수 있는 사람이다.

부부관계의 승리와 축복은 끊임없이 아내를 이해하고 마음을 헤아려 주고 수용하는데 있다. 그 혜택은 자신과 자녀에게 물려진다.

3. 남자다움은 결정된 일에는 끝까지 책임을 지는 일에 있다.

하나님께 약속한 일에는 끝까지 책임을 지는 사람이다. 그는 언약에 충실한 사람이다. 하나님 앞에서 결혼한 아내에 대해 끝까지 약속을 지키는 책임감에 충실한 사람이다. 자녀들에게도 약속한 일에는 책임을 지고 약속을 이행한다.

4. 남자다움은 가정을 사랑으로 이끌어 가는 것이다.

제사장 사역이다. 그 사역은 사랑하는 일이다. 사랑은 관심이다. 내 자녀들의 고민거리를 잘 알고 있나? 자녀들에게 가장 필요한 것은 지지와 칭찬과 사랑, 용서이다. 자녀들의 애기에 공감해주고 경청해주라. 아내 사랑은 세계적인 사역보다 중요하다. 어느 선교사의 아내는 선교사인 남편에게 "세계선교보다 나에게 먼저 선교해 주세요!"라고 요청하였다고 한다. 아내를 사랑하는 사역을 잘 하면 아내는 존경하고 순종한다. 아내를 무시하는 것은 함께 유업을 받을 자로 대접하지 않기 때문에 승진에 실패가 오고, 기도응답에서도 실패를 가져온다(벧전 3:7). 가난하게 산다. 대물림이 된다. 아들도 결혼하면 아버지를 본대로 아내를 무시한다. 딸은 남편에게 무시 받는 아내가 된다.

본디오 빌라도가 아내의 말을 귀담아 들었더라면 예수님을 십자가에 못 박지 않았을 것이다.

5. 남자다움 자신의 변화를 최우선으로 삼는 사람이다.

아내의 변화를 요구하기 보다는 내가 변화되는 것이 훨씬 시간이 절약된다. 가장 위대한 남자는 자신을 다스리는 남자이다. 남자다움은 예수님을 닮음과 같은 것이다. 남자다움이란 영적인 남자이다. 그리스도의 영이 없으면 그리스도의 사람이 아니다(롬 8:9). 그는 영이신 하나님을 통해서 모든 힘을 공급받는 영적인 사람이다. 그래서 그는 수시로 기도로 엎드린다. 말씀을 읽으며 주님의 뜻을 분별하여 가정을 잘 이끌어 간다.

그는 지도자이기에 외롭다. 그 외로움을 주님의 사랑과 지지, 격려를 통해 극복하고 이겨나간다. 남자는 기도의 사람이다. 남자다움은 열매 맺음이다. 남자다움은 죄, 악, 비진리에 대해 단호함이다(결단력, 강인함). 남자다움은 성숙함이다.

6. 아버지가 자녀들을 위해 할 수 있는 일들은 그들의 어머니를 사랑하는 것이다.

부부 사랑은 최고의 교육환경이다. 아이들 앞에서 자주 부부의 애정을 보여 주어라. 윗물이 맑으면 아랫물도 맑다. 부모가 행복하면 자녀들은 긍정적이며 자심감이 넘친다. 시련과 역경을 돌파하는 힘이 강하다. 남들이 뭐라 말해도 크게 휘둘리지 않는다.

7. 아버지는 자녀들을 하나님과 친밀한 관계가 되도록 이끌어 주는 존재이다.

아버지와의 관계를 통하여 하나님과의 관계로 발전한다. 아버지와의 관계를 통하여 권위자와의 관계로 발전한다. 자연히 승진과 연봉의 증가가 온다.

8. 가정을 친교와 연합의 장소로 이끌어 주기 위해 식사시간에 TV를 멀리하라.

TV는 가정친교의 훼방꾼이다. 가족과의 식사와 대화시간에는 TV를 꺼두라.

9. 신앙을 계승해 주는 계승자이다.

부모가 자녀들에게 물려주어야 할 최고의 유산은 신앙 유산이다. 부동산이나 명예가 아니다. 값진 명품도 아니다. 부모의 성공이나 재산이 아니다. 신앙이다. 무엇보다 우리는 하나님 나라의 비젼을 갖고 사는 하나님의 사람이다. 신앙계승은 아버지의 최고 사명이다.

10. 가정의 대소사를 지휘하는 지도자이다.

남자가 지혜와 영적 분별력을 가지고 일을 잘 이끌고 지도할 때 남성다움이 극대화 된다.

11. 아내의 세세한 알기 욕구를 채워 주는 사람이다.

그렇지 않으면 남편은 태만 죄에 걸린다. 아내는 남편과 말을 많이 하고 들으면서 사랑을 확인하는 존재이다. 남자가 결혼했으면 이 부분에 헌신할 줄 알아야 한다. 아내를 행복하게 해 줄 때 그 복은 자녀에게 온다. 그럴 때 남편은 자신감이 넘친다. 경제력도 좋아진다. 아내의 말을 세세하게 들어 줄 수 없다면 남자 사표를 쓰라. 남편은 아내와 가족들의 얘기를 듣는 전문가의 위치에 있다. 듣고 필요를 채워 주라. 지도자, 청지기, 제사장, 사역자, 상담자로서 남자인 당신은 가족들이 원하는 사람이 되어야겠다는 용기를 지녀라.

12. 모든 여자들은 남자가 가정에서 남자다워지기를 원한다.

인격적인 남편을 원한다. 아내에게 진실하고 예의를 지키며 존중해 주기를 원한다.

13. 가장 위대한 남자는 자신을 다스리는 남자이다.

남자다움은 예수님을 닮음과 같은 것이다. 남자와 아버지는 천국의 전권대사이다. 하늘의 권능과 영광이 함께하고 있으니 강하고 담대해라.

남자가 싸워야 할 대상은 무엇보다 그 누구보다 자신과의 싸움에 있다. 아내와 자녀와 싸워서 이기는 것이 아니라 자신과의 싸움에서 이겨야 진정한 승리자이다.

14. 부모의 신앙은 자녀의 배우자 선택에서 평가받는다.

하나님은 사랑이시다. 인간도 사랑으로 산다. 제발, 제발 아버지들은 일과 돈에 빠지지 말고 가정을 사랑의 천국으로 만드는데 우선순위를 두라. 일과 돈에 빠지게 하는 것은 마귀의 전략에 넘어가는 것이다. 가정에서 아버지는 하나님의 대리자이다.

아버지노릇은 우주의 핵심이다. 인생살이에서 가장 중요한 핵심이다. 아버지노릇을 잘하는 것이 가장 의미 있게 하고 보람되게 한다.

♣ 남편 십계명

1. 기도와 말씀으로 영적 체력을 튼튼하게 한다.
2. 순종을 요구하기보다 자신이 순종의 본을 보인다.
3. 아내의 변화보다 자신의 변화에 더 힘쓴다.
4. 죄와 악을 거부하고 유혹에 휘둘리지 않는다.
5. 일과 친구보다 아내 사랑을 더 앞세운다.
6. 매일 사랑, 감사, 존중의 말을 잊지 않는다.
7. 아내를 있는 그대로 수용하고 사랑하며 섬기는데 집중한다.
8. 아내의 세세한 알기 욕구를 채워준다.
9. 용서를 빌 줄 알고 용서를 잘 베푼다.
10. 가정의 일들을 의논하고 직장의 고민도 함께 공유한다.

VIII. 부모(권위자) 공경 십계명

1) 부모는 축복의 통로이니 감사와 존경을 자주 표현한다.

(공경의 분량이 축복, 자존감의 분량이다. 아버지가 축복하는 대로 유다와 요셉의 장자 축복. 창 49:28, 아버지가 자녀의 축복에 대한 분량을 결정짓는다)

2) 부모님의 심부름을 잘 해드리고 잘 순종한다.

(부모의 부름은 하나님의 부르심과 연결 된다. 부모에 대한 순종은 하나님에 대한 순종으로 이어진다. 주님은 죽기까지 순종하셨다. 요셉, 다윗, 눅 2:51, 요 2:4~7.

엘리제사장의 아들은 아버지 불순종이 하나님께 불순종으로 이어졌다.)

3) 부모의 가르침과 훈계를 잘 듣고 새겨둔다.

(아버지의 책임은 훈육과 가르침. 도덕성, 윤리를 세워준다. 아버지 엘리, 다윗은 자녀 훈계에 태만했다. 잠 4:1,4~13)

4) 공경을 반드시 물질과 선물로 표현 한다.

(마음이 있는 곳에 물질이 간다. 공경이 물질로 표현 된다. 잠 3:10, 출 23:15, 룻 3:17)

5) 부모에게 감정과 의사를 표현할 때 존경심과 영광스러움이 훼손되지 않는 분위기를 유지한다.

(공경의 열매는 형통과 생명의 윤택함이다. 갑절의 영감이 부어진다.)

6) 부모를 비판, 판단하지 않고 장점을 취하고 약점과 상처는 하나님께 올려 드리고 의탁한다. (권위자에 대한 주님의 뜻은 공경뿐이다. 주님만이 재판관이시다. 레 20:9, 마 7:1~5 공경하면 공경이 내게 온다.)

7) 부모로부터 받은 상처와 아픔은 하나님께 토설하고 위로와 격려를 받는다.

(부모를 대적하고 원망하지 말라. 부모는 내 머리이다. 삼손의 힘의 근원은 머리된 하나님으로 부터 왔다. 머리를 다치면 하나님으로부터 오는 좋은 것들이 차단된다. 가난이 온다. 부모에 대한 판단은 하나님이 하신다. 사울왕은 사무엘과의 단절로 악신이 들려 두통이 왔다. 멘토가 없어서 판단력, 분별력이 없어서 불행해졌다.)

8) 부모의 성장과정을 잘 이해하고 용서하며 감사하고 축복한다.

(부모도 상처 입은 연약한 인간이다. 나도 허물과 약점이 많다. 용서하지 않으면 내가 묶인다. 인생이 풀리지 않는다. 잠 20:20, 30:17, 사 45:10, 미 7:6)

9) 부모와 자주 의논하고 궁금해 하는 것을 알게 해드리며 마음의 얘기를 나눈다.

(부모와의 소통이 주님, 권위자와의 소통으로 연결 된다.)

10) 부모에 대한 자신의 공경하는 반응을 다루시는 하나님 앞에 주인공으로 산다.

(하나님은 나의 변화를 관심이 있어 하시고 나를 들어 쓰시려고 기대하신다. 부모가 아니고 내가 주인공이다! 주님은 다윗의 권위자에 대한 태도를 15년 간 다루셨다.)

IX. 아버지 치유 회개 제목

1. 아버지같이 살지 않겠다고 다짐한 것을 회개합니다.
2. 아버지 같은 남자를 만나지 않겠다고 다짐한 것을 회개합니다.
3. 아버지를 보면서 부끄러워한 것을 회개합니다.
4. 아버지가 왜 나를 낳았을까 원망한 것을 회개합니다.
5. 아버지를 보면서 무시하고 업신여겼던 것을 회개합니다.
6. 아버지를 판단하고 정죄한 것을 회개합니다.
7. 아버지와 대화를 해도 아무 의미나 유익이 없다고 생각한 것을 회개합니다.
8. 아버지가 싫어서 빨리 집을 떠나려고 한 것을 회개합니다.
9. 아버지가 싫어서 아버지의 직업을 싫어한 것을 회개합니다.
10. 아버지가 싫어서 할아버지, 할머니, 아버지 형제들까지 싫어한 것을 회개합니다.
11. 아버지에게 고통을 주려고 내 자신을 망가뜨리고 학대한 것을 회개합니다.
12. 아버지에게 언젠가는 복수하려고 한 것을 회개합니다.
13. 아버지를 멀리하고 엄마만 전적으로 의지하고 가까이 한 것을 회개합니다.
14. 아버지를 미워한 것이 하나님 아버지까지 미워한 것을 회개합니다.
15. 아버지를 미워한 것이 모든 권위자에게까지 미워한 것을 회개합니다.
16. 아버지가 빨리 죽었으면 좋겠다고 마음으로 살인한 죄를 회개합니다.
17. 아버지를 무시하고 거역하며 대적한 죄를 회개합니다.
18. 아버지에게 공격, 욕하며 비방하고 구타한 죄를 회개합니다.
19. 아버지에게 불순종한 죄를 회개합니다.

20. 아버지를 속이고 거짓말한 죄를 회개합니다.

21. 아버지의 것을 훔친 죄를 회개합니다.

22. 엄마와 형제들과 함께 아버지를 비난, 정죄한 죄를 회개합니다.

23. 아버지에게 감사하지 못한 것을 회개합니다.

24. 아버지로 인해 이 땅에 태어난 것에 대해 원망 불평한 것을 회개합니다.

25. 아버지의 좋은 점을 물려받은 것에 대해 감사치 못한 것을 회개합니다.

26. 아버지에게 물질로 공경치 못한 것을 회개합니다.

27. 아버지에게 안부전화를 자주 드리지 못한 것을 회개합니다.

28. 아버지가 힘들어 하실 때 도와 드리지 못한 것을 회개합니다.

29. 아버지의 권면, 가르침에 순종하지 못한 것을 회개합니다.

30. 아버지를 가정에 보내신 하나님의 종으로 존경하지 못한 것을 회개합니다.

31. 부모에게 욕하고 화낸 것을 회개합니다.

32. 부모와의 관계를 단절하려고 생각한 것을 회개합니다.

33. 다른 집의 부모가 내 부모였으면 하고 생각한 것을 회개합니다.

34. 내가 부모로부터 태어나지 않았으면 생각한 것을 회개합니다.

35. 부모가 사고로 죽었으면 생각한 것을 회개합니다.

36. 부모에게 왜 나를 낳았느냐고, 왜 해산의 수고를 하였느냐고 하면서 화를 자초한 것을 회개합니다(사 45:10).

37. 부모를 결코 용서하지 않겠다고 다짐한 것을 회개합니다.

38. 부모가 이혼했으면 좋겠다고 생각하거나 말한 것을 회개합니다.

39. 아버지가 없어지고 나와 어머니만 살았으면 좋겠다고 생각하며 말한 것을 회개합니다.

40. 부모는 나보다 수준이 낮아서 존경할 부분이 조금도 없다고 생각

한 것을 회개합 니다.

41. 부모는 나를 이 땅에 보내신 하나님의 도구라는 사실을 무시한 것을 회개합니다.

42. 나의 모든 잘못과 불행은 부모님 탓이라고 생각한 것을 회개합니다.

43. 어머니와 형제들과 함께 아버지를 욕하고 왕따시킨 것을 회개합니다.

44. 나의 아버지를 다른 아버지와 비교하면서 원망하고 비난하며 판단하였던 것을 회개합니다.

45. 나를 힘들게 하는 부모와 사느니 차라리 죽었으면 좋겠다고 생각하거나 자살을 시도한 것을 회개 합니다.

46. 결혼하고 난 뒤에는 부모와 단절을 다짐하거나 단절한 것을 회개합니다.

47. 엄마가 불쌍해서 내가 엄마편이 되어주고 곁에 있어줘야지 하고 생각한 것을 회개합니다.

48. 아빠가 불쌍해서 내가 아빠편이 되어주고 아빠를 도와줘야지 생각한 것을 회개합니다.

49. 권위자의 조그마한 잘못만 보면 비판하고 실수와 약점을 용서하지 못한 것을 회개합니다.

50. "아버지가 왜 저래? 저런 행동은 아버지가 할 행동이 아니야"라고 판단한 것을 회개합니다.

51. "저런 아버지는 집에서 내쫓아야 해!"라고 아버지를 심판한 것을 회개합니다.

52. 내가 잘못된 것에 대해 부모의 탓이요 책임이라고 한 것을 회개합니다.

53. 아버지를 평생 보지 않았으면 하고 생각한 것을 회개합니다.

아버지 치유

54. 부모가 싸우는 모습을 보고 이혼하라고 종용한 것을 회개합니다.

55. 권위자가 마음에 안 든다고 비방하고 험담한 것을 회개합니다.

56. 나에게 있는 좋은 장점과 재능을 부모님께 감사하지 못한 것을 회개합니다.

57. 부모의 불신앙, 불순종에 대하여 제가 대신 조목조목 회개 기도합니다.

58. 내가 잘된 것은 전적으로 나의 노력 때문이라면서 부모를 차단한 것을 회개합니다.

59. 부모가 자신의 어려움에만 집중한 것 때문에 자녀들의 정서적인 어려움을 돌봐주지 못한 것을 회개합니다.

60. 자녀들의 죄와 악은 아버지가 본이 되지 못한 탓입니다. 모든 죄를 조목 조목 회개합니다.

61. 자녀들의 잘못은 아버지의 잘못에서 흘러간 것이오니, 하나 하나 구체적으로 나의 잘못으로 회개합니다.

62. 아버지가 아이들의 어머니에게 폭력을 휘두르고 욕하며 무시한 것을 회개합니다.

63. 부모 자신이 지은 과거의 우상숭배에 대한 것들을 회개합니다.

64. 어머니가 자녀들에게 아버지에 대해 비난하고 욕하며 무시하게 한 것을 회개합니다.

65. 아버지가 게임이나 도박에 빠져 자녀들에게 경제적으로 지원해 주지 못하고 힘들게 한 것을 회개합니다.

66. 엄마가 자녀들의 아버지에 대해 비난하고 욕하며 무시하게 한 것을 회개합니다.

67. 아버지가 자녀들에게 무능한 모습, 허약한 모습을 보여주어 무능감과 좌절을 심어 준 것에 대해 회개합니다.

68. 아버지가 자녀들에게 엄마에 대해 비난하고 욕한 것을 회개합니다.

69. 아버지가 자녀들에게 사랑한다, 아름답다, 자랑스럽다고 지지해 주고 격려해 주지않은 것을 회개합니다.

70. 부모가 자녀들의 인생에 중요한 결정에 방관한 것을 회개합니다.

71. 부모가 술, 담배를 하면서 자녀들에게 그것을 친밀하게 한 것을 회개합니다.

72. 자녀들 앞에서 부모가 싸움으로 불안, 죄책감, 죽음을 생각하게 한 죄를 회개합니다.

73. 부모가 자녀들에게 성적인 문란함과 방탕함을 보여준 것을 회개합니다.

74. 부모가 자녀들에게 거짓말을 한 것을 회개합니다.

75. 부모가 자녀들에게 약속한 것을 지키지 못한 것을 회개합니다.

76. 부모가 자녀들에게 보여주지 말아야 할 것을 보여준 것을 회개합니다.

77. 부모가 자녀들에게 들려주지 말아야 할 말을 한 것을 회개합니다.

78. 부모가 자녀들 앞에서 권위자들을 비난하고 판단하며 정죄한 것을 회개합니다.

79. 부모가 자녀들에게 신앙의 본을 보여 주지 못한 것을 회개합니다.

80. 자녀들이 속을 썩이면 부모의 책임은 생각지 않고 의절하고 싶었던 것을 회개합니다.

81. 자녀들에게 잘한 점을 칭찬하거나 고마움을 표현하는데 인색했던 것을 회개합니다.

82. 부모의 잘못에 대해 자녀들한테 용서를 빌거나 사과하지 못했던 것을 회개합니다.

83. 아버지가 외도하면서 자녀들에게 좌절과 불신을 심어준 것을 회개합니다.

84. 자녀들의 생각이나 의견을 경청해 주지 못하고 명령하고 지시하고

강요한 것을 회개합니다.

85. 자녀들의 행동에 대해서만 책망하고 야단치면서 자녀들의 마음을 살펴주고 받아주지 못한 것을 회개합니다.

86. 자녀들의 말은 들을 필요가 없다고 생각해서 듣지 않았던 것을 회개합니다.

87. 자녀들에게 너희 아버지 만난 것이 내 인생 최고의 불행이라고 말한 것을 회개합니다.

88. 자녀들에게 가정의 불행은 너희 엄마 탓이라고 말한 것을 회개합니다.

89. 자녀들에게 큰소리치거나 화를 내어서 불안하게 한 것을 회개합니다.

90. 자녀들에게 아버지를 두려움의 대상으로 만든 것을 회개합니다.

91. 부모의 말과 행동으로 자녀들에게 거절의 두려움을 심어준 것을 회개합니다.

92. 부모가 자녀들 앞에서 같이 죽자고 말한 것을 회개합니다.

93. 부모가 자녀들 앞에서 자살을 생각하거나 시도했던 것을 회개합니다.

94. 부모가 자녀들을 책임지지 못하고 일찍 세상을 떠난 것을 회개합니다.

95. 아버지는 하나님의 사랑을 전달하는 사명에 충실하지 못한 것을 회개합니다.

96. 자녀들이 "엄마, 아빠하고 이혼해!"라고 말하도록 한 것을 회개합니다.

97. 자녀들이 "난 결혼 안 할 거야"라고 하도록 한 것을 회개합니다.

98. 자녀들이 "아버지처럼 안살 거야, 아버지같은 남자는 안 만날 거야"라고 하도록 한 것을 회개합니다.

99. 자녀들이 "엄마처럼 안살거야, 엄마같은 여자는 안 만날 거야"라고 하도록 한 것을 회개합니다.

100. "나는 아버지의 자식으로 태어난 것이 불행이야"라고 생각하도록 한 것을 회개합니다.
101. 자녀들이 부모와 같이 살기 싫어 일찍 집을 떠나도록 한 것을 회개합니다.
102. 아버지가 일하고 돈만 벌어주면 책임을 다한 것으로 생각하고 양육에 무책임했던 것을 회개합니다.
103. 아버지로서 자녀들의 어머니를 행복하게 해주지 못한 것을 회개합니다.
104. 자녀들의 모든 잘못을 부모의 잘못에 있음을 인정하고 조목 조목 회개합니다.
105. 자녀들의 죄와 악은 아버지가 본이 되지 못한 탓이오니 하나 하나 구체적으로 회개합니다.

X. 아버지 치유 과제

아버지는 아버지와 같은 권위자를 모두 포함(어머니, 아버지 형제, 형, 학교 교사, 목회자, 영적 리더, 지휘관, 상사, 등) 한다.

1. 나의 부모는 어떤 부부로 사셨나?(경제력, 관계, 신앙상황)
2. 부모의 우상숭배는 어떠했나?
3. 어렸을 때 아버지로부터 받은 상처가 있다면 사례를 구체적으로 기록해보라. 그때 나의 마음은 어떠했는지, 하고 싶은 말들은 어떤 말들인가?
4. 아버지가 왜 그랬다고 생각하는가(사례별로)?
5. 아버지 또는 어머니가 나에게 끼친 상처가 나의 삶, 부부관계에게 어떤 영향을 끼치고 있는가?
6. 아버지가 나에게 긍정적인 친밀감을 주었던 사례를 찾아 적어보자.
7. 아버지를 이해하기 위해 아버지나 어머니의 어린 시절에 대해 알고 있는 대로 적어보자. 정보를 얻으려면 웃어른들로부터 얘기를 들어보는 것이 좋다.
8. 아버지에 대해 용서할 부분을 써보자. 내가 용서를 빌어야 할 부분도 써보자.
9. 아버지로부터 물려받은 좋은 점들과 장점에 대해 감사할 부분을 적어보자.
10. 아버지로 인한 상처가 나에게 준 긍정적인 부분을 적어보자. 하나님의 관점에서 재해석해보는 것이다(창 50:20, 요셉처럼).

부록 _ 제8부

여성, 아내, 어머니

아버지 노릇을 잘 하려면
아내의 도움이 필수적이다.

참고로
아내의 도움을 얻기 위해
여성과 아내, 어머니 부분을
정리해 보았다.

Ⅰ. 여성. 아내. 어머니

A. 여성

1. 창조된 여성

인간을 남자와 여자로 창조하신 분은 하나님이시다.

1) 하나님의 지혜에서 나왔다(창 1:27).

나를 지으심이 신묘막측하심이라(시 139:14).

2) 하나님의 형상대로 지음 받은 존재(창 1:27).

하나님은 남성성과 여성성을 모두 지니셨다. 하나님은 세상의 추수현장에서 남자와 여자의 공동사역을 계획하셨다.

3) 남자를 돕는 배필로 지음 받은 존재(창 2:18~23).

여자에 대한 남편의 고백 - "당신은 나와 동일한 존재이면서도 내가 갖지 못한 무언가를 갖고 있기에 그것이 그대를 '여자' 라고 부르는 이유라오"

4) 남자가 부모를 떠나 아내와 연합하여 한 몸을 이루도록 창조하신 존재(창 2:24).

하나님은 무엇보다도 하나님과 남자 · 여자 상호간의 화목에 지대한 관심을 갖고 계신다.

2. 여자의 특성

1) 여자의 창조시 하나님은 흙과 반대가 되는 사람의 뼈라는 더 진보된 재료를 통해, 그리고 두 번째는 하나님이 아담과 다른 짐승들을 창

조하신 것처럼 그녀를 지으시지 않고 그녀를 특별하게 맞추셨다. 맞춤 제작에는 고도의 창의력과 더 발전된 기술이 내포되어 있다. 그러므로 여자는 두 차례의 손질을 통해 창조된 피조물이라는 것을 자신 있게 말할 수 있다.

2) 생명을 잉태하고 자기의 뱃속에서 아이가 발육하는 것을 느낄 수 있는 능력이 부여되었다.

3) 다른 사람의 생명을 더없이 친근한 관심을 가지고 보호할 수 있는 특권이 부여 되었다.

4) 막 태어난 아이를 귀여워하며 양육시킬 수 있는 특권이 부여 되었다.

5) 예수님의 몸을 최초로 만지고 그분을 강보로 싼 것이 여자의 손이었다. 우주의 창조자요 전능자이신 하나님은 어린아이의 몸을 입으심으로 여자의 보살핌에 의지하게 하셨다.

3. 하나님의 동역자인 여자

시 69:11, 12에는 기쁜 소식을 전하는 여자들이 등장한다.

여자들이 원수를 파멸시킬 자로 부름 받았다. 여자들은 왕들과 군대들로 하여금 혼비백산하여 달아나게 하고 적진을 약탈하는 위대한 일을 하게 된다.

최초의 영적 싸움에는 여자와 사탄이 등장하고 있다(창 3:1~7). 그리고 하나님은 여자와 사탄이 만난 직후 여자의 후손이 사탄과 영원히 원수가 될 것을 선언하셨다. 여자와 사탄의 싸움은 일시적인 사건으로 끝난 것이 아니다(3:14~16). 결국 여자의 후손이 뱀의 머리를 상하게 하므로 사탄을 물리치게 하겠다는 것이다(15).

여자들은 이 진리를 깨달아야 한다. 사탄은 하나님이 거짓말하시지 않는다는 것을 안다. 사탄은 하나님의 약속이 반드시 이루어진다는 것도 알고 있다. 그래서 사탄은 여자를 억누르기 위해 그들을 과소평가하고 거짓말로 엄청난 억압의 조직망을 구축했는데 수세기 동안 노력해 온 이유가 여기에 있다.

사탄은 여자들이 그들의 정체성을 발견할 때 자신의 악한 나라가 갑자기 무너지게 되리라는 것을 안다. 여자들이 당당해질 때 사탄은 힘을 잃게 되므로 사탄은 여자의 지위가 향상되는 것을 어떻게든 막으려고 애쓰고 있다. 그러나 사탄에게는 이것이 불가능하다. 시편 68:11은 적절한 때가 오면 하나님이 명령을 발하시어 소식을 전하는 여자의 무리를 통해 당신의 원수들을 물리치실 것을 선포하고 있다.

여자의 몸에서 태어나신 그리스도. 갈보리 언덕에서 최초로 사탄의 머리를 상하게 하신 그리스도는 죽었다가 부활하신 후 사탄에게 치명적인 상처를 입히고 제자들에게 사탄의 왕국을 와해시키기 위해 땅 끝까지 복음을 전할 것을 명령하셨다. 그리고 그리스도의 권능을 주셨다.

눅 10:19, "내가 너희에게 뱀과 전갈을 밟으며 원수의 모든 능력을 제어할 권능을 주었으니 너희를 해할 자가 결코 없으리라"

사탄은 성령의 권능 안에서 역사하는 여자와, 그들과 함께 일하는 남자를 가장 두려워한다.

그러므로 지금은 여자들이 자신에 대해 마지막 전쟁을 위하여 하나님께서 숨겨놓으신 병기라는 것을 깨달아야 할 때이다.

그리고 남자들은 "독처하는 것이 좋지 못하다"(창 2:1)는 사실을 다시 한 번 깨달아야 할 때이다.

남자가 보호자로서의 자기 역할을 발전시키고 여자가 태초에 하나님이 그들에게 의도하신 것을 행하기 위해서는 남자와 여자 사이에 동질성이 회복되어야 한다.

하나님이 아담을 창조하셨을 때 아담에게는 하나님의 여성과 남성의 형상이 모두 들어 있었다. 즉 아담에게는 남자와 여자의 두 가지 속성이 모두 있었던 것이다. 하나님이 하와를 창조하시기 위해 아담의 갈빗대를 취하셨을 때 하와가 하나님의 여성적인 면을 구현한 반면 아담은 완전한 남성이 되었다. 그러므로 세상에서 하나님의 완전한 형상을 완전히 표현할 수 있기 위해서는 남자와 여자 사이의 화목이 절대적으로 필요하다. 또한 남편과 아내의 완전한 연합은 필수요소이다. 그것이 되지 않으면 온전한 하나님의 동역자 역할은 불가능해진다. 남편이 아내와 화목하지 못한 것보다 사탄을 더 기쁘게 하는 것은 없다.

남자는 여자를 보호하기 위해 지음 받은 유일한 존재, 여자 없이는 남자가 온전케 될 수 없는 것처럼 남자의 보호를 받지 못하는 여자 역시 대적의 궤계에 쉽게 넘어갈 수 있다. 보호자로서의 자기 의무를 다하지 못한 아담의 직무유기로 인해 하와의 타락이 가능케 된 것이다.
남자가 회복되면 여자도 회복된다. 집을 짓는 것이 남자라면 집을 가정으로 만드는 것은 여자다.

하나님은 모든 피조물과 인간을 그리스도의 발아래 복종시켜야 할 때 사탄의 머리를 공격하기 위해 여자를 남자와 함께 사용하실 것이다.
여자는 참으로 귀한 존재이다. 하나님이 창조물 가운데서 가장 정성을 기울여 만드신 피조물은 하와일 것이다.

남자를 먼저 창조하신 후 여자를 창조하신 하나님의 창조 방법은 여자가 남자보다 더 완전한 존재로 창조되었다는 것과 그러한 완전성은 마지막 때에 여자에 대한 하나님의 계획과 밀접한 관계가 있다는 사실을 보여준다.

하나님의 소식을 전할 여자들로 이루어진 군대는 모든 사람, 특히 사탄을 놀라게 함으로 하나님의 위대한 일을 행할 것이다.

4. 하나님이 기뻐하시는 여성

눅 10:42, 마리아는 이 좋은 편을 택하였으니 빼앗기지 아니하리라
요 12:3, 마리아는 유월절 엿새 전에 예수님의 발에 향유를 부어드림으로 예수님의 장례를 예비하였다.

하나님의 마음에 합한 삶이란 매일 매일 온 마음을 다해 하나님을 위해 사는 삶을 말한다.

마리아가 한 일은 하나님에 대한 생각으로 가득 차 있었던 열매이다. 하나님을 예배하며 하나님의 발아래 앉아 말씀을 듣는 시간은 어떤 시간과도 바꿀 수 없는 시간, 영원한 것을 추구하는 시간이다.

1) 하나님께 헌신된 마음
  (1) 모든 일에 적극적으로 하나님과 그분의 길을 택하라.
    하나님은 우리 삶에 최고 우선순위이시다.
    좋은 것 〈 더 좋은 것 〈 가장 좋은 것을 드리라.
  (2) 하나님께 매일 자신을 헌신하라.
  (3) 뜨거운 마음을 가지라.

(적극적인 열심, 적극적인 감정, 신나는 마음)
하나님이 싫어하시는 것 : 차가운 마음, 미지근한 마음

2) 하나님 말씀 안에 거하는 마음
나무의 건강은 뿌리에 달려있다. 뿌리가 건강하고 무성한 나무는 싱싱하게 자라간다. 하나님이 최고 우선순위가 되려면 하나님 안에 뿌리를 깊게 내려야 한다. 눈에 보이지 않는 하나님과의 관계에 뿌리를 내리고 거기서 필요한 양분을 빨아들이게 될 때 풍성한 삶을 살게 된다(요 10:10).
효과적으로 주님과의 뿌리가 튼튼한 관계를 이루려면 현명하게 시간을 분배해야 한다. 주님을 효과적으로 섬기려면 홀로 있는 시간을 가질 줄 알아야 한다. 은사는 고독 속에서 자란다.

하나님의 마음에 합한 여성으로 자라가기 위해서는 어떠해야 할까?
하나님과 단 둘이 있는 조용한 시간을 매일 규칙적으로 가지라(습관).
경건의 시간(말씀 묵상과 기도)을 통해 하나님께로부터 능력과 지혜를 공급받는다.

중국 선교사 허드슨 테일러는 "나는 중국에서 언제나 해뜨기 전에 일어나 기도한다"고 말했다.
그의 친구가 테일러에 대해 말했다. "그는 아무 방해 없이 조용히 기도하기 위해 매일 아침 해뜨기 전에 일어났는데 피곤할 때는 기도 후에 다시 잠을 잤다."

3) 하나님이 기뻐하시는 여성이 될 것을 꿈꾸라.
1년 후 영적으로 어떤 여인이 되고 싶은지 그 모습을 꿈꾸어 보라.

도슨 트로트맨은 회심한 후 매일 성구 한 절씩 암송하기를 3년간 계속했다.

10년 후 영적으로 어떤 여인이 되고 싶은지 기록해 보라.

"하나님은 당신이 가고 싶은 만큼 데려가실 것이요, 원하는 속도만큼 빠르게 데리고 가실 것이다."

4) 순종하는 하나님의 사람 되기(행 13:22)

음식의 맛을 결정짓는 중요한 요소는 소금이다.

여성의 소금 맛은 순종이다. 소금이 맛을 잃으면 쓰레기가 된다.

하나님은 유순하고 협조적이며 하나님께 순종하는 마음을 기뻐하신다.

사울 왕의 자기중심적인 순종은 절반의 순종, 그것은 하나님을 진노케 했다. 아말렉을 진멸할 때 부분적인 순종은 사울의 때를 끝나게 하고 다윗 시대를 열게 했다. 하나님은 자기중심의 제사는 거절하시고 하나님에 대한 순종을 기뻐하신다.

다윗이 사울 왕에게 쫓겨다녔던 15여년의 시련 기간은 순종에 대한 훈련 기간이었다. 자기중심의 순종을 온전히 못 박고 하나님의 기준에서 순종하게 되는 기간이었다.

다윗은 고난으로 순종을 배웠다. 연단된 그의 순종은 이스라엘 백성에게도 흘러서 다윗이 왕이 된 후 이스라엘은 통일 국가를 이루고 최고의 번영을 이루게 되었다. 순종이 순종을 만든다.

B. 아내

벧전 3:1~6
• 사탄이 하와를 유혹하려는 표적으로 삼은 이유는 무엇일까?
하와는 하나님의 가장 위대한 솜씨의 표현, 특히 생명을 잉태하고 양육할 수 있는 능력을 지녔기에 하와는 사탄의 표적이 될 수밖에 없었다.

인류 최초의 죄는 첫째, 인간과 하나님 간의 분리를 이루었다.
둘째, 최초의 성 차별로 인한 분열이 만들어졌다. 이는 동반자 관계가 아니고 차별적 관계로 전락시켰기에 하나님의 형상이 파괴되었다.
하나님의 형상회복을 위해서는 남녀차별이 해결되어야 한다.

여성들이 차별 받고, 부정적인 시각이 존재하는 것은 세계복음화를 훼방하는 사탄의 전략이다. 중세 때는 그렇게 이용당해왔다.
여자 없이는 남자가 온전케 될 수 없는 것처럼 남자의 보호를 받지 못하는 여자 역시 대적의 궤계에 쉽게 넘어갈 수 있다. 보호자로서의 자기 의무를 다하지 않은 아담의 직무유기로 인해 하와의 타락은 가능케 된 것이다. 남편이 아내와 화목하지 못하는 것은 사탄을 가장 기쁘게 하는 것이다.

아내의 역할

1. 아내의 순종

남편의 머리됨에 순종하는 것이다(엡 5:22~24).

남편이 존경받을만해서 순종하라는 것이 아니다. 남편이라는 머리됨의 위치에 순종하라는 것이다. 그것은 하나님의 질서요 지혜이다. 그래서 순종은 하나님을 신뢰하고 공경·경외하는 신앙에서 나오는 것이다.

아내의 순종이 남편을 변화시킨다.

남편들에게는 자기 아내를 사랑하라고 한다(엡 5:28).

아내들에게는 남편에게 순종하는 것을 말씀한다(벧전 3:1~2).

순종하라는 뜻에는 말씀에 위배하는 남편이라도 아내들이 그 남편을 존중해주면 그가 변화되어 하나님께 순종하게 되리라는 것이다(벧전 3:1~2).

여자에게 중요한 것은 사랑을 받는 것이고, 남자에게 중요한 것은 존경을 받는 것이다.

2. 남편 존경

남자에게 가장 필요한 욕구는 존경이다. 특히 남편은 아내의 존경을 가장 필요로 한다. 하나님이 여자들에게 남편에게 순종하라고 지시하는 이유가 바로 여기에 있다. 남자에게는 사랑은 존경만큼 커다란 비중을 차지하지 않는다. 남자는 다른 사람으로부터 존경스러운 사람이라는 말을 들을 때 기운이 샘솟고 자기도 모르게 전신에 생기가 돈다.

아내가 남편에게 순종할 때 남편들은 아내를 위해 무엇이든지 기꺼이 할 것이며 자기들이 믿지 않는 하나님의 말씀에도 순종하게 될 것이기 때문이다(벧전 3:1~2). 아내로부터 존경받는 것이야말로 남자들이 원하는 최고의 소망이다.

남자들이 이처럼 존경받기를 원하는 것의 배후에는 수태에 따른 이유가 있다. 모든 남자는 여자의 자궁에서 10개월 동안 머물러 있었다. 보살핌을 받는 동안 어머니의 사랑, 인정, 신뢰에 점점 더 의지하게 된다. 이런 친밀함이 아버지보다 더 강한 친밀감을 갖게 한다. 그래서 남자가 결혼을 하게 되면 어머니의 인정과 사랑, 신뢰를 받았던 것처럼 아내에게서도 그런 사랑, 인정과 신뢰, 즉 존중받고자 하게 된다. 그 존중이 아내의 순종을 통해서 느껴지게 되는 것이다. 이렇게 남편이 아내에게서 느껴지는 감정 중에는 어머니의 가슴과 품에 대한 동경이 있다. 이런 이유 때문에 존경심은 남자에게 삶의 의욕을 고취시켜주는 활력소가 된다. 산소가 없이 사람이 살 수 없는 것처럼 남자는 최소한의 존경심이 없이는 인생을 살아갈 수가 없다.

예를들면 아브람이 애굽 왕과 그랄 왕에게 아내를 누이라고 두 번이나 속인 일이 있었다.

사래는 치명적인 위기에서도 남편의 거짓말을 누설함으로 그의 명예(자존감)를 실추시켰다는 기록이 없다.

벧전 2:20, 25 – "오직 선을 행함으로 고난을 받고 참으면 이는 하나님 앞에 아름다우니라"

사래의 순종이 거짓말을 했던 남편 아브람을 변화시키는 결과가 되었다. 이기적인 남편을 보면서 불순종할 수 있었다. 그러나 사래는 하나님의 뜻에 순종하기 위해 남편에게 순종했다. 하나님 뜻대로 순종했더니 하나님은 애굽 왕, 그랄 왕으로부터 사래를 보호해주셨다. 이런 하나님의 섭리를 보면서 아브람은 다시는 아내를 누이로 속이는 일을 하지 않게 된다. 결국 부부는 아브라함이 되고 사라가 되어 믿음의 조상이 된다.

한 방울의 꿀이 한 병의 식초보다 더 많은 파리를 잡을 수 있다. 아내보다 술집의 김마담이 더 남자를 끄는 이유는 존경, 지지, 인정, 신뢰, 감사가 아내보다 더 뛰어나기 때문이다. 달콤한 말이 쓴 말보다 분명 사람의 마음을 움직이는 힘이 강하다. 하나님은 아내 된 자들에게 남편을 존중함으로 그를 변화시킬 수 있는 능력을 주셨다.

3. 정말 중요한 것을 아는 아내는 자녀보다 남편을 우선순위에 둔다.
노아 부부의 친밀감 부족이 함을 저주받게 하였다.
하나님의 요청(창 8:16) → 노아의 불순종(창 8:18) → 아버지로부터 저주받은 아들 함
노아와 아내의 친밀감 결여는 아들이 아버지의 수치를 드러내었고 아버지로부터 저주를 받게 되었다. 만약 아내가 남편인 노아의 벌거벗은 모습을 보았더라면 벌거벗은 수치를 덮어주었을 것이다. 아내보다 아들을 우선으로 했던 노아의 실수였다. 이런 모습들이 홍수 후 인류를 급속히 타락시켰다.
부부간의 친밀감은 자녀와의 친밀함보다 앞선다. 친밀한 관계가 결여된 결혼생활은 사탄이 들어오도록 문을 열어주는 것과 같다. 그래서 사탄은 수단과 방법을 가리지 않고 부부간의 친밀감을 약화시키려 깨어 있다.

피조물을 다스리는 사회적인 통치권(창 1:28, 생육하고 번성하라)은 남편과 아내 모두에게 주어졌는데 그것은 특별히 결혼관계에 주어졌다. 만약 부부간의 관계가 깨어질 때 부부가 힘들지만 가장 큰 피해를 입는 사람은 특히 그들의 자녀이다. 사탄이 이 작전을 성공하게 되면 다음 세대까지 파괴시키는 보너스를 얻게 되는 것이다.

4. 정말 중요한 것을 아는 여성(남편과의 관계에서)

A. 섬기는 마음

"내가 그를 위하여 돕는 배필을 지으리라"(창 2:18).

1) 남편을 돕기로 결심하라.

– 돕는 일은 고상한 임무다. 보상 또한 말할 수 없이 크다. 이 임무를 잘 감당하면 남편과 우리가 섬기는 모든 사람이 다 유익을 얻지만 우리 또한 유익을 얻는다.

2) 남편에게 초점을 맞추라.

– 하나님은 아내들이 남편에 대한 임무, 목표, 책임에 초점을 맞추기를 원하신다. 우리의 죄성은 "내가 먼저"라고 부르짖기 때문에 이것이 몹시 어려울 수 있다. 그러나 하나님은 아내가 남편에게 "당신 먼저!"라고 하기 원하신다.

B. 복종하는 마음

아내들이여, 자기 남편에게 복종하기를 주께 하듯 하라(엡 5:22).

① 남편을 존중하기로 마음먹으라.

– 우리는 남편에게 순복하기로 결정하고 실천하기로 마음먹고, 하나님과 남편을 존중하겠다고 결단해야 한다.

② 남편을 존중할 것을 기억하라.

– 하나님은 존중을 보이고 행동으로 나타내라고 말씀하셨다.

③ 남편의 언행에 대해 긍정적 반응을 보이라.

"그래요" "좋아요" "괜찮아요" "오케이" "그렇게 해요" "좋은 생각이에요" "물론이지요" 등등

남편은 평생 반려자이다. 하나님께서 주신 선하고 온전한 선물이다.

진심으로 남편 의견을 따르고 존중하며 복종할 때, 당신은 점점 더 그리스도인다워질 것이다.

C. 사랑하는 마음

"젊은 여자들을 교훈하되 그 남편과 자녀를 사랑하며"(딛 2:4).

① 인간관계에서 남편과의 관계를 가장 중요하게 생각하라.

- 남편과의 관계는 다른 어떤 관계보다 더 중요한 관계가 되어야 한다. 이것은 가정천국을 이루는 하나님의 지혜이다.

② 모든 인간관계에서 남편을 최우선 순위에 두라. 자녀들과의 관계에서도 남편이 우선순위에 있다.

5. 남편에게 우정 어린 사랑을 쏟아 부어 줄 좋은 방법

① 남편을 위해 매일 기도하라.

- 의인의 간구는 역사하는 힘이 많다(약 5:16).

② 남편을 위해 매일 계획하라.

- 부지런한 자의 경영은 풍부함에 이를 것이나(잠 21:5).

③ 매일 남편의 귀가를 준비하라.

- 남편의 귀가를 준비할 때, 남편은 당신의 사랑을 느낄 뿐 아니라 그가 당신 삶에서 아주 중요한 존재라는 사실도 깨달을 것이다.

④ 남편을 기쁘게 해주어라.

- 남편이 좋아하는 것, 싫어하는 것에 세심한 주의를 기울이라.

⑤ 남편과 함께할 수 있는 시간을 놓치지 말라.

- 남편이 집에 있을 때는 나도 집에 있겠다는 원칙을 고수하라.

⑥ 성생활을 통해 남편을 사랑하라.

- 남편이 아내의 품을 족하게 여기고 그 사랑을 항상 연모해야 한다 (잠 5:19).

⑦ 남편에게 긍정적으로 반응하라.

- 남편에게 부정적 태도로 응하거나 반대 또는 훈계하려는 대신 아주 부드럽고 상냥한 목소리로 말하라.

⑧ 남편을 칭찬해 주어라.

　－ 사람들 앞이나 남편과 단둘이 있을 때, 남편을 축복하라. 그것은 당신 마음에 남편을 위한 사랑의 씨를 심는 방법이다.

　⑨ 항상 기도하라.

　－ 하나님이 기뻐하시는 여성은 기도하는 여인이다.

　'하나님이 여자를 왜 가정의 머리로 세우지 않으셨을까?' 란 질문에 대한 답은 우리에게 용기를 준다. 하나님이 남자를 가정의 머리로 세우신 것은 그분의 전략이다. 하나님은 원수 사탄이 모습을 드러내기를 기다리시는 동안에 여자들이 은빛 날개를 가진 비둘기처럼 위장한 채 비천하고 더러운 양 우리에 둥지를 틀고 숨어 지낼 것을 허락하신다.

　그러나 마침내 하나님이 여자들을 적진에 배치하실 때 사람들은 그들이 깃털에서 그동안 숨어있던 황금빛이 반짝이는 것을 볼 것이며 여자들의 진가를 발견하게 될 것이다(시 68:11~13). 그 진가를 확실하게 볼 수 있는 사람들은 바로 하나님의 일을 함께 행하는 남자들일 것이다. 여자에게 최고의 순간이 되는 그때 사람들은 과연 여자가 하나님에 의해 두 차례에 걸친 세심한 과정을 통해 창조된 존재라는 사실을 새삼 실감하게 될 것이다.

6. 아버지(권위자) 상처를 치유하라.

　특히 여자들은 아버지(남성 대표)에 대한 부분에서 치유가 필요하다. 아버지를 통해 경험한 눈으로 남편(남성)을 보기 때문이다. 아버지와 화해, 화목, 용서가 존재할 때 남편에 대한 긍정적인 모습을 가질 수 있기 때문이다.

예를 들면 소피아 로렌은 어린시절부터 아버지가 집에 없었다. 어린 시절 아버지를 본 경험이 몇 번 뿐이었다. 그녀의 아버지 부재는 아버지에 대해 목마르게 했다. 그것이 다른 남자를 통해 아버지 사랑을 채우려 했다. 배우 생활을 했던 19살 때 41살 된 감독(유부남)과 결혼하게 되었다. 아버지에 대한 배고픔은 아버지같은 남자에게 끌린다.

＊ 딸들은 아버지와 화해하라.
① 상처 받은 것, 속상한 것을 기억하고 주님께 올려드리라.
② 아버지를 이해하기 위해 아버지의 어린 시절, 성장과정에 대해 탐구해 보라.
③ 아버지를 이해하고 용서하라. 아버지도 상처입은 어린 소년이었다.
④ 나의 잘못도 회개하고 용서받으라.
⑤ 아버지에 대한 긍정적인 부분을 감사하고 존경하고 사랑하고 축복하라.

■ 아내의 십계명

1. 항상 인정해 주며 칭찬해 주고 든든히 세워주는 격려자가 되라.
2. 남편을 존중하고 순종하며 세워드리라.
3. 시댁 식구들을 존중하며 잘 섬겨드리라.
4. 무조건적으로 사랑하고 끊임없이 용서하라.
5. 남편을 최우선으로 하고 자녀를 챙겨라.
6. 부부싸움하는 모습을 자녀들에게 보이지 말라.
7. 주님의 무릎아래에서 말씀을 경청하는 경건한 모습을 지니라.

8. 문제와 염려를 주님께 올려드리고 속상한 마음은 토설기도로 풀어라.

9. 이웃을 사랑하고 가난한 사람을 잘 섬기라.

10. 영적 통찰력을 가지고 남편을 향하신 하나님의 비젼을 붙들도록 격려하고 세워주라.

C. 어머니

1. 어머니는 누구인가?

어머니는 마음의 고향. 세상 모두가 다 나를 버린다 하더라도 어머니만큼은 다 안아주고 품어 줄 듯 한 넓고도 깊은 가슴을 가지고 있는 존재이다. 어머니는 생명이다. 나를 낳아주셨고 또 나를 길러주셨고 나를 만들어주신 분이다. 그래서 어머니가 없는 가정은 힘이 없다. 평안이 없다.

탈무드에 의하면 어머니를 "하나님을 대신하여 이 땅에 보내진 존재"라고 한다.

어머니에 의해 자녀의 일생이 좌우된다. 자녀의 마음밭에 어머니는 수없이 많은 씨를 뿌린다. 생명의 씨, 사망의 씨, 사탄의 씨를 뿌린다. 그리고 그 씨는 자란다.

이 세상에 어머니가 없는 자녀는 없다. 그런데 요즘은 가정에 집사님, 권사님, 사모님은 있어도 어머니가 없다. 여기에 이 시대의 비극이 있다. 어머니가 무너지면 아버지도 덩달아 무너진다.

어머니가 긍정적 영향력을 발휘하지 못하고 부정적인 것을 흘려보낸다면 세상은 순식간에 황폐해질 것이다.

어머니는 공부하라고 야단치는 엄마가 아니다. 사랑을 주고 평안을 주는 샘으로서의 자리에 있어야 한다. 하나님께서 진정 어머니인 나에게 무엇을 원하시는지 그 음성에 귀를 기울여야 한다. 내 자녀에게 무엇을 보여주기를 원하시는지 엎드려야 한다.

2. 어머니의 영향력
정자와 난자가 엄마의 몸속에서 만나면 임신이 된다. 성경은 이때를 '형질이 이루어졌다(시 139:16)'로 표현한다. 그로부터 4개월이 지나면 태아는 10cm 정도로 자란다. 그 조그마한 태아 안에 이미 머리, 팔, 다리가 다 형성되어 있다. 바로 4개월밖에 안 된 여자 태아의 몸에는 200만개의 난세포가 자라나기 시작한다. 이미 생명의 씨를 그 태아가 가지고 자라난다는 것이다. 초등 4, 5학년이 되면 난세포 200만개가 40만개의 난자로 정리가 된다. 초경 이후부터 난자는 매달 한 개씩 방출된다. 정자는 한 번에 2억~5억 개나 방출되지만 난자는 오직 하나이다. 수억 개 중 경쟁해서 살아남는 오직 하나의 정자와 결합하는 난자. 그래서 여자를 귀히 여기라고 성경은 말했다. 이렇게 여자는 이미 어머니가 될 준비를 해서 이 땅에 태어난다. 그래서 어머니의 영향력은 3대까지 미친다.
어머니의 삶이 주는 영향력에는
1) 사랑의 근원으로서 하나님을 보여주는 존재
2) 보금자리, 터를 만들어주는 존재. 터가 무너지면 온 가족이 다 무너진다.
3) 자녀들은 어머니를 통해 세상을 살아갈 힘을 얻는다.
세상을 이길 힘을 어머니 사랑의 손으로 충전 받는다.

아버지 치유

4) 자녀들은 어머니의 법도 아래서 성장하게 된다.

어머니가 제시해주고 보여주는 기준, 푯대를 보고 산다. 그래서 어머니가 없게 되면 자녀들은 힘을 상실한다. 성인아이가 된다. 아버지도 제 역할을 못한다.

오늘 우리 여성들은 가장 바쁜 시대를 살아가고 있다. 그럼에도 어머니 역할은 어떤 일과도 바꿀 수 없는 천부적이고 타고난 소명이다.

이 소명을 충실히 잘 하려면 어머니는 가장 먼저 하나님의 딸로서의 하나님 경외심으로 사는 존재임을 자각하고 하나님과의 관계에서 자기 영혼을 잘 되게 하는데 최고 우선순위를 두어야 한다.

3. 어머니의 소명

어머니의 위치보다 더 높은 위치는 없고 어머니의 능력보다 더 큰 능력도, 어머니가 되는 일보다 더 큰 사역도 없다.

디모데는 어머니와 할머니의 믿음 안에서 훈련받고 성장하였다. 모세, 사무엘, 세례 요한, 예수님의 어머니 등 이들의 어머니들은 온전히 헌신 되어졌으며 하나님의 영에 의해 인도함을 받았다.

어머니의 소명을 위해 자신의 영혼에게 두 가지 성찰하는 질문을 해야 한다.
1) 하나님께서 나의 마음을 변화시키도록 허락하며 기꺼이 그 길을 가고자 하는가?
2) 진실로 하나님의 말씀을 믿는가? 두려움, 의심, 불신앙은 영·혼·육 모두의 적이다.

어머니의 소명은 하나님 아버지와 예수님, 성령님과의 친밀한 관계를 통해서만이 성취될 수 있다. 어머니의 소명의 본질적인 목적은 이사야 61장 말씀에 있다. 하나님은 어머니와 자녀들의 삶에서 이 말씀이 강력하게 세워지기를 원하신다.

어머니의 소명을 감당하려면 나의 가정과 자녀들 위에 하나님의 성령이 비둘기같이 내려앉으시는 것을 볼 때까지 지속적으로 하나님께 부르짖는 골방기도시간을 갖는 것이 필요하다.

어머니의 소명은 성령의 사역이다. 하나님이 계획하신대로 자녀들의 생애가 열매를 맺도록 하나님을 찾는 것이며 더 높은 차원의 성장을 위한 부르심이다. 이 일은 기도와 말씀을 통해 예수님과 친밀하지 않고는 이룰 수가 없다(슥 4:6). 하나님은 매일 매순간마다 나와 친밀한 관계를 갖기를 갈망하신다.

그렇게 되기 위해

1) 나는 하나님을 필사적으로 갈망하고 찾는가?

2) 내가 주님을 날마다 찾는 것처럼 나의 자녀들도 하나님을 위한 열정이 생기도록 자녀들을 위해서도 충분히 기도하는가?

어머니의 신앙이 자녀의 신앙으로 자리 잡는다. 성령의 기름부으심이 어머니의 영감의 갑절로 자녀에게 임하게 된다. 동시에 나쁜 것도 갑절로 물려진다는 것을 유의하라. 만일 나의 자녀들이 예수님이 재림하기 바로 직전 마지막 시대에 속했다는 것을 알게 된다면 나는 어떻게 자녀를 양육하겠는가?

하나님께서는 영원하고 크신 목적과 많은 열매를 맺기 위해 우리 안에 '모성애'를 두셨다. 하나님은 어머니들을 통해 위대한 성령의 역사가 탄생하기를 갈망하신다. 모성애는 파괴되어진 우리의 감정들을 풀어주고 자유롭게 한다.

우리의 어머니가 '기도하는 것이 가장 중요하다' 는 사실을 알고 있다면 우리는 이 세상에서 가장 위대한 선물 중의 하나를 받은 것이다. 오늘날 우리는 어머니가 중보하며 기도했던 그 축복들 중의 하나의 열매로 살아가고 있다. 그러나 아직 최고의 때는 오지 않았다. 어머니가 자녀들에게 '기도와 응답' 에 대한 가치보다 더 좋은 가치를 줄 수 있겠는가?

4. 참다운 어머니 상(像)은 어떤 것인가?

참으로 바쁘고 분주한 생활에서 탈출할 수 있는 방법은 하나님의 말씀에 순종하고 지혜의 열쇠들을 사용하는 것이다. 주님을 경외하는 것이 지혜의 시작이다(잠 1:4~7). 주님을 아는 것이 곧 분별이다. 우리는 이 시대 주님께 마땅히 해야 할 일과 이 시대를 분별할 수 있게 해달라고 구해야 한다(대상 12:32).

하나님께서 이 시대의 어머니를 향한 갈망이 잠언 31장에 나타나 있다. 목표를 정하지 않으면 어떤 목표에도 도달하지 못한다.
1) 어머니는 하나님의 방법으로 자녀들을 가르친다(1~9).
2) 그녀는 품위가 있다(10).
3) 그녀는 도덕보다 더 가치가 있다(10).
4) 그녀는 남편에게 해로운 것이 아니라 좋은 것을 준다.
   남편은 그녀를 100% 신뢰한다(11~12).
5) 그녀는 손으로 열심히 일한다(13).
6) 그녀는 먼데서부터 양식을 가져온다(14).
7) 그녀는 가족들과 일꾼들에게 음식을 제공하기 위해 아침 일찍 일어난다(15).
8) 그녀는 사업 솜씨가 대단하다. 이윤을 남긴다(16).

9) 그녀는 직무에 강하고 업무를 활기차게 한다(17).

10) 그녀는 가난한 자들과 궁핍한 자들을 돕는다(20).

11) 그녀는 가족들의 옷을 끊임없이 공급한다(21).

12) 그녀는 생산하여 가족들에게 나누어준다(24).

13) 그녀는 강하고 고귀하며 미래에 대해 근심하지 않는다(25).

14) 그녀는 뛰어나다(29).

15) 그녀는 주님을 경외한다(30).

16) 그녀는 자신을 돌본다.

17) 그녀는 자녀들을 돌본다.

18) 그녀는 남편을 돌본다.

19) 그녀는 이웃을 돌본다.

하나님께서는 완전한 동반자를 찾는 것이 아니다. 오직 주님의 영이 흘러 전도되어 자원해서 순종하는 자들을 찾고 있다. 이를 위해 하나님의 지혜와 능력을 공급받기 위해 엎드리고 간구할 때 주님의 힘으로 감당 할 수 있다. 우리가 주님께 순종하고 하나님의 여자가 되는 과정에 내어 맡길 때 주님은 우리의 모든 것을 변화시킨다.

■ 어머니 십계명

1. 주님의 무릎 앞에서 지혜와 권능을 공급받는 경건의 시간을 매일 갖는다.
2. 수시로 마음의 아픔과 무거운 짐을 주님께 아뢰면서 응어리진 마음을 품지 않는다.
3. 바깥일보다 가정을 더 우선하며, 외부 사람보다 가족을 더 사랑하는 모습을 보여준다.
4. 가정의 대소사를 남편과 의논하며 결정은 남편에게 맡긴다.
5. 남편을 가정의 머리로, 하나님의 대리자로 존경하며 공경한다.
6. 부지런하며 가정을 아늑하고 여유 있게 쉴 수 있는 평안한 분위기로 만든다.
7. 다른 사람을 비난 비판하기 보다 장점을 얘기하며, 행동보다는 마음을 읽어주고 지지해 준다.
8. 자녀의 어떤 얘기든지 품어주고 이해하며 용서하고, 긍정의 존재로 살게 한다.
9. 하나님 사랑이 이웃에게 흘러가도록 도와주고 섬기며 베풀며 산다.
10. 권위에 대해 공경과 순종을 가르치고 본을 보인다.

여자의 일생

이사야 66:10-14

철의 여인으로 존경받았던 마가렛 대처 수상이 세상을 떠나자 그녀를 윈스턴 처칠 수상만큼 훌륭했다고 영국의 신문들이 조의를 표했다. 변호사 국회의원 수상의 인생을 산 마가렛의 노후 인생은 자기보다 10년 먼저 세상을 떠난 남편을 그리워하며 쓸쓸히 인생의 황혼기를 보냈다. 또 아들을 그리워했고, 환갑이 다 된 딸이 결혼하는 모습을 보는 것이 마지막 소원이라고 말했다. 세계적인 여성 지도자의 인생 마지막의 모습을 보면서 여자는 정치, 권력으로 보람을 느끼는 존재라기보다 가정에서 진정한 여자로서의 존재감을 더 느끼는 것을 보게 된다.

언제인가 TV에 소개된 내용이다. 70년대에 '봄비'를 부른 가수 박인수씨가 초대되어 얘기 나누는 내용이었다. 박인수씨가 유명세를 날리고 있을 때 20대 초반 부인과 결혼했다. 결혼했지만 남편은 생활비를 갖다 주지 않았다. 출연료를 받으면 악단단원, 가난한 후배 가수들에게 다 나눠주고 집에 올 때는 빈주머니였다. 아내가 견디지를 못하고 5년 후에 이혼하고 말았다. 그리고 40년 세월이 흘렀다. 하루는 아들이 어머니에게 "어머니! 아버지 마지막으로 한번만 뵈러가요."라고 했다.

어머니는 아들을 따라가서 40년 만에 남편을 보았는데, 남편은 요양원에 있었다. 너무나 늙고 초췌하게 보였다. 남편은 암 수술 후 단기기억상실증으로 고생하고 있었고, 아내를 몰라보았다. 아내는 40년 만에 남편을 만났다가 돌아가려는데 생각이 복잡해졌다. "저 사람, 처음 만날 때도 6,25 전쟁고아였는데 지금도 혼자네, 저 사람 나없으면 평생 고아로 끝날 텐데, 40년 전에도 그를 혼자 두고 떠났는데 또 혼자 두고 떠나야하나, 차마 이번에는 그를 혼자 두고 떠날 수 없다!"그리고 남편을 집으로 데리고 와서 다시 결혼식을 올리고 살고 있다고 한다.

어떻게 그렇게 할 수 있었느냐고 기자가 질문했더니 이렇게 대답했다.

"그때 내 마음을 움직인 것은 모성이었습니다. 아들 하나 더 키운다는 마음을 가지게 되었습니다. 지금 내가 바라는 소원이 있다면 남편이 세상 떠나고 한 달 더 사는 것입니다."

여자의 여성다움은 '모성'에 있음을 보여 주고 있다.

빅토르 위고는 "여자는 약하나 어머니는 강하다"고 말했고, 성 어거스틴은 "하나님이시여! 제가 당신의 아들이라면 그것은 저에게 지금의 어머니를 주셨기 때문입니다." 라고 말했다. 아브라함 링컨은 "어머니의 기도가 나를 나 되게 하였습니다." 괴테는 "나는 어머니로부터 창조하고, 파악하고, 상상하고, 표현하는 법을 배웠다." 라고 했다. 그리고 어떤 목회자는 "나는 어머니에게 상처도 받았지만 그러나 그 어머니의 희생이 나를 만들었고, 나를 성장케 했고, 그 어머니 덕분에 치유사역의 안목도 가지게 되었다"고 고백하기도 했다.

인류역사 어떤 인간도 여성의 몸을 통해 출생하지 않은 사람이 있을까? 예수 그리스도께서도 어머니 마리아의 몸을 통해 출생하셨다. 그런 의미에서 여자는 인간을 창조하시는 하나님의 동역자, 창조의 동역자라고 할 수 있다.

하나님께서는 영원하고 크신 목적과 많은 구원의 열매를 맺기 위해 여자 안에 모성애를 두셨다

1. 여자의 일생은 첫째, 여자로 출생한다.

여성의 창조는 하나님의 지혜에서 나왔다. 여자는 하나님이 창조하신 존재이다. 하나님의 형상대로 지음 받았고 하나님의 지극하신 사랑으로 만들어진 존재이며, 하나님의 충만하신 지혜가 담긴 존재이다. 시139:14 '신묘막측한 존재' 라고 기록되어있다. 여자는 남자와 비교되는 열등한 존재가 아니라 하나님의 형상대로 지음 받은 존귀한 존재이다.

"여자가 뭘 해!" "계집애가 무슨 쓸모 있어" 이런 만들은 진실이 결코 아니다. 그리고 여자는 하나님께서 남자를 돕는 배필로 창조하셨다 (창2:18-23). 그리고 남자가 부모를 떠나 아내와 연합하여 한 몸을 이루도록 창조하신 존재(창2:24)이다. 하나님은 무엇보다 하나님과 인간의 관계로 존재하신다. 하나님과 남자, 여자는 상호간에 화목, 친교를 위하는 존재가 되기를 원하셨다. 남자와 여자의 연합이 하나님의 지혜요, 창조의 목적이다. 그런데 인류최초의 범죄 때 사탄은 하와에게 가까이 가서 선악과를 따먹도록 유혹했다. 이때 아담은 어디에 있었을까? 분명한 것은 사탄이 아담과 하와 두 사람이 아니라 하와 혼자 있을 때 접근하여 유혹했다는 것이다. 하와를 가르치고, 보호해주고, 잘 돌봐야할 아담이 자기 임무를 수행하지 못했을 때 선악과를 따먹고 범죄하게 되었다. 연합되지 않았을 때 유혹이 끼어든다. 그러나 하나님은 창3:15에 하와의 불순종으로 인류의 죄가 시작되었지만, 여인의 후손을 통해 인류의 구원이 이루어질 것을 말씀하셨다.

그 여자의 후손이 누구인가? 예수 그리스도이시다. 그 여인은 누구인가? 마리아 였다. 그녀는 하나님의 성령과 연합한 여인이었다.
이상의 내용을 통해서 볼 때 진정한 여성다움은 무엇일까?
① 나를 창조하신 하나님을 경외하는 여성이다.
② 진정한 여성은 성령과 연합할 줄 아는 여성이다.

하나님의 형상대로 지음 받은 여자이기에 여성의 진정한 행복은 무엇일까?

행복한 여성의 정체성은

① 하나님과의 친밀함을 추구하는 여자이다.

② 주님의 무릎아래에서 말씀 듣는 여자이다.

③ 주님에 대해 헌신하는 여자이다.

④ 남편과 연합하는 여자이다.

2. 두 번째로 여자는 결혼하여 아내가 된다.

아내의 삶은 남편에 대해 순종하는 것이다.

남편에 대한 아내의 모습은 어떠해야 할까? 베드로전서 3장 3~4절에서 "아내의 단장은 머리를 꾸미고 금을 차고 아름다운 옷을 입는 외모로 하지 말고, 오직 마음에 숨은 사람을 온유하고 안정한 심령의 썩지 아니할 것으로 하라!" 고 말씀하신다. 남편에 대해 순복하는 것이 아내의 단장이요 아름다움이라고 한다.

사라가 남편 아브라함에 대한 순종한 내용이다. 아브라함은 자신이 살기 위해 아내를 누이라고 두 번이나 속였다. 그럼에도 사라는 묵묵히 남편을 "나의 주님" 이라고 따랐다. 그 결과 남편을 열국의 아버지, 믿음의 조상이 되게 했고 그 후손을 번성케 하였다. 사라의 인내, 순종이 그 집안을 최고의 명문가로 만들었다. 이런 아내를 얻는 남자는 하나님께 복 받은 사람이다.

3. 세 번째로 여자는 어머니로서 일생을 산다.

본문에서는 하나님의 모성을 보여주고 있다. 이사야 66장은 이스라엘 백성에게 희망, 비전을 주는 말씀이다. 현재 이스라엘은 바벨론에 의해 망하게 되는 비극을 겪는 나라이다. 하나님은 이스라엘에게 패망 가운데서 희망을 주고자 하신 말씀이다. 하나님의 부성이 아니라 모성적인 면을 강조하고 있다. 모성의 특징은 따뜻함에 있다. 13절에서는 하나님께서는 위로하는 어머니의 따뜻한 가슴을 보여주신다. 어머니의 가슴은 한없는 용서와 격려와 소망을 지니고 있다. 최고의 행복 동산이다. 에덴 동산이다.

끝없는 용서를 베푸시는 하나님의 모성. 어머니가 아이에게 젖을 물리고 한없는 사랑으로 용서, 용서, 용서, 그리고 사랑과 희망을 공급한다. 어머니의 가슴은 희생적인 하나님 아버지의 사랑, 한없는 용서이다. 그 희생적인 사랑은 철저히 이타적이다.

1995년 7월 4일 삼풍백화점이 붕괴 된지 5일 만에 지하 2층 엘리베이터 입구 콘크리트 더미에서 유모차를 가슴으로 꼭 껴안고 죽은 엄마의 시신, 두 살짜리 딸은 두 눈을 뜨고 엄마를 바라보며 죽어있었다. 또 17일에는 지하 3층 콘크리트더미에서 두 살 된 딸을 품에 안고 죽은 어머니가 발견 되었다. 시신 발굴 때 처음에는 한 사람인줄 알았는데 엄마가 아이를 꼭 껴안고 웅크린 모습이 발굴 되었다. 엄마의 시신은 훼손되었지만 딸은 한곳도 상처입지 않고 죽어있었다.
어머니의 존재는 무엇인가? 자신의 생명을 희생하면서까지 자녀의 생명을 본능적으로 보호하는 모성을 지닌 존재이다. 하나님을 경외하는 어머니는 자녀를 하나님의 자녀로 살게 한다. 그리하여 자녀가 "어머니의 하나님이 나의 하나님이십니다!"라고 고백하게 된다.
하나님이 창조하신 여자의 참 생명은 모성에 있다.
행복한 모성을 위해
첫째, 나는 하나님이 창조하셨다는 행복한 여자로 살라!

둘째, 남편에게 순종하라!

셋째, 나의 자녀를 경건한 자녀로 키우라!

4. 여자의 일생에서 마지막에는 하나님 앞에 홀로 서는 영혼으로 서게 된다.

그때 주님으로부터 "잘 하였다, 잘 살았다!" 칭찬받는 한 영혼으로 설 수 있기를 바란다. 인생 마지막에는 하나님의 영광, 칭찬, 상급, 영생을 바라보는 영혼으로 설 수 있기를 바란다.

Ⅱ. 여자, 아비가일의 존귀함
(사무엘상 25장 23-35절)

여성은 하나님의 창조의 동역자입니다. 여성, 아내, 어머니 여러분! 여러분의 존재 없이는 가정, 교회, 국가도 존재치 않습니다. 그런 면에서 여성들은 매우 존귀한 존재입니다.

Ⅰ. 본문에서 아비가일이라는 여자를 살펴봅니다. 당시는 다윗이 사울 왕에게 도망 다니던 시절이었습니다. 내일을 기약할 수 없는 매일 매일 고단한 삶을 살고 있던 시절이었습니다.

25장 2절, 마온에 머무를 때였습니다. 그곳에 한 부자가 살고 있었습니다. 그는 나발이란 사람인데 엄청난 부자였습니다. 잔치를 하면 왕의 잔치 수준으로 했습니다. 양이 3천 마리, 염소가 천 마리 등 수 많은 가축을 소유한 부자였습니다.

그의 부인은 아비가일인데 총명하고 용모가 아름다운 여자였습니다. 반대로 남편 나발은 완고하고, 행실이 악한 사람이었습니다. 나발이란 뜻은 '어리석음, 바보' 란 뜻이고, 아비가일은 '기쁨의 아버지'란 뜻입니다.

그때 다윗의 군대는 600명 정도로 그 지역에 피신해 있으면서 나발의 4,000마리 되는 짐승 떼를 보호해 주고 밤낮으로 지켜 주었습니다. 다윗이 양치기 시절에서 나온 본능적인 것이지요.

그러다가 나발이 양털 깎는 때가 되어 잔치를 열게 되었습니다. 이때 다윗이 잔치한다는 소문을 듣고 소년 10명을 보내 문안케 하고 음식을 좀 달라고 요청합니다(6-8절).

이때 다윗은 자기가 보낸 소년들을 '당신의 종' 다윗 자신을 '당신의 아들'로 칭하면서, 매우 겸손히 은혜를 베풀어 달라고 요청합니다. 그 소년들의 애기를 들은 나발은 다윗을 무시하고 불량한 사람으로 취급하였습니다.

왜 나발이 다윗을 모르겠습니까? 골리앗을 쓰러뜨린 용사요, 사울 왕의 사위요, 군대의 천부장이요, 소문난 사람인 것을 왜 모르겠습니까?

그런데 다윗이 지금은 사울 왕에게 쫓기는 비참한 생활을 하고 있으니 아주 얕잡아보고 무시하는 것이지요. 사람이 곤고함에 처했다고 깔보고 무시하는 것은 매우 어리석은 처신입니다. 사람의 운명이 언제 어떻게 바뀔지는 아무도 모릅니다.

한편, 다윗은 나발이 자신을 우습게 깔보는 소리를 듣고 성질이 곤두서게 됩니다. 즉시 400명 군대를 무장하여 나발과 그의 남자들을 죽이려고 인솔해서 떠납니다. 다윗도 격한 감정에 쏠려 큰일을 저지르려고 합니다.

그때 나발의 하인 한 사람이 나발의 아내 아비가일에게 이런 상황을 급히 전달해줍니다.(14-17절) 아비가일이 어떻게 대처 하는가 잘 보세요. 대단히 지혜롭고 매우 용기가 있습니다. 잔인한 살육 현장이 만들어질 뻔 했던 그 직전에 아비가일이 개입합니다. 이 여인이 등장함으로 수십 명의 생명이 건져지게 됩니다. 멋지게 해결이 된 것이지요. 아비가일을 만난 다윗 역시 대단한 은혜와 감동을 받는 기회가 됩니다.

18절, 아비가일이 급히 식량을 준비하여 남편 나발을 죽이러 오는 다윗 군대를 향해 달려갑니다. 다윗과 만납니다. 이때 다윗은 나발과 그에게와 함께한 남자들을 몽땅 죽이려고 마음먹고 있었습니다.

23절, 아비가일은 나귀에서 내려 다윗에게 엎드리고 얼굴을 땅에 댑니다. 겸손, 존경의 모습입니다. 벌써 이 여자의 태도가 매우 감동적입니다. 마음의 지혜는 행위와 태도를 통해서도 드러납니다.

24절, 그녀는 남편 나발의 죄악을 자신이 담당하겠다고 말합니다. 남편과 자신을 분리하지 않습니다. 남편의 문제를 자신의 문제로, 남편의 죄를 자신의 죄로 책임을 지겠다는 것입니다.

아내 여러분! 남편의 문제는 나와 상관없는 것일까요? 남편의 문제는 남편의 책임입니까? 부부의 문제는 각자가 분리되고 각자의 문제라고 생각하십니까?

아비가일은 "남편의 문제는 나의 문제입니다. 남편의 죄악은 나의 죄악입니다. 남편의 허물은 나의 허물입니다. 남편의 실패는 나의 실패입니다!" 라고 고백합니다.

이것이 부부가 하나 된 모습입니다. 한 몸 된 모습입니다. 문제만 생기면 "남편 때문이야, 남편 탓이야! 남편이 문제를 일으킨 것이지 난 아냐!" 라고 주장하는 것은 부부분리입니다. 부부분리의 현장입니다.

자녀문제도 마찬가지입니다. 자녀문제는 어머니인 나의 문제입니다. 자녀의 죄악은 어머니인 나의 죄악입니다. 자녀의 실패도 어머니인 나의 실패입니다. 이것이 하나님의 아버지의 마음이요, 어머니의 마음입니다. 자녀의 문제를 어머니 자신의 문제로 받아들이는 것이 하나님의 마음입니다. 이런 마음이 하나님의 마음을 감동케 합니다. 아내는 남편의 문제를 나의 문제로 인식할 수 있기를 바랍니다.

이런 마음이 남편을 변화시킵니다. 아비가일의 이런 마음이 다윗을 감동시켰습니다.

25절, "남편이 불량한 사람(worthless man)이니 개의치 마시옵소서! 그는 미련한 사람(folly man)입니다. 그런 사람을 죽이려고 군대를 400명이나 동원해서 죽인다는 것은 당신 수준에 맞지 않는 일입니다"는 뜻입니다.

26절, 나는 하나님을 경외하는 여자입니다. 나를 보내신 하나님의 뜻은 당신의 손에 복수의 피를 묻히지 않게 하시려는 것입니다. 당신을 해하려는 원수들(사울의 무리)은 나발처럼 어리석고 바보 같아서 복수를 당하기를 원합니다.

28절, 주의 여종의 허물을 용서하여 주옵소서. "내 남편의 허물은 나의 허물입니다. 용서하여 주옵소서!" "여호와께서 반드시 내 주를 위하여 든든한 집을 세우시리니 이는 내 주께서 여호와의 싸우심을 싸우심이요. 당신에게서는 조금도 악한 일을 찾아 볼 수 없습니다."

"하나님(the Lord)께서는 내 주(my lord)를 위하여 든든한 집, 이스라엘 왕이 되어 나라를 든든히 세울 것입니다."

"당신은 여호와의 싸움을 싸웁니다. 당신은 지금 하나님 편에 서서 하나님에 싸우실 싸움을 하고 계십니다. 그래서 당신이 하나님의 싸움을 싸우기 때문에 반드시 반드시 왕이 되실 것입니다! 왕이 되어 이스라엘을 든든히 세우실 것입니다! 지금까지 제가 보았지만 당신의 일생 동안 악한 일은 한 번도 보지 못했습니다."

아비가일의 이런 말은 다윗에게 하나님의 강한 확신을 주고 있습니다. 아내의 역할도 남편에게 이런 지지와 확신을 보내 주는 것입니다. 대개 남편이 잘못되고 문제가 생기면 아내들은 설교를 합니다. 비판하고 비난하고 몰아 부칩니다. 윤리와 도덕 선생이 되고 설교자가 되려고 합니다.

이런 상황에서 남편들은 자신의 잘못을 인정하고 용서를 빌고 아내의 지적을 수용해 줄 수 있는 사람이 몇이나 될까요?

아내의 지적과 비판에서 남편은 주눅 들고 아내에게 용기를 잃고 말이 없어지게 됩니다. 아내와 점점 거리를 두게 되고 나중에는 견딜 자신이 없어지면 집을 나가버립니다. 가족과 단절이 되어 노숙자로 전락하게 될 수 있습니다.

아내들은 주님이 자신을 어떻게 사랑해 주시고 용납해 주셨는지를 묵상하면서 자신이 주님께 받은 대로 남편에게 사랑을 흘려보낸다면 남편도 용기를 내고 아내 곁을 지키고 책임 있는 아버지 노릇을 해보려고 노력하게 되지요.

29절, 지금은 사울왕의 추격을 받지만 당신의 생명은 하나님의 보호 속에 있습니다. 절대 안전합니다. 오히려 당신을 괴롭히는 원수들은 물매 던지듯이 하나님께서 처리하실 것입니다.

30절, 당신은 하나님이 작정하신 대로 이스라엘의 왕이 될 것입니다.

31절, "지금 나발을 죽이시면 당신이 왕이 될 때 쓸데없이 칼에 피를 묻혔다고, 또는 복수해서 피를 묻혔다고 생각하면서 후회하실 겁니다. 그럴 일이 없기를 바랍니다. 당신은 왕이 되실 때 제가 드린 예물을 기억하소서. 남편을 용서해주시고 살려주시옵소서."

여기서 볼 때 아비가일은 남편 나발과는 비교가 안 될 정도의 영적인 통찰력이 있습니다. 이 정도의 시대 흐름과 다윗의 미래를 확신하는 통찰력을 지닌 아비가일이라면 그녀는 분명히 매일 매일 하나님과 동행하고 하나님을 진심으로 경외하는 신실한 하나님의 딸로 산 것으로 보입니다.

그녀가 "반드시 다윗은 이스라엘의 왕이 될 것입니다."고 확신에 찬 말을 할 수 있는 사람이라면 그녀는 하나님의 음성을 듣는 경건한 여자임에 틀림없습니다.

그녀의 깊은 영적 통찰력은 지금 다윗의 신앙에 굉장한 힘을 실어 주었습니다. 다윗을 하나님의 사람으로 세워줍니다. 다윗은 아비가일의 이런 권면을 듣고 분노로 가득 차서 들고 있던 칼이 너무나 부끄러웠습니다. 감동을 받은 다윗은 칼을 거두고 아비가일이 준비해 온 음식을 감사함으로 받고, 나발을 치려했던 것을 거두게 됩니다.

Ⅲ. 시편 42편 7절, "깊음이 깊음을 부릅니다" 다윗이 쫓기는 상황, 배고픈 상황, 분노로 가득 찬 현 상황에서 아비가일의 이 말은 뜨거운 여름에 시원한 생수같이 가슴을 시원케 하였습니다. 그녀가 다윗을 왕으로 세울 줄 아는 그 수준이 그녀를 왕비가 되게 했습니다.

아비가일의 말은 다윗에게 얼마나 힘이 되었는지 다윗은 32-35절에서 응답합니다.

1) 아비가일을 보내 주신 분이 하나님이심을 인정하고 하나님을 찬송합니다.

2) 아비가일의 영적 통찰력에 대해 칭찬합니다.

3) 아비가일이 개입하지 않았다면 큰 학살사건이 일어났을 것이라면서 그녀의 중재를 굉장히 높이 평가합니다.

이것이 아내의 역할, 여성의 역할, 어머니의 역할입니다. 사람의 부족함을 채워줄 줄 아는 것, 그 인물을 하나님의 사람으로 세워주는 것입니다.

이사야 66장 11-13절에서는 하나님의 모성적인 면을 말합니다. "어머니가 자식을 위로함 같이 내가 너희를 위로 할 것인즉 너희가 예루살렘에서 위로를 받으리라"

여성의 특징은 자궁, 가슴으로 사람을 품는 것입니다.

이 사건이 알려지자 아비가일의 남편 나발은 큰 두려움에 빠져서 하나님이 치심으로 죽었습니다. 홀로 된 아비가일을 나중에 다윗이 왕비로 삼았습니다. 아비가일의 수준에 맞는 다윗 왕을 붙여 주십니다.

깊음이 깊음을 부릅니다(Deep calls to deep, 시42:7). 나의 영적인 수준만큼 내가 세워지게 됩니다.

사사시대 여선지자 드보라는 유약한 지도자 바락을 격려하여 잘 싸우게 해주었습니다. 본디오 빌라도가 아내의 말을 잘 들었더라면 예수님을 사형선고하지 않았을 터입니다.

남편들은 아내의 도움이 있어야 온전해집니다. 아내 말을 귀담아 들으세요. 하나님의 음성으로. 남자들은 여자의 도움이 있어야 온전해집니다.

아비가일은 여자, 아내의 역할을 참 잘했습니다. 그녀는 남편을 살리려했으며, 다윗을 이스라엘의 왕으로 세워주려 했으며 영적 통찰력으로 다윗에게 비전을 주어 하나님의 길을 가도록 위로했습니다. 다윗을 격려하여 왕으로 세웠습니다. 결국 자신은 다윗의 아내 왕비로 스카웃 되었습니다.

여성 여러분! 남편의 수준을 보시고 안타까워 마시고 자신을 온전한 하나님의 삶으로 세워 가시기를 주님의 이름으로 축복합니다.

♣ 아비가일을 통해 본 아내의 존재와 역할

1. 하나님을 경외하는 사람 : 하나님과 동행하고 교통하면서 시대의 흐름을 읽을 수 있는 영적 통찰력을 지닌 사람.
2. 내면의 경외심과 지혜가 외적으로 겸손과 존경의 태도로 드러나는 사람
3. 남편의 죄와 허물을 자신의 죄와 허물로, 문제를 자신의 문제로 짊

어지고 남편의 잘못에 대해 자신이 책임을 지려고 하는 사람.

4. 하나님의 뜻을 알고 분별력을 가지고 모든 관계를 풀어가는 사람.

5. 그 사람에게 하나님의 관점에서 풀어가도록 통찰력을 제공해주고 장점을 보여주면서 미래에 소망을 주는 사람. 가능한 단점은 들추지 않고 긍정적인 부분을 부각시켜 준다.

6. 하나님의 보호하심을 통해 승리할 것에 대한 확신을 심어 주는 사람.

7. 남편의 허물을 용서하고 그를 살리려고 애쓰는 사람. 설교하거나 윤리 도덕을 가르치지 않으면서 약점을 품는 사람.

8. 그의 신앙에 힘을 주고 강한 확신을 주어 하나님의 사람으로 살도록 무한히 격려하고 지지하는 사람.

진정한 여자는?

9. 주님의 무릎 앞에서 말씀에 경청하며 홀로 주님 앞에서 경건의 시간을 먼저 갖는 사람.

10. 주님께 순종하는 신앙으로 주님을 의식하며 남편에게 순종함으로 하나님의 나라의 비전을 품는 사람.

11. 자녀보다 남편을 우선하며 부부간의 친밀함을 힘쓰는 사람.

12. 남편편이 되어 주며 격려해 주고 칭찬과 긍정적인 반응을 보여 주는 사람. 남편을 기대하는 만큼 남편은 성장하고 변화한다.

13. 이웃을 사랑하고 가난한 사람을 잘 섬기는 사람.

14. 영적 통찰력을 가지고 남편을 향하신 하나님의 비전을 붙들도록 격려하고 세워 주는 사람

♣ 나발과 다윗을 통해 본 남편의 존재와 역할

1. 남자는 그리스도다움을 갖춘 사람. 그래서 무엇보다 그는 이웃을 섬길 줄 아는 사람.

2. 진정한 부자는 긍휼의 마음으로 베풀 줄 아는 사람. 이기심과 인색함이 없다.

3. 하나님의 사람(리더)을 존중하고 그를 지지하며 기회가 올 때 좋은 협력자가 되는 사람.

4. 그가 싸우는 싸움은 여호와의 전쟁임을 알게 하고 하나님의 사람으로 처신하고 하나님의 편에 설 것을 권고할 줄 아는 사람. 하나님의 사람으로 살게 하고 하나님의 길을 가도록 지지해 주는 사람.

5. 미약한 사람일지라도 그의 권고가 하나님의 뜻과 일치한다면 기꺼이 순복하고 자기의 뜻을 내려놓을 줄 아는 사람.

6. 아무리 분노가 고조되어 있어도 아내의 권고가 하나님의 뜻에 부합하다면 기꺼이 분노의 칼을 놓을 줄 아는 사람.

진정한 남자는?

7. 죄와 악을 거부하며 유혹을 노(No!)할 줄 아는 사람.

8. 하나님과 사람에게 약속한 일에 대해서는 책임지는 사람.

9. 가정을 사랑으로 이끌어 가는 사람.

10. 자신의 변화를 최우선으로 삼는 사람.

11. 자녀들을 위해 그들의 어머니를 사랑하는 사람.

12. 자녀들을 하나님과 친밀한 관계가 되도록 이끌어 주는 사람.

13. 아내의 세세한 알기 욕구를 채워 주는 사람.

14. 가정에서 인격적인 사람.

15. 가장 위대한 남자는 자기 자신을 다스리는 남자.

16. 아내의 말을 수용할 줄 알고 주님의 음성 수준으로 귀 기울이는 사람.

Ⅲ.여성, 어머니의 위대함
(디모데후서 1장 3절-8절)

Ⅰ. 2017년 대통령 선거를 앞두고 여러 후보들이 TV에 출연하여 토론을 벌였습니다. 그 때 대통령 후보로 나선 여성 후보에게 사회자가 질문했습니다.

"가정의 일과 정치하는 일 중 어느 일이 더 어렵습니까?"

"네, 정치하는 일보다 가정의 일이 훨씬 더 어렵습니다."

여성, 어머니 여러분! 가정 일에 혼신을 다해 열정을 쏟아 붇는 여러분은 대통령보다 더 힘든 일을 하고 있습니다. 결코 가정의 일은 해도 해도 끝이 없고 시간만 낭비하는 일이 아닙니다! 남편의 아내로 살고, 자녀들의 어머니로 살고 하나님의 딸로 살아가는 일은 이 땅에 하나님의 나라를 이루는 중요한 사역입니다. 여성 없이는 아무 것도 되지 않습니다. 여성 여러분은 하나님의 중요한 동역자입니다. 참으로 존귀한 존재이며, 매우 거룩한 사역을 하며 살아가고 있습니다.

여성들이 창조된 것은 하나님의 지혜, 하나님의 생각에서 비롯되었습니다. 여성들은 하나님의 형상대로 지음 받았습니다. 여성들은 남자를 돕는 배필로 지음 받았기 때문에 여성의 협력과 도움 없이는 남자도 무용지물입니다. 여성에 의해서 남자들도 온전해 질 수 있습니다!

여성은 하나님께서 인간을 창조하시는 동역자요 사역자입니다. 그래서 사탄은 여성의 힘을 약화시키려고 합니다. 여성의 존재를 매우 과소평가하고, 엄청난 거짓말로 여성의 인격을 업신여기도록 했습니다.

사탄은 여성들이 하나님의 동역자요, 남자를 온전케 하는 참으로 존귀한 존재라는 것을 자꾸 무너지게 하여 이 땅을 혼란하게 만들고 사탄의 나라를 확장시키려 합니다. 그래서 여성들이 하나님의 창조의 동역자요, 남자를 온전케 하는 동반자라는 사실을 붙들고 당당하게 힘 있게 살아갈 때 사탄 마귀는 힘을 잃고 그 길로 떠나가게 됩니다. 할렐루야!

시편 68편 11-12절, "주께서 말씀을 주시니 소식을 공포하는 여자들은 큰 무리라. 여러 군대의 왕들이 도망하고 도망하니 집에 있던 여자들도 탈취물을 나누는 도다."

때가 되어 하나님께서 말씀을 주시면 소식을 전하는 여성의 무리를 통해 하나님의 원수들을 물리칠 것을 선포하고 있습니다.

예수님도 여성의 몸을 통해서 태어나셨습니다. 그 예수님은 사탄의 머리를 깨어버렸습니다. 사탄은 성령의 권능 아래 있는 여자와 그들과 함께 일하는 남자들을 가장 두려워합니다. 아브라함과 사라 부부는 이스라엘을 큰 민족으로 이루었습니다. 여선지 드보라와 바락은 이스라엘을 가나안 족속과의 전쟁에서 통쾌하게 승리로 이끌었습니다. 에스더와 사촌오빠 모르드개는 페르시아 제국 치하 때 하만 장군이 유대인 대학살 직전에서 유대인을 구해낸 인물이 되었습니다.

미국의 역사에서도 아내, 여성들의 공이 큽니다. 역대 미국 대통령의 부인 47명 중 가장 존경받는 인물은 프랭클린 루즈벨트 대통령의 부인, 엘리노어 부인입니다. 남편 루즈벨트를 대통령 선거에 4번이나 당선되게 하고, 12년 동안이나 대통령 남편을 내조했습니다. 그러면서 6년간 UN인권대사를 지내면서 세계 인권선언 작성을 주도했습니다.

그녀의 결단과 행동이 미국의 수많은 정책들을 개선시키고 발전시켰습니다.

그런데 그녀는 남편이 여자 비서와의 불륜을 발견하고 죽을 때 까지 마음 아파했습니다. 미국 역사가들은 말했습니다. 그 때 루즈벨트 부인이 이혼했다면, 미국 역사는 엄청나게 바뀌었을 것이라고. 루즈벨트 부인은 남편의 외도에도 참고 견디어 내면서 가정을 지켰고, 자녀들을 지켰습니다. 남편을 지킨 것이 미국을 지킨 것이 되었습니다. 여성이 살아있고, 어머니가 깨어 있으면 가정, 국가, 교회도 살아납니다.

Ⅱ. 사도바울에게 있어서 가장 마음 깊이 사랑하고 신뢰하는 제자가 있었는데, 디모데였습니다. 디모데는 바울의 제자였지만 오히려 영적 아들과 영적 아버지 같은 관계였습니다. 성경에서는 "마음을 같이 한 자"(빌 2:20, 롬16:21)라고 말하고 있습니다.

3절, 쉬지 않고 밤낮으로 그리워하고 생각한 사람이 바로 디모데입니다.

4절, 디모데의 눈물을 바울은 두고두고 마음에 담고 있었습니다. 사도행전 20장 37절, 에베소 교회와 바울이 작별할 때, 서로 목을 끌어안고 눈물을 흘리며 울었습니다. 디모데도 바울과 헤어질 때 그렇게 바울을 끌어안고 울었습니다.

디모데는 정서적으로 굉장히 감수성이 풍부했습니다. 남자였지만, 눈물이 많았습니다. 특별히 바울이 디모데를 보면서 신뢰하였던 이유는?

5절, 외조모, 어머니로부터 물려받은 신앙이 있었기 때문이었습니다. 어떤 신앙입니까? '네 속에 있는 거짓이 없는 믿음(신실한 신앙)'. 진실성이 있는 신앙. 눈물이 있는 신앙입니다.

디모데는 바울이 감옥에 갇혀 순교할 때 까지 끝까지 바울 곁에서 잘 섬긴 충실한 전도자였습니다. 스승이 순교한 후, 그의 계승자가 되었습니다.

그렇다면 디모데의 신앙은 구체적으로 어떠하였을까요?

디모데의 신앙은 할머니, 어머니로부터 물려받은 신앙입니다. 디모데의 아버지는 헬라인, 어머니는 유대인이었습니다. 디모데에게 어머니의 이름만 나온 것을 볼 때, 아버지는 일찍 세상을 떠난 것으로 해석을 합니다. 아버지를 일찍 여읜 디모데를 하나님의 사람으로, 바울과 마음을 같이 하는 사람으로 키워진 것은 외할머니 로이스, 어머니 유니게로부터 만들어 진 것입니다.

디모데의 신앙은 디모데후서 3장 15절, 또 어려서부터 성경을 알았나니 성경은 능히 너로 하여금 그리스도 예수 안에 있는 믿음으로 말미암아 구원에 이르는 지혜가 있게 하느니라. 디모데의 거짓 없는 신실한 신앙은 어려서부터 외조모, 어머니로부터 보고 배웠던 것입니다.

이러한 디모데의 가족을 통해 여성과 아내, 어머니의 역할을 살펴보겠습니다.

첫째, 하나님의 딸로 거짓 없는 신실한 믿음으로 사는 것이 중요합니다. 1976년에 뇌출혈로 세상을 떠난 우리나라 최고의 여성 시인 이영도 시인. 불교에서 기독교로 개종한 시인입니다. 그녀는 신앙 생활하는 것이 참으로 행복하다고 고백했습니다. "인간으로서의 내 힘이 미치지 못할 때, 인간으로서의 내 가슴을 스스로 다스리기 어려울 때, 겸손히 무릎을 꿇고 간구할 신앙이 있음은 얼마나 다행한 일이며, 스스로의 구원이 될 수 있는지 모른다. 그러기에 나는 새벽마다 밤마다 자신을 반성하고 교훈하는 기도의 자세를 취하며, 마음과 몸의 평안을 얻어 오고 있는 것입니다. - 기도할 수 있다는 것이 행복입니다."

여성들은 구원 받은 하나님의 딸로서의 행복을 느끼고 누릴 줄 아는 것이 인생을 잘 사는 것이라고 볼 수 있습니다.

　둘째, 여성의 진정한 비전은? 어머니 마음을 품는 데 있습니다. 사라는 열국의 어머니가 되게 하는데, 하나님의 부르심이 있었습니다.
　조선의 작은 예수로 불리는 서서평 선교사. 그녀가 죽었을 때, 동아일보에서는 "재생한 예수"라면서 대서특필을 썼습니다. 광주시에서는 그녀의 장례를 광주 사회장으로 치렀습니다. 독일인 부모 사이에 태어난 독일 사람으로, 어렸을 때 아버지가 돌아가시고, 어머니가 미국으로 떠났습니다. 3살 때 어머니는 딸을 할머니에게 맡겼습니다. 8년 만에 미국에 가서 엄마를 만났습니다. 고등학교를 졸업하고 진로를 위해 하나님께 기도했습니다. "하나님 아버지! 저는 무엇을 해야 할까요? 앞으로 해야 할 일을 알게 해 주세요!" 며칠 동안 밤을 새워 가며 기도하던 중, 떠오르는 말씀이 있었습니다.
　"예수를 본받으라!" 그러면서 예수님께서 하신 일들이 떠올랐습니다. 예수께서 온 갈릴리에 두루 다니사 그들의 회당에서 가르치시며 천국 복음을 전파하시며 모든 병과 모든 약한 것을 고치시니라(마태 4:23).
　이때부터 서서평 선교사님은 예수님처럼 교육, 전도, 치유 사역을 하기로 결심하였습니다. 사람들을 치유하기 위해 간호학, 가르치기 위해 성경을 배워 간호선교사로 사는 비전을 세우게 되었습니다. 카톨릭을 믿는 어머니로부터 쫓겨났습니다. 대학 공부를 마쳤습니다. 31세 때 한국에 갈 간호사 모집 얘기를 듣고 한국에 선교사로 입국하였습니다. 1912년 2월 20일부터 1934년 6월 26일까지 살며 54세의 나이로 세상을 떠났습니다.
　그녀는 22년간 한국과 결혼을 했습니다. 처녀의 몸이지만, 13명의 양자와 양녀들을 입양하여 키웠습니다. 평생 한국의 여성들을 먹이고 가르치기 위해 자신은 못 먹었고, 헐벗었고, 직접 온 몸으로 노동자들에게 선교했습니다. 자기 자신을 가난한 사람들, 한센병자들, 한국의 여성에 아낌없이 주었습니다.

외롭게 임종할 때는 담요 반 조각만 덮고 있었습니다. 마지막 전 재산이었던 담요를 반 잘라 한센병자에게 주기 위함이었습니다. 그리고 자신의 시신은 의과대학 연구 재료로 바쳐졌습니다.

그녀는 성공이 아니라 섬김이 인생의 비전인 것을 보여줍니다. 그녀는 한국 여성의 어머니로 평생을 살았습니다. 이렇게 서서평 선교사는 여성을 향한 하나님의 비전인 모성애(母性愛)를 보여 주었습니다.

Ⅲ. 하나님께서 바라보시는 여성의 비전은 무엇일까요? 바로 '열국의 어미', '모성애'입니다. 아브라함이 아내를 누이라 속일 때, 사라는 그를 모성(母性)으로 품었습니다. 그것이 아브라함을 변화시켰습니다. 여성의 위대함은 어머니의 성품으로 사는 데 있습니다. 여성은 어머니로 부름 받은 존재입니다.

어머니의 리더십으로, 남편, 자녀, 교회, 이웃, 국가를 품고 기도와 사랑으로 한 알의 밀알로 헌신 한다면, 우리의 가정, 교회, 대한민국의 미래는 참으로 소망으로 충만해 질 것입니다!

미 주

아버지치유의 필요성(10~20페이지)부분 미주

1) Paul C, Vitz.「무신론의 심리학」, 김요한 역
　　(서울: 새물결플러스, 2012), 71~72.

2) Ken Canfield, 「아버지 당신은 카피되고 있습니다」, 오진탁 역
　　(서울: 디모데, 1999), 24~25.

3) Ibid.

4) Ibid., 312.

5) Ibid.

6) Ibid., 38.

1부 아버지 다윗부터(22page부터~끝)

1) 조선일보, 국민일보. 2015년 11월13일.

2) Ken Canfield, 「아버지 당신은 카피되고 있습니다」,
　　오진탁 역 (서울: 디모데, 1999), 37.

3) Arther W. Pink, 「다윗의 생애 II」, 김광남 역
　　(경기도: 뉴라이프, 2009), 370.

4) Ibid., 369.

5) Myles Munroe, 「아버지는 운명이다」, 김진선 역
　　(서울: 미션월드, 2004), 32~33.

6) Jonathan Kirsch, 「킹 다윗」, 조윤정 역 (서울: 다른세상, 2014), 295.

7) Larry Kreider, 「영적 아비를 향한 갈망」, 진희경 역
　　(서울: 뉴와인, 2008), 46.

8) Myles Munroe, 「아버지는 운명이다」, 김진선 역
　　(서울: 미션월드, 2014), 88.

9) Ibid., 27~28.

10) Edwin Louis Cole, 「남자입니까?」, (서울: 두란노, 2006), 68.

11) Ibid.

12) Steve Farrar, 「영적 리더십을 발휘하는 아빠」, 김선일 역
　　(서울: 한국 기독학생회 출판부, 2002), 45~46.

13) Matthew Henry, 「사무엘 하」, 박종선 역
　　(서울: 기독교문사, 1988), 215.

14) David Stoop, 「좋은 아버지를 향한 발돋움」, 정성준 역
　　(서울: 예수전도단, 2007), 88.

15) Arther W. Pink, 「다윗의 생애Ⅱ」, 김광남 역
　　(경기도: 뉴라이프, 2009), 375.

16) Matthew Henry, 「사무엘 하」, 217.

17) Myles Munroe, 「아버지는 사명이다」, 128.

18) Matthew Henry, 「사무엘 하」, 217.

19) Steve Farrar, 「영적 리더십을 발휘하는 아빠」, 43.

20) Ibid.

21) Ken Canfield, 「아버지 당신은 카피되고 있습니다」, 126.

22) Ibid., 123.

23) Matthew Henry, 「사무엘 하」, 207.

24) Ibid., 224.

25) Myles Munroe, 「아버지는 사명이다」, 171~191.

26) 돈 쉬미어르 · 정동섭, 「좋은 아버지가 되려면」,
　　(서울: 웰스프링, 2008), 27.

27) Ibid., 30.

28) Matthew Henry, 「사무엘 하」, 238.

29) Floyd McClung, 「하나님의 아버지 마음」, 김대영 역

(서울: 예수전도단, 2007), 111~112.

30) 돈 쉬미어 · 정동섭, 「좋은 아버지가 되려면」, 17.

31) Tommy Tenney, 「하나님 당신을 갈망합니다」, 윤종석 역
    (서울: 두란노 2009), 124.

32) Jonathan Kirsch, 「킹 다윗」, 조운정 역 (서울: 다른 세상, 2000), 227.

33) Matthew Henry, 「사무엘하」, 박종선 역 (서울: 기독교문사, 1988), 115.

34) Ibid., 116.

35) A.A. Anderson, 「WBC 사무엘하」, 권대영 역
    (서울: 솔로몬 출판사, 2001), 203-4.

36) Ibid., 138.

37) Matthew Henry, 117.

38) John and Poula Sandford, 「속 사람의 변화1」, 황승수 역
    (서울: 순전한 나드, 2006), 74-83.

39) 김성묵, 「남자, 아버지가 되다」, (서울: 두란노, 2017), 122-5.

40) Matthew Henry, 「사무엘 하」, 117-8.

41) 이상근, 「사무엘상 하서」, (대구: 성등사, 1998), 286.

42) John and Mark Sandford, 「축사사역과 내적치유」, 심현석 역
    (서울: 순전한 나드, 2006), 141-142.

43) Matthew Henry, 「사무엘 상」, 500.

44) John and Paula Sandford, 「상한 영의 치유1」, 임정아 역
    (서울: 순전한 나드, 2007),176.

45) Ibid.

46) Jonathan Kirsch, 227.

47) 김성묵, 145-155.

48) 이관직, 「관계의 걸림돌 극복하기」, (서울: 두란노, 2017), 135.

49) 김성묵, 171-176.

50) 「조선일보」 2016, 12, 16.

51) 조정대, 「아버지 치유」, 강의안, 10-12.

52) Matthew. Henry, 「사무엘상」, 서기산 역

   (서울:기독교문사,1989), 207.

53) 이관직, 「성경으로 불안극복하기」,

   (서울: 두란노서원, 2017), 65-66.

54) Ibid.

55) Matthew. Henry, 236.

56) 이관직, 「성경인물과 심리분석」, (서울: 생명의 말씀사, 2017), 153.

57) Matthew. Henry, 296.

58) Myles. Munroe, 「아버지는 운명이다」, 김진선 역

   (서울: 미션월드,2014), 28.

59) 이관직, 153.

60) James. L. Schaller, 「상처난 아버지와의 관계 회복」, 이기승 역

   (서울: 세복사, 2006), 163.

61) 이상근, 「사무엘상.하서」, (대구: 성등사, 1998), 162.

62) Mark P. Cosgrove, 「분노와 적대감」, 김만풍 역

   (서울: 두란노서원, 2002), 117.

63) Ibid., 127-129.

64) Myles. Munroe, 11.

65) Ibid.

66) 이관직, 「관계의 걸림돌 극복하기」, (서울: 두란노서원, 2017), 39.

67) Ibid., 43-47.

68) 이관직, 「성경인물과 심리분석」, (서울: 생명의 말씀사, 2017), 156-7.

69) Ralph. W. Klein, 「WBC 사무엘상」,김경열 역

   (서울: 솔로몬, 2004), 233.

70) Matthew. Henry, 268-7.

71) 박윤선, 「사무엘서」, (서울: 영음사, 1989), 111.

72) Josh. Mc Dowell, 「아버지의 10가지 약속」, 최요한 역
    (서울: 아가페북스, 2016), 98.

73) Ibid., 99.

74) Massiomo. Rocalcati, 「버려진 아들의 심리학」, 윤병언 역
    (서울: 책세상, 2016), 54.

75) Ibid., 88.

76) Ibid., 208.

77) Ibid., 12, 27.

78) James. L. Schaller, 196.

79) Josh, Mc Dowell, 「아버지의 10가지 약속」, 5.

80) Paul C. Vitz, 「무신론의 심리학」, 김요한 역
    (서울:새물결플러스, 2012), 149-150.

81) Ibid., 151.

82) Ibid., 152.

83) Myles. Munroe, 14.

84) 이관직, 「성경인물과 심리분석」, 152-160.

85) Paul C. Vitz, 「무신론의 심리학」, 200-206.

86) Paul C. Vitz, 36.

87) Myles. Munroe, 「아버지는 운명이다」, 김진선 역
    (서울: 미션월드, 2014), 25~6.

88) Ibid., 27~8.

89) 이상근, 「출애굽기」, (대구: 성등사, 1994), 41.

90) 김승현, "4대에 걸친 의사 가문"「조선일보」2018,10, 27, A29.

91) 김성묵, 「남자, 아버지가 되다」, (서울: 두란노, 2017), 26.

미주
〰〰〰〰

92) 이상근, 「창세기」, (대구: 성등사. 1989), 230.

93) 한동구, 「창세기 해석」, (성남: 이마고데이, 2003), 276.

94) Myles. Munroe, 「아버지는 운명이다」, 86.

95) Ken Canfield, 「아버지 당신은 카피되고 있습니다」, 오진탁 역
    (서울, 디모데. 1999), 43~4.

96) Ibid., 28.

97) Matthew. Henry, 「창세기」, 정혁조 역 (서울: 기독교문사, 1989), 54.

98) James C. Dobson, 「남성, 그 위대성의 본질」, 임종원 역
    (서울: 프리셉트, 2003), 117~8.

99) Gordon J. Wenham, 「WBC 창세기」, 윤상문, 황수철 역
    (서울: 솔로몬, 2001), 284.

100) 이상근, 「창세기」, 243.

101) 이상근, 「창세기」, 193.

102) Myles Munroe, 「아버지는 운명이다」, 28.

103) Paul C. Vitz, 「무신론의 심리학」, 김요한 역,
    (서울: 새물결플러스, 2012), 58~60.

104) Ken Canfield,. 317.

105) Richard D. Phillips, 「남자의 소명」, 조계광 역
    (서울: 지평서원, 2013), 267.

106) Edwin Louis Cole, 「남자입니까?」, 김성웅 역
    (서울: 두란노, 2006), 94.

아버지, 이제야 만납니다

지은이	조정대
발행인	김진형
발행처	치유와 영성
초판발행일	2021.2.26
주소	치유와영성
	33023 충남 논산시 양촌면 매죽헌로 1311-6
전화	041)742-8276
핸드폰	010-5390-1496
홈페이지	www.homhealing.net(작은천국.net)
E-mail.	153kimjj@hanmail.net
기획 / 인쇄	샬롬기획인쇄